全球治理与发展战略丛书

丛书主编：陶 坚

21世纪跨国公司新论
行为、路径与影响力

刘 斌 ◎ 编著

知识产权出版社
全国百佳图书出版单位

图书在版编目（CIP）数据

21世纪跨国公司新论：行为、路径与影响力/刘斌编著. —北京：知识产权出版社，2016.6
（全球治理与发展战略丛书/陶坚主编）
ISBN 978-7-5130-4130-0

Ⅰ.①2… Ⅱ.①刘… Ⅲ.①跨国公司—经济发展—研究—国外②跨国公司—经济发展—研究—中国 Ⅳ.①F279.1②F279.247

中国版本图书馆CIP数据核字（2016）第069344号

内容提要

本书重点围绕跨国公司的经济属性、管理属性和政治属性"三维属性"，从一个整合的层面，结合全球经济治理的视角，对其中的七大核心问题进行分析和阐述。全书通过对跨国公司的产业行为、经营行为、战略行为、组织行为、创新行为、垄断行为、主权行为进行纵向历史性总结分析，阐述了在相关领域内跨国公司行为的特点、模式、路径以及产生的影响，特别是关注了进入21世纪以后的10多年间，跨国公司相关领域行为的新动向。本书将中国跨国公司的行为特点和发展现状视为一个重要的部分，分别在相关的章节进行了分析和说明，希望由此建立一个对中国本土跨国公司分析的完整视图。

策划编辑：蔡 虹	责任编辑：李 瑾 杨晓红
责任出版：刘译文	封面设计：邵建文

21世纪跨国公司新论：行为、路径与影响力
刘 斌 编著

出版发行：知识产权出版社有限责任公司	网 址：http：//www.ipph.cn
社 址：北京市海淀区西外太平庄55号	邮 编：100081
责编电话：010-82000860 转 8392	责编邮箱：lijin.cn@163.com
发行电话：010-82000860 转 8101/8102	发行传真：010-82000893/82005070/82000270
印 刷：三河市国英印务有限公司	经 销：各大网上书店、新华书店及相关专业书店
开 本：787mm×1092mm 1/16	印 张：19
版 次：2016年6月第1版	印 次：2016年6月第1次印刷
字 数：320千字	定 价：45.00元
ISBN 978-7-5130-4130-0	

出版权专有　侵权必究
如有印装质量问题，本社负责调换。

总 序

以下呈现给读者的，是国际关系学院国际经济系师生的最新作品。它们是国际经济系课题组承担的"北京市与中央在京高校共建项目"的部分研究成果，取名为"全球治理与发展战略丛书"，共5种。

全球治理与中国，是贯穿这项课题研究的一条主线，一个既宏大、长远，又具体、直接关系到世界进步、国家繁荣和企业发展的问题。

陶坚教授主编、十多位老师和同学协力完成的《全球经济治理与中国对外经济关系》一书，以全球经济治理的大时代为背景，展开分析了中国对外经济关系涉及的多领域、多层面议题。上篇，着眼于找规律，启发思考。作者对全球治理的理论进行了深入剖析，揭示了国际经济秩序的变革与全球经济治理的内在关系，并从全球可持续发展的视角研究了全球环境治理问题。接着，以二十国集团、欧盟、东亚地区、美国为例，从不同角度切入，探讨了各自的政策和实践、对全球和地区经济治理的影响以及对中国的启示。下篇，立足于谋对策，紧扣中国。作者围绕中国参与全球经济治理的国家角色、现状和能力建设，人民币国际化，中美经贸不平衡关系的治理，对美欧贸易协作的应对，以及推行"一带一路"战略实施，提出了全面推动中国对外经济关系发展的系统、有见地、可行的政策建议。

张士铨教授在多年的教学实践中发现，在全球化和转型两个大背景下，我国国家治理体系面对着一个中心问题——如何处理增进国家经济利益和现有全球公共物品的相互关系。虽然它们都是现实存在并有多样化的表现方式，也是当今我国继续推动市场化改革获取国家利益，在此基础上谋求国际经济规则的制定权和发挥国际影响力的着力点所在，但为什么这样做，很多人尤其是学习国际关系的学生不甚了解。所以，他在专著《国家经济利益与全球公共物品》中，以由浅入深、由简到繁的方法，依次对国家面对的利益格局调整、国家利益的获得以及它们和全球利益的博弈关系，对国内公共物品和全球公共物品的需求和面对的矛盾逐一展开分析，并提出了精辟观点：第一，国家利益并非铁板一块，而是取决于内外环境的变化，不同利益集团的组合既超越了国界限制也打破了意识形态束缚；第二，增进一国的国家利益，必须说明并夯实各方的利益基础，否则国家利益就是空谈，无法实现；第三，国家利益有其内在结构，在一定外在环境下各种利益之间存在互补与替代关系，优先发展经济利益是取得国家利益的关键；第四，以问题为导向，分析利益格局和公共物品的供需关系。在国家实力提升、更主动参与全球治理体系的背景下，以提供"硬公共物品"为先导，逐渐对"软公共物品"发力，促进我国利益与全球利益融合，提升我国的全球影响力。

　　气候变化与环境保护是当前全球经济治理的重要领域。史亚东博士在《全球环境治理与我国的资源环境安全研究》一书中，详细介绍了全球环境治理机制的主体、原则和政策工具，结合我国资源安全和环境安全的现状，对参与全球环境治理对于我国资源环境安全的影响进行了深入分析。她以全球气候变化为例，探讨了当前全球气候治理机制存在的问题、未来的改进方向，以及对我国能源安全、水资源安全和粮食安全的影响，还具体分析了节能减排约束下我国能源价格风险和能源效率问题。

　　服务经济与服务贸易的兴起和发展已经在很大程度上改变了世界经济和贸易的格局，特别是区域经济合作进程不断加快，推动了服务贸易自由化在全球各地区的迅速发展，包括中国在内的东亚国家在国际服务贸易领域占据了越来越重要的地位。刘中伟博士的专著《东亚区域服务贸易自由化合作发展机制研究》，在总结借鉴服务贸易和服务贸易自由化理论研究的基础上，回顾东亚区域服务贸易发展现状，研究东亚区域框架下服务贸易自由化的合作发展机制和区域经济治理问题，并就中国参与区域服务贸易自由化合作进程提供政策建议和理论依据。一是通过回顾全球和东亚区域服务贸易发展格局，对东亚地区服务贸易总体状况和服务贸易自由化的发展特点与趋势进行了阐述。二是基于传统比较优势理论适用于服务贸易理论分析的观点，认为贸易自由化在提高经济效率、形成贸易效应方面的作用在服务贸易领域同样适用，并对东亚区域服务贸易自由化的积极作用明显。三是东亚区域服务贸易自由化的合作发展，一方面在于各经济体自身的服务业发展，服务生产要素资源在产业内的整合、互补和投入程度，具备开展服务贸易合作的基础；另一方面在于东亚各经济体要具有开展合作的意愿，并通过寻求签订服务贸易合作协议来实现服务贸易自由化。四是在全球价值链整合和服务业跨境转移背景下，东亚服务生产网络的形成与发展对东亚区域服务贸易体系和结构产生了深刻影响。构建有利于东亚地区长远发展的稳定、平衡的合作与治理机制，将最终成为东亚区域服务贸易自由化实现的制度保障。五是中国在参与东亚区域服务贸易自由化进程中，可以立足于比较优势和专业化分工深化，改善自身服务贸易出口结构；大力推动服务外包产业发展，加快促进服务生产要素自由流动；把握东亚服务贸易自由化合作进程重点，注重合作与治理机制整合发展；建立健全服务贸易政策体系，促进我国服务贸易可持续发展。据此，作者指出，当前东亚区域服务贸易自由化进程主要通过其共享机制、开放机制、竞合机制和经济增长机制四种机制，推动包括中国在内的东亚地区经济体深入开展服务贸易合作，完善区域开放性经济一体化和治理机制建设，促进东亚各国经济的可持续发展。

刘斌博士的《21世纪跨国公司新论：行为、路径与影响力》，重点围绕跨国公司的经济属性、管理属性和政治属性的"三维属性",从一个整合的层面,结合全球经济治理的视角,对其中的七大核心问题进行分析和阐述。全书通过对跨国公司的产业行为、经营行为、战略行为、组织行为、创新行为、垄断行为、主权行为进行纵向历史性总结分析,阐述了在相关领域内跨国公司行为的特点、模式、路径,以及产生的影响,特别是分析了21世纪以来的10多年间跨国公司在相关领域行为的新动向。本书将中国跨国公司的行为特点和发展现状视为一个重要的部分,分别在相关的章节进行了分析和说明,希望由此描绘一个对中国本土跨国公司分析的完整视图。

相信上述5部著作能够帮助读者从不同的视角,来观察和理解中国在全球治理中的角色,在不同领域面临的挑战,靠什么来维护国家利益,又如何扩大全球影响力。

作者们将收获的,是学术发表的喜悦和为国家经济发展建言献策的荣耀。

是为序。

陶坚(国际关系学院校长)
2015年7月16日于坡上村

前言

跨国公司的"三维属性"和"七大问题"

进入21世纪，这个世界变得更小了。很多人用"地球村"来形容当今的世界环境，这不只是体现在全球的政治、经济、文化交流迅速增加，也不只是体现在移动互联、即时通信、社交网络这些技术带来的地理距离和心理距离的快速缩短和消失，更体现在一个更加紧密连接的国际经济体系。以前，我们常说，美国得了感冒，很多国家都会发烧。而到了新世纪的今天，中国银监会一项旨在加强银行信息系统安全的通知（2015），就会使美国和欧洲的信息技术供应商和美国政府高度紧张。从2014年开始的国际石油价格波动，不仅影响了全球石油行业的开发格局，而且推动美国、OPEC、俄罗斯和所有国家都重新审视自己的能源政策。美国苹果公司CEO的去世，能够同时在全世界掀起纪念的浪潮。而且，你不用走出国门，就可以随意享受互联网公司提供的全球优质商品。

在地球上，人类社会的经济生活模式正在快速转变，这样的转变，不是来源于政府，也不是来源于国际组织，而是来源于"跨国公司"的迅速发展，以及通过它们的贸易和投资活动，带给世界经济和政治体系的影响。进入21世纪，这样的影响正在一个新的层面上聚集和积累。

跨国公司的"能量"

跨国公司在全球经济和社会生活中扮演着何种角色？通过联合国贸发会议（UNCTAD）的一组数据就能够有所体会（见表0-1）。

表0-1　全球经济中的跨国公司地位

年份	金额（现价，10亿美元）				年增长率（%）		
	1982	1990	2000	2005	1986–1990	1991–1995	1996–2000
FDI 流入	59	202	1 271	916	21.7	21.8	40
FDI 流出	28	230	1 150	779	24.6	17.1	36.5
FDI 累计流入余额	647	1 789	6 314	10 130	16.8	9.3	17.3
FDI 累计流出余额	600	1 791	5 976	10 672	18	10.7	18.9
跨国并购	—	151	1 144	716	25.9	24	51.5
国际分支机构销售额	2 620	6 045	15 680	22 171	19.7	8.9	10.1
国际分支机构总产出	646	1 481	3 167	4 517	17.4	6.9	8.8
国际分支机构总资产	2 108	5 956	21 102	45 564	18.1	13.8	21
国际分支机构出口	647	1 366	3 572	4 214	14.3	8.4	4.8
国际分支机构员工数（千人）	19 537	24 551	45 587	62 095	5.4	3.2	11
GDP	10 899	21 898	31 895	44 674	11.1	5.9	1.3
固定资产投资	2 397	4 925	6 466	9 420	12.7	5.6	1.1

数据来源：UNCTAD（2006）。

根据联合国贸发会议（UNCTAD）的数据，2005年全球FDI累计流出余额达到106 720亿美元，约是1990年的6倍。跨国公司的FDI在全球GDP的贡献率在过去的20年中增长迅速。相关数据显示，在20世纪80年代的中期，跨国公司的海外收入占全球GDP的25%~30%，而我们看到在2005年，跨国公司国际分支机构收入占全球GDP的比重已经提高到了50%。

从数量上来看，跨国公司的增长也是惊人的。2005年，全球大致已经有77 000个跨国公司的母公司，它们运营着大致770 000个分布在全球的国际分支机构，并且雇用着6 200万个员工。

跨国公司的三维特征

跨国公司已经成为影响全球经济增长的主要因素，这就让我们必须对这个经济现象进行深入观察。跨国公司到底是什么？跨国公司的本质属性有哪些呢？

跨国公司最经常和国际直接投资FDI联系在一起，因为这本身就是跨国公司的主要特点，通过海外的投资来构建全球的产业体系。全球的国际直接投资和全球贸易又紧密联系在一起，各个国家企业对外的直接投资，以及该国吸引的直接投资，对于这个国家的经济增长和GDP将产生直接的作用。所以，从这个角度来说，跨国公司的行为体现出明显的经济属性。跨国公司问题，是一个经济问题。

跨国公司又是一个个活跃的经济组织，是一个个看似完全不同的企业个体，不同行业的跨国公司属性相差很大，即使在同一行业，同一国家的跨国公司，你也能轻易地区分它们的不同。每个跨国公司，都通过自己的战略寻求某种独特的竞争优势，通过全球的组织分工方式找到更有效率的生产经营模式，通过全球管理体系建立自己的长期能力。仅仅在过去的20年中，很多曾经知名的跨国公司倒下，又有很多跨国公司成长起来。跨国公司的现象，如果从这些差异点进行分析，那它更多的是一种管理问题。跨国公司的行为，体现为管理的属性。

同时，我们越来越多地看到，跨国公司的行为正在对世界各国政府产生重要的影响。主权国家对于跨国公司的反应也更加突出。大型跨国公司，通过其全球产业链和价值链的布局，可能会把自己定位在一个全球产业寡头的优势地位，从而垄断和控制被投资国家某个产业，对该国消费者的利益最大化产生影响，因而各国都在反垄断领域加强政策的制定和实施来调整跨国公司的行为影响。从另一个方面来看，正是由于跨国公司对产业和全球经济的超强影响能力，它们可以影响甚至左右一国政府的决策。跨国公司本身所具有的文化影响和渗透力，可以影响一国消费者的观念和习惯。跨国公司，在某种意义上，已经成为全球各个国家进行经济竞争的主要方式和手段之一。国家的竞争力，在跨国公司竞争力方面的体现越发明显。因而，从这个角度来说，跨国公司的行为，也是一种政治行为，反映出国家政治的属性。

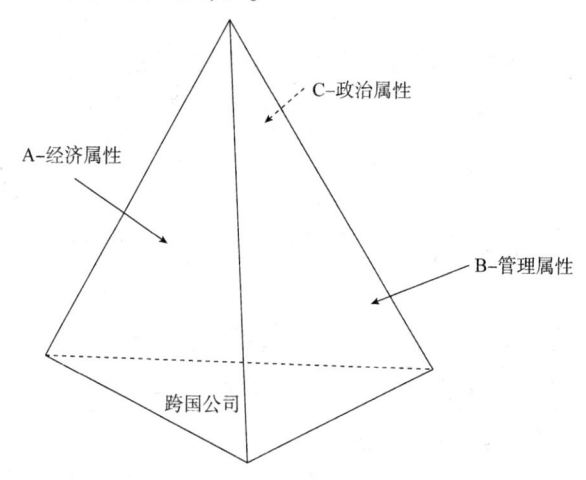

图0-1 跨国公司"三维属性"

跨国公司确实是一个复杂的多维度组织现象。经济属性、管理属性、政治属性，同时在一家跨国公司当中体现，这给我们分析它的理论机理和实际问题提供了多个不同的切入视角（见图0-1）。因而，到目前为止，经济学家对跨国公司的分析可以从FDI和国际投资角度展开，管理学家可以从跨国战略角度展开他们的思考，政治经济学家可以从国家治理和对策角度进行建议。但是，我们需要看到的问题是，当一个具体组织是一个三维或者更多侧面的立体组合时，它的行为反映的是一个综合影响和交互的作用机理，而不是某个侧面逻辑的直接作用。所以，对于跨国公司的深入研究，应该基于一个跨学科的整合性剖析，而不仅仅是在某个领域内的发现。

基于这样的观点，我们在本书中对于跨国公司的研究，就是希望将经济视角、管理视角和政治视角进行整合，通过立体的跨国公司分析，来展开对这个组织形式立体的观察，试图寻找在这个立体空间中的规律。

在跨国公司研究领域，邓宁（John H.Dunning）教授的研究思路也可以从一个方面验证本书的方法。在《跨国公司和全球经济》（第二版）一书中，他对跨国公司在全球经济中的角色进行了系统的论述，按照他的分析模型，我们也能看到从三个不同的属性来解读跨国公司的思想。

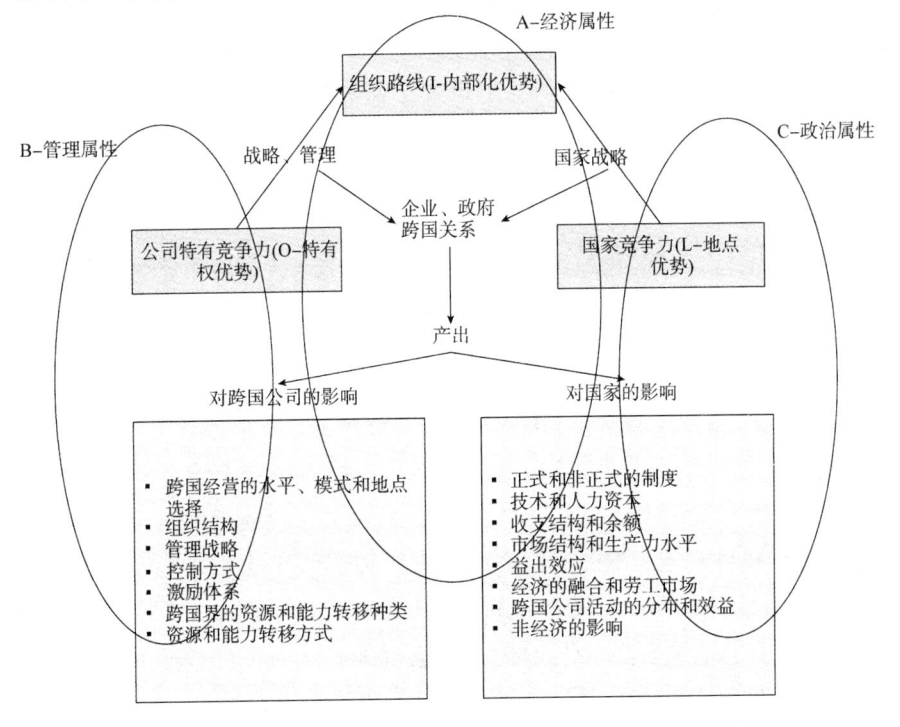

数据来源：《跨国公司和全球经济》（第二版）PageXXIV，作者整理。

图0-2 邓宁教授跨国公司对全球经济作用研究框架解释

正如图0-2中所示，用OLI范式来描述的跨国公司行为，在增强公司特有竞争力，并将其与强化内部化优势，落实国家选择优势相结合，构成了跨国公司管理的主题，是管理属性的部分。而OLI范式的本身，以及它所研究的跨国公司的全球投入产出行为，和对跨国公司及国家经济影响的这个中心部分，属于经济研究的重点，是经济属性的部分。另外，国家政府对跨国公司的政策和跨国公司对国家的影响，是我们关注的政治问题，属于政治属性。

邓宁教授的研究模式，更加让我们看到，对于跨国公司的研究，确实需要从一个整合的视角来展开，才可能更加深入和真切地观察和分析跨国公司的理论和实践。

新世纪跨国公司的七大问题

如果我们从跨国公司三维属性的整合角度，来观察在新世纪里，全球跨国公司的行为及其对经济体系产生的影响，有七大领域的问题摆在面前，这也正是本书力求初步描述的主要内容。

问题一：为什么跨国经营会成为企业的高级形态？跨国经营行为背后的理论逻辑是什么呢？

对于跨国公司动机和行为逻辑的理论研究，已经进行了几十年。根据跨国公司的发展演变，不同的理论在不同的侧面给予这个问题不同的答案。海默（Stephen Herbert Hymer）教授提出的垄断优势理论最早回答了这个经济现象，指出跨国公司本身所拥有的某种不同寻常的能力是其跨国发展并获取竞争能力的基础。巴克利教授等学者从另一个角度来分析，指出通过跨国公司的内部化行为，将市场交易转化为组织内部的海外投资，是协调组织发展，并降低成本、提升效率的有效手段。在此基础上，邓宁教授发展的OLI范式和折中理论，进一步综合了以上两种不同研究结论，成为过去几十年来解释全球跨国公司经营行为最重要的理论逻辑。

不过，随着跨国公司经营行为的不断深化，对跨国经营行为的研究的重心，已经从为什么出现这样的现象，转换为对现有持续经营跨国公司内外部行为的研究。组织能力学派以巴内教授为代表的很多学者，将研究的重点置于具有特点的个体跨国公司，他们指出一家跨国公司的竞争优势，是存在于这家企业当中的一系列组织能力的基础上，这样的能力既包括企业内部的能力，也包括其外部的能力，它难以交易，更无法模仿。跨国公司的海外经营，正是利用、增强或者探寻这样组织能力的过程。与此同时，一些战略学家（比如巴特莱特教授），试图通过跨国公司在全球发展中的战略模式演变和组织相应变化，来分析跨国经营的效率和效果，他们提出全球整合和国别特点等理论，能够通过不同跨国公司的发展阶段，来解释跨国行为的共同特点。

近十多年来的跨国公司经营又产生了新的特点，所以对于跨国经营行为的研究出现了新的分支，我们称之为"网络理论"。跨国公司形成在多国和全球的经营格局后，其竞争优势体现在其内部组织和外部客户、供应商、政府等形成的网络当中，不同的网络能力，会产生不同的经营效果，所以跨国公司的行为将发挥整个网络的能量，而不仅仅是通过母公司的某些优势取得发展。

当然，很多跨国公司的行为，如果简单从上述经济和管理的理论架构来解释，显得并不完整。那是因为，跨国公司的某些部分具有政治的属性。所以，在网络理论的基础上，一些学者发展了"制度理论"，他们认为跨国公司的发展需要考虑所在国家的环境，并使自己的行为和政策、社会、国别等因素相协调。

在本书中，我们将在相关章节，对这些跨国公司理论逻辑和观点有重点地进行说明，力求给读者一个清晰的理论脉络。

问题二：跨国公司怎样构建全球经营布局？

这是我们将要通过本书的第二章和第三章解读的问题。一家跨国公司进入其他国家，无论是基于自身的特有优势，还是需要通过在被投资国建立和收购企业实现产业链条上的内部化，或是被投资国在某些领域具有某种特殊的资源优势，都是通过国际投资的行为，将原先自身在母国的某项或多项业务功能转移或者复制到新的国家和地区。从OLI范式来说，理论是支持这样的跨国行为，下面的问题就是，通过如何的模式才能将理论中存在的那些潜在价值和利益，在跨国公司经营实践中得到体现。

跨国公司的行为实践，首先是在国际分工体系中构建起不同国家和地区的功能区。从垂直型分工、水平型分工，到产业内分工、产品内分工，再到要素分工的不同阶段发展，产业分工的特点出现了更新迭代的特点。在此基础上，国际上不同国家间共同组成的生产一体化模式逐渐成熟，从独立子公司，到简单一体化，再到复合一体化。国际生产分工体系在这个过程中不断演进。

对多产业、多产品、多管理功能、全球经营的跨国公司而言，实现了在各国的生产分工后，仍难以实现自己最大化利益水平的期待，因为简单的生产环节分工，还远不能覆盖跨国公司的全部经营体系。在此背景下，通过国际投资构建全球价值链，成为跨国公司新的产业布局原则。从设计、产品开发、生产制造、营销、交货、消费、售后服务、最后循环利用等各种增值活动整体的角度，来考虑和布局在全球范围内跨国公司的投资、参与、合作策略，并在此基础上组织一个全球性的网络组织，实现价值最大化。

在这样的模式下，通过国际投资，通过内部化方式建立起来的产业链一体化的跨国公司，其经营行为就产生了更多的选择。投资、参与、合作等多种模式开始在跨国公司决策中出现，其中最为重要的，就是跨国公司的非股权参与方式（NEM）。这种方式是通过一种长期契约关系的形式，来实现全球价值链的整合，可以包含合同制造、服务外包、订单农业、特许与许可以及其他各种契约关系，通过这些契约，跨国公司可以调整并控制东道国合作企业的经营活动。非股权参与方式的出现和发展，是跨国公司产业行为的一个新的方式，它将对跨国公司的全球发展方式和各个国家的经济产生深远的影响。

问题三：跨国公司全球战略行为的演变和最新趋势有哪些？

本书并不是一本战略书籍，我们所要关心的问题是，在过去的几十年中，跨国公司在跨国经营战略选择和战略行动上，都经历了哪些变化，进入21世纪后，又出现了哪些新的特点？这个问题我们将在本书第四章予以回答。

跨国公司战略选择和实施的过程，渗透到其分析和选择全球价值链，确定进入国别和进入方式，并合理进行组织分工的全部过程中，可以说无处不在。在产业行为的分析中，始终可以体会到战略行为的意义。

全球战略行为，更加准确地说，是国际战略选择和实施问题。我们希望来解读跨国公司国际经营中的战略变化。在这个领域中，已经有很多专家做出了杰出的贡献。Rosenzweig（1999）就指出，地域的扩展、经营多元化和职能转移是跨国经营的演变方向。Bartlett和Ghoshal认为，全球跨国公司经过了多国、国际、全球三种典型的演变形式，并形成了三种不同的组织模式，也被称为跨国公司国际化扩展的三次浪潮。在全球化发展的过程中，由于每家跨国公司发展阶段不同、管理文化不同，所以产生的战略行为差别明显，但是所有的跨国公司战略行为，都是在一个有规律的逻辑中进行的演化。

随着全球化竞争的发展，跨国公司的战略行为发生了新的动向，即战略联盟的兴起和快速发展。跨国战略联盟是两个以上的超越国界的企业为了实现优势互补、提高竞争力及扩大国际市场的共同目标而制定的双边或多边的长期或短期的合作协议。战略联盟为跨国公司进一步协同发展全球市场，优化全球价值链，构建更广阔的网络型组织，提供了新的选项。

问题四：跨国公司是如何通过内部组织管理模式和外部组织网络提升跨国经营能力的？

必须承认，组织问题和战略问题实际是同一个硬币的两面，是紧密相连、不可分离的。跨国公司的战略和跨国公司的组织形式，同样也是高度联系在一起。在一家公司决定跨国经营，并且选定了国际业务的模式，确定了被投资的国家后，在这家公司的跨国组织方式也就相应确定了。

不过，从跨国公司组织发展的变化来看，组织模式的调整和演进仍是有规律可循的。从刚开始的出口部业务机构，到海外业务机构，到国际独立子公司，再到世界范围内的全球联合结构，不同阶段的组织形式，都会配合跨国公司的战略发展。

特别要看到，进入21世纪后，跨国公司的组织发生了新的变化。首先是网络化组织的强化。在网络管理体制下，跨国公司采取了全球一体化的经营方式，将研发、生产及销售等环节根据不同的区位优势分布于全球各地，把所有分支机构联结成统一的一体化经营网络，这样使分散于世界各地的研发、生产、销售等活动能够服务于企业的全球发展战略。其次是跨国公司组织结构向扁平化、柔性化方向发展。由于信息技术的飞速发展,企业内部信息交流突破了时间和地理障碍,因而跨国公司组织中形形色色的纵向结构正在拆除,中间管理层被迅速削减、管理跨度扩大,组织结构呈扁平化趋势。

同时,我们不应该忽略跨国组织的另一个重要组成部分,那就是"外部网络"。跨国经营的复杂性,以及非股权参与模式、战略联盟、网络型组织这些新的行为在跨国公司当中的广泛应用,推动跨国公司更加积极、全面、深入地参与到与外部组织的合作当中。跨国公司网络组织,是跨国公司之间为了实现自身的全球发展战略目标而在研发、生产或销售等领域进行合作时形成的外部网络。现实生活中,跨国公司的外部网络成员不仅包括其他的跨国公司和当地公司,还包括和政府、社会团体等的合作。

跨国公司通过内部组织的适应性调整和外部网络的发展,建立起更强的竞争能力,这些内容将在本书第五章进行阐述。

问题五:跨国公司技术创新和研发如何帮助其提升竞争力?

本书的第六章,将系统地分析跨国公司技术创新和研发的一些趋势和特点。

跨国公司正在加紧实行全球研发与创新战略,这一趋势已成为全球经济发展的重要现象之一。全球化战略的深入与国际扩张的需求促使跨国公司大大增加研发与创新的投入,20世纪90年代以来跨国公司进入了真正意义上的研发全球化阶段,不仅发达国家跨国公司用于海外研发及创新的投资数量维持较高水平,发展中国家及地区的研发投资规模也快速增长。

全球的研发正在体现出一种新的趋势,在地理范围上的集中,在产业范围上的集中,以及明显的产业研发投入产出差异,这些趋势正在影响和改变跨国公司的研发行为。在这样的背景下,我们看到跨国公司的研发正在快速国际化,这种现象正在改变人们经验中的事实,那就是研发是跨国公司价值链中国际化程度最低的环节,而生产、营销以及其他职能早已迅速转移到了国外。目前,全球研发布局的发展,正是体现了跨国公司的竞争力模式，已经从当初的母国掌握技术和管理诀窍，通过这样的垄断优势资源来构建跨国优势的阶段，进入到一个通过全球的研发资源，在全球高度利用不同国家的智力和技术资源，实现全球知识创新和价值增长的新阶段。

令人关注的是，跨国公司研发的全球化，也有其国家和区位选择的特点。我们看到，跨国公司区位选择结果由首位区位因素和最显著的区位因素所决定。降低成本和利益最大化始终是跨国公司海外研发活动的根本目的，在此基础上，有学者总结，跨国公司研发全球化的区位模式归纳为以下六种：生产支撑模式、市场寻求模式、资源导向模式、技术提升模式、行业引聚模式、全球战略模式。

问题六：跨国公司是如何改变市场结构并发展垄断行为的？

生产的国际化、跨国公司的国际化生产经营，特别是对外直接投资（FDI），使垄断寡占结构跨越国界，向东道国传递。对于跨国公司而言，特别是那些在全球产业地位中占有重要位置的大型跨国公司，寡头甚至垄断的地位，既是它们优势竞争地位的结果，又是它们可以不断借助的手段。

所以，我们关心跨国公司，需要从跨国公司如何改变一个国家的市场结构，并发展寡头和垄断行为这个视角，来认识跨国公司的经济和政治属性。

对于发展中东道国而言，跨国公司FDI进入会促进东道国市场结构集中度提升的这一观点被经济学家们普遍接受，同时，跨国并购对发展中东道国能够带来比新建投资更迅速、程度更高的市场集中效应。市场结构的集中为跨国公司获得垄断势力与实施垄断行为提供了市场结构基础。如果我们从世界市场角度，看到在跨国公司的国际化生产经营影响下，国内市场垄断性的增强，内在地使整个世界市场结构也趋于集中，出现了全球市场垄断寡占的发展趋势，就能够理解越来越多的发展中国家对于跨国公司进入产生的潜在垄断问题有所担忧的原因了。

跨国公司能够采用多种行为来实施垄断的策略，比如滥用知识产权保护限制竞争、串谋、并购和纵向限制行为等，针对这些行为，一国政府也能采用相应的针对性政策进行应对。

本书的第七章，对于跨国公司的垄断行为，以及对应的反垄断政策，进行了总体的说明。

问题七：跨国公司如何影响政府和国家利益？

我们将在第八章，用政治经济学的观点来分析跨国公司。

跨国公司的国家属性已经成为理论争论的焦点问题之一。高度全球化运营，全球价值链布局的大型跨国企业，其母国色彩看似越来越消失，取而代之的是一个超出国家之上的全球性经济组织。同时，我们可看到，这样的跨国公司，都在经济行为中包含着各种各样的文化理念、企业价值、道德伦理，并随时传递给各个国家的消费者和它们能够影响的网络。

所以，对于跨国公司来说，在经济全球化的历史条件下，国家力图控制跨国公司这种机构庞大、能量惊人的经济组织，而跨国公司又力图摆脱国家（包括母国和东道国）的束缚与控制进而获取更高的利润。因此，跨国公司与政府之间的关系也变得越来越微妙。不但如此，跨国公司跨越多个国界，因此各个国家都会尽量发挥跨国公司对于一国经济发展等方面的正面效应，克服或避免负面效应。因此，跨国公司与母国、跨国公司与东道国、母国与东道国、东道国与东道国之间在利益分配上不可避免地存在着尖锐的冲突。

跨国公司与母国的关系不是简单的一维关系，不是一方对另一方的依附，而是相互作用，存在着互相扶持、互相利用的关系。

同时，对于东道国来讲，由于跨国公司的投资可以切实拉动本国经济的增长，促进就业水平的提高，在多数时候，都会积极争取跨国公司的投资。但是，随着跨国公司实力的增长，跨国公司为了实现其全球战略，有时不惜侵蚀国家的政治主权，尤其是发展中东道国的政治主权，有时跨国公司可以利用自己的政治和经济影响力来影响甚至左右政府的决策。

总体来看，跨国公司的政治属性是一个国家政府在制定本国政策时需要重点关注的内容之一，对非本国跨国公司，应采用必要的政策来保证本国利益，对本国的跨国公司，应采用必要的政策来提高它们的全球竞争力，并推动国家的发展。

本书逻辑

跨国公司"三维属性"是本书构建的基石，新世纪跨国公司的"七大问题"是本书写作的线索。作者希望本书成为一本综合分析跨国公司行为的著作，相关的章节将重点从跨国公司行为角度入手进行阐述。

具体而言，跨国公司的"七大问题"，可以概括为不同的行为方面：

问题一：行为动机和行为逻辑（各个章节）

问题二：产业行为（第二、三章）

问题三：战略行为（第四章）

问题四：组织行为（第五章）

问题五：创新行为（第六章）

问题六：垄断行为（第七章）

问题七：主权行为（第八章）

除此之外，本书希望体现两个特点：

首先是对中国跨国公司现象的全面分析，在我们即将展开的每个章节，我们都会分析中国和中国跨国公司在相关内容的特点、行为和对策建议，这样，我们将中国企业纳入全球跨国公司行为分析体系当中，通过比较得到可能的答案。

其次是力求体现时代的更新。本书是以21世纪为时间背景进行著述的，所以我们更多地采用历史脉络分析的方式，重点讲述在各个领域中最新的发展和变化，使之对21世纪跨国公司的分析更有及时性和针对性。

由于时间、资源和能力的限制因素，本书所涉及观点、所采用的分析方法和数据，均可能存在不足和改进空间，请各位读者多提宝贵意见。

目录

第一章　21世纪跨国公司新发展 …… 1
- 第一节　怎样才算跨国公司 …… 1
- 第二节　跨国公司发展三大阶段 …… 6
- 第三节　跨国公司与全球经济治理结构的三层关系 …… 12
- 第四节　跨国公司与中国 …… 14
- 第五节　中国企业的跨国经营 …… 19

第二章　跨国公司产业行为：全球价值链治理模式 …… 25
- 第一节　国际生产分工的发展 …… 25
- 第二节　国际分工的历史演进 …… 27
- 第三节　升级到全球价值链 …… 34
- 第四节　中国在全球价值链中的位置 …… 42
- 第五节　案例：吉利汽车的全球价值链配置 …… 49

第三章　跨国经营行为创新：非股权模式 …… 57
- 第一节　非股权模式：FDI和贸易的中间地带 …… 58
- 第二节　FDI与NEM模式比较分析 …… 62
- 第三节　新世纪非股权模式发展状态 …… 66

第四节　非股权模式持续增长的动因 ………………………… 77

第五节　非股权模式发展对国家经济治理的影响力 ………… 81

第六节　案例：利丰集团

——服装制造环节价值链的管理者 ………… 89

第四章　跨国公司战略行为：全球进入和控制模式 ……… 92

第一节　跨国战略行为演进 …………………………………… 92

第二节　跨国战略行为工具：战略联盟 ……………………… 108

第三节　跨国公司在华战略行为 ……………………………… 115

第四节　中国企业国际化战略进程 …………………………… 120

第五节　案例分析：联想集团国际化战略 …………………… 131

第五章　跨国公司组织行为：双层网络结构 ……………… 138

第一节　跨国组织的双层结构 ………………………………… 138

第二节　跨国公司内部组织演变 ……………………………… 139

第三节　跨国公司外部网络 …………………………………… 149

第四节　跨国公司组织选择和组织控制 ……………………… 153

第五节　案例：海尔与三洋的战略联盟 ……………………… 158

第六章　跨国公司创新行为：走向全球研发 ……………… 165

第一节　全球研发四大趋势 …………………………………… 165

第二节　跨国公司的全球研发 ………………………………… 171

第三节　跨国公司研发国际化的驱动力 ……………………… 179

第四节　跨国公司全球研发网络 ……………………………… 182

第五节　案例：IBM的全球研发网络 …………………… 192

第七章　跨国公司垄断行为：市场集中和治理策略 ………197
　　第一节　跨国公司推动市场集中化 …………………… 197
　　第二节　跨国公司在东道国的跨国垄断行为 ………… 204
　　第三节　跨国公司在中国的竞争与市场集中 ………… 212
　　第四节　跨国公司垄断的影响和治理 ………………… 220
　　第五节　用产业开放和竞争政策治理跨国垄断 ……… 223

第八章　跨国公司主权行为：国家经济治理工具 ………226
　　第一节　跨国公司的"国籍"争论 …………………… 226
　　第二节　跨国公司与母国政府的二维关系 …………… 229
　　第三节　跨国公司与东道国政府的关系 ……………… 243
　　第四节　中国企业"走出去"与中国话语权 ………… 248
　　第五节　影响中国企业海外发展的制约因素 ………… 250

参考文献 ………………………………………………………260

第一章 21世纪跨国公司新发展

第一节 怎样才算跨国公司

一、来自联合国的定义

跨国公司的雏形可以追溯到19世纪末期的工业革命强国到国外办企业从事生产经营活动，跨国公司通常也被人们称为国际公司、全球公司等。20世纪70年代，联合国成立专项小组对跨国公司的定义和评定标准予以全方位考察，同时为避免与拉丁美洲一体化文件中的Multinational Corporations[①]混淆，于1973年将跨国公司定义为"同时在两个或两个以上的国家控制资产、工厂、矿藏、销售机构等类型的企业"[②]，并于1974年正式启用Transnational Corporation这一概念。

1984年，联合国在《跨国公司行为守则草案》中，给跨国公司下了一个新的定义，虽然至今尚未由联合国大会通过，并非正式文件，但影响深远。该守则最后定稿于1986年，现简述如下：

跨国公司是指由在两个或多个国家的实体所组成的公营、私营或混合所有制企业，不论此等实体的法律形式和活动领域如何；该企业在一个决策体系下运营，通过一个或一个以上的决策中心得以具有吻合的政策和共同的战略；该企业中的各个实体通过所有权或其他方式结合在一起，从而其中一个或更多的实体得以对其他实体的活动实行有效的影响，特别是与别的实体共享知识资源和责任。

---

① 拉丁美洲一体化文件中，Multinational Corporations被用来专指那些在安第斯国家组织帮助下，由该组织的成员共同创办和经营的公司。
② 原文是"An enterprise as one which controls assets, factories, mines, sales offices, and the like in two or more countries."

通过总结以上表述，我们可以给跨国公司一个宽泛的定义：如果企业参与国际直接投资（FDI）并且在不止一个国家拥有价值增值活动（value-added activities）的所有权或者其他任何形式的控制权，那么该企业可以称作跨国公司。从以上定义可以看出，跨国公司和国内公司的最大差别在于公司是否是通过内部组织的建立、市场的内部化来进行各项跨国界的交易行为，而非松散的市场贸易行为。

二、跨国公司的三个衡量标准

根据上述关于跨国公司的定义，我们可以给出国际上较为通用的三种关于跨国公司定义的界定标准：结构标准、业绩标准以及行为标准。

1. 结构标准

在这种标准体系下，跨国公司应该满足下面几个条件中的至少一个：
①在两个或者两个以上的国家经营业务；
②公司的所有权为两个或两个以上国籍的人所拥有；
③公司的高级经理来自两个或两个以上的国家；
④公司的组织形式以全球性地区和全球性产品为基础。

2. 业绩标准

指凡是跨国公司应当满足其在国外的生产值、销售额和利润额、资产额或雇员人数就必须要达到某一百分比以上。百分比具体应为多少目前并无统一的认识，实践中采用25%作为衡量标准的情况较多。

3. 行为标准

该标准是指跨国公司应该具有全球战略目标和动机，以全球范围内的整体利益最大化为原则，用一视同仁的态度对待世界各地的商业机会和分支机构。

三、跨国公司是企业高级形态

关于跨国公司的本质，学者John H.Dunning和Sarianna M.Lundan在《跨国公司和全球经济》一书中有说明。跨国公司本质上是企业组织的一种高级形态，遵从企业研究的相关规律。具体来说，我们对企业进行的理论研究，在很大程度上对跨国公司都是适用的。

比如，在经济学中对于产权理论的论述，对于代理理论的分析，不仅对跨国公司是适用的，而且由于跨国公司本身产权结构的复杂性和组织的广泛性，更能对这些理论的结论进行充分的验证。

比如，在管理学中对于企业战略理论和方法的论述，对于分析跨国公司的战略管理依然是有效的，所不同的是，由于跨国公司出现的不同国家环境和背景的差异，会对战略分析的"内容"带来不同的影响。但是，就战略方法本身，跨国公司的战略和一个国内企业的战略并没有根本的差异。

四、跨国公司又是一种特殊的企业

如果说跨国公司只是企业的一种高级形态，所有企业研究的成果都适用于跨国公司，那么，看似没有必要就跨国公司进行专业领域的研究了。但事实正好相反，对于跨国公司的探讨已经成为一个备受关注的领域，这一方面是由于近几十年来这样的高级企业组织迅速发展，几乎在所有行业都成为主导的力量。另一方面，跨国公司确实带来了特有的新问题，这些新的问题，成为对跨国公司研究的重点。

首先是跨界生产带来的挑战。与在特定国家国境内的生产和经营不同，当一个公司确定要在其他国家安排生产经营中的某些或者全部环节的时候，就必须要解决在哪些国家安排哪些生产经营环节的问题，这就需要对不同国家的环境和文化进行深入的了解和分析，同时对自己的经营体系进行全球范围的思考，比如不同国家或地区采用不同的战略，利用国家间的比较优势安排全球分工体系和全球价值链。同时，跨国界的组织，会直接涉及国家关系的处理，这个部分已经不是一家企业能够管理和控制的范围。

其次是跨国公司带来的全球复杂性挑战。随着跨国公司数量的增多，跨国公司在全球的分支结构、人员、资产都达到了前所未有的规模。另外，跨国公司的业务种类、产品线的复杂程度快速增加，经常需要同时管理在上百个国家的上千个分支机构，经营上万种商品和服务。仅从销售额的统计来看，很多跨国公司在全球的收入规模，都要超过一个国家的GDP总额。这种全球高度复杂的大型组织，产生的特有问题，比如战略联盟，是跨国公司研究的另一个重点。

再次是跨国公司不是简单的企业组织，由于跨国发展而产生的FDI，是全球资本流动的主要构成部分。FDI不仅是企业现象，更是经济和政治领域关心的重要问题，因而以FDI为中心的跨国公司研究也发展迅速。

最后是跨国生产对国家主权层面带来的影响。不同国家的政府，都在依据自身的理念治理国家，发展本国经济，鼓励本国产业成长，同时保护国家的经济安全。跨国公司的直接投资，以及在一个国家内部对产业和市场的渗透和占领，不可避免地会产生包括竞争和垄断、民族产业发展、跨国税收政策问题，以及对该国经济安全的影响等新课题。

以上这些跨国公司特有的问题，正是本领域研究的重点，也是本书将说明的一个主要方向。

五、跨国经营的动机

跨国经营指企业积极参与国际分工，由国内企业发展为跨国公司的过程。是什么因素激发了企业的国际化经营扩张活动呢？

1. 传统动因

（1）确保关键供给要素

驱使公司向海外投资的最早的动因之一是确保关键供给要素。铝的生产厂家需要铝土的供应有保障，轮胎公司到海外发展橡胶种植园，石油公司要在加拿大、中东和委内瑞拉开发新的油田。在20世纪的早期，标准石油、阿尔科、固特异、阿纳卡尼达铜业、国际尼克尔等公司都处于最大的跨国公司之列。

（2）寻找市场

国际化的另一强劲动因可以描述为寻找市场的行为。这一动因在那些已经取得某些内在优势，特别是与专业技术或品牌认知度有关的优势的公司中尤为明显，而这些优势可以使公司在海外市场中获得某些竞争优势。尽管它们最初的态度是机会主义的，但是许多公司最终认识到，在国外市场所增加的销售使它们能够拓展其经济的规模和范围，从而为公司提供超越竞争对手的竞争优势。许多欧洲跨国公司在此方面尤为突出。这些公司本国的市场狭小，难以吸收其在食物、烟草、化工制品、汽车等产业的大批量制造加工能力。雀巢、拜尔和福特等公司国际化扩张的主要动因就是寻求新市场。

(3) 获取低成本生产要素

另一种传统而重要的国际化动因是获取低成本生产要素的需求。尤其是20世纪60年代，随着关税壁垒的降低，劳动力构成主要成本的美国和欧洲国家发现，其产品与进口产品相比处于竞争劣势。于是，纺织、电子、家电、手表制造以及其他产业的一些公司纷纷在国外建立生产零部件或完整产品线的生产基地。不久，它们就发现劳动力并非是唯一可以从海外更廉价地获取的生产要素。比如，获得低成本资本（也许通过某一国政府的投资补贴而获得）也成为国际化的一种强劲推动力。

这三种动因如果忽略历史差异，并且把确保关键供给要素与获取低成本生产要素合并为单一的资源寻求动机，则只有两种动因是绝大多数跨国公司在海外扩张的主要传统驱动力。

2. 新兴动因

一旦跨国公司建立了国际化销售和生产经营业务，大多数公司的观念和战略动因就会逐渐变化。起初，典型的看法是国外业务在战略和组织上是国内业务的附属物，实行的是机会主义管理。但公司经理们逐渐从更加综合的全球角度考虑他们的战略。在这个过程中，最初激发海外扩张的动力与新兴的全球战略背后的一系列新的动因相比，常常降至次要地位。

第一类动因包括经济规模扩大、研发投资激增和产品生命周期缩短等，这些因素促使许多行业向全球扩散，而不是向国内机构发展，并且，经营活动的世界范围扩张并非可有可无，而是许多公司能否在一些经营领域生存下去的基本前提。

第二类动因是全球审视和学习能力，这一点经常会成为公司国际战略的关键所在——尽管并不是激发公司进行海外投资的初始动因。为获取可靠原材料供应而向海外发展的公司更有可能在全球范围内发现其他低成本的生产资源；借助市场机会向海外发展的公司常常面对激发产品创新的新技术或新市场需求。跨国公司在世界范围的存在，给它带来了巨大的信息优势，这种信息优势能使其找到更有效率的资源、更先进或更加适销对路的产品和加工技术。这样，凭借技术和市场优势，公司的国际化战略被激发起来，公司还能够通过其遍及全球经营网络的内在审视和学习潜能来增强这种优势。

第三类动因是，一家跨国公司较之于国内公司的另一明显好处是会带给它重要的竞争性定位优势。近些年来有关跨国公司所奉行的许多全球竞争战略行动的多数争论是建立在不同市场的跨国补贴基础之上的，例如，韩国的电视生产企业通过调用其亚洲和南美经营活动的盈利来补贴它在美国市场的损失，从而向美国相关行业的国内公司挑战。如果一个美国公司完全依赖于国内市场，它的竞争反应只能是消极防守它的市场地位——典型的做法是寻求政府的干预或降低竞争性价格。对于跨国经营竞争内容的认识，致使一些公司改变了它们做出国际投资决策的准则，以便不仅能反映市场吸引力、成本或者是效率因素的选择，而且能反映这些投资所提供的超过竞争对手的杠杆作用。

为了分析需要及反映历史演变过程，我们将跨国公司扩张的动因归结为几种类型，但是很明显，被单一驱动力所推动的跨国公司是十分罕见的。适应性更强的公司很快学会了如何把自己来自国际化经营的所有潜在优势——确保关键的资源供给、进入新的市场、开发低成本生产要素、运用获取的全球信息以及利用在多国市场地位的竞争优势——发挥出来。

第二节　跨国公司发展三大阶段

跨国公司演变史应当属于商业史和经济史的研究范畴。其中最具有代表性的是由Geoffrey Jones编写的《跨国公司：历史的视角》[1]一书，该书对21世纪之前有关跨国公司史研究的成果进行了总结和梳理，呈现了一个较为完整的跨国公司演变史逻辑框架。目前而言，有关美国跨国公

---

[1] Jones, G. (1996). "Transnational Corporations—a Historical Perspective", "Transnational Corporation and World Development", Published by Routledge on Behalf of the UNCTAD Division on Transnational Corporations and Investment, International Thomson Business Press, pp.3–26.

司产生和成熟的较为有代表性的著作是美国佛罗里达国际大学Mira Wlkins的《跨国公司的出现：从殖民时代到1914年的美国海外商业活动》以及《跨国公司的成熟：从1914年到1970年的美国海外商业活动》；有关欧洲跨国公司发展历史的是John Stopford的《英国制造业跨国公司的历史》（1974）、Lawrence Franco的专著《欧洲跨国公司史》（1976）以及Charles Wilson的《跨国公司的历史回顾》（1972）；同样，日本跨国企业发展史可见于Mira Wlkins在1986年《商业史评论》上连续发表的三篇文章，以及日后据此整理的专著《1914年以前的日本跨国公司》。

一、阶段一：从萌芽到两次世界大战

跨国公司的产生可以追溯到150年前。1600年伊丽莎白一世赋予218名商人组成的东印度公司在好望角东的贸易垄断权，东印度公司自此参与开创世界现代史。东印度公司是第一批赋予股东有限责任的公司之一，它奠定了大英帝国的基础，催生了大批的"公司人"，而且它也是最早的国有公司雏形。[1]

在历史上，新航线和新大陆的发现，扩大了国际商业活动的空间和范围。特权贸易公司（如英国东印度公司、英国皇家非洲公司、英国哈德逊湾公司、英资汇丰银行、荷兰东印度公司等）这种新的企业组织形式的出现，意味着以往商人的个人冒险家事业的消亡和现代企业的诞生。这些公司开始以经营贸易和航运业为主，后来逐步扩大到银行等金融业。它们属于掠夺性经营的殖民地公司，遭到了当地居民的强烈反对。1856年，英国正式颁布股份公司条例，随后一批股份公司出现，这标志着对世界经济产生重要影响的资本主义现代企业问世了。

在两次世界大战之间这一时段，对外直接投资有了相当快的增长，比第一次世界大战前增加了两倍，制造业吸引了更多的国际直接投资，制造业的跨国公司发展迅速，越来越多的西方国家大公司开始在海外建立子公司。据统计，在这个阶段共有1 441家西方国家的公司进行了对外

---

[1]   "The East India Company: The Company that ruled the waves", "The Economist", December 17th, 2011, pp.126–129.

直接投资。这一时期，美国跨国公司的发展较快，美国在对外直接投资的比重逐渐超过英国而居世界首位。然而，由于战争、经济危机和国家管制，跨国公司虽然有了一定的发展，但整体发展速度仍然较慢。

二、阶段二：当代跨国公司的快速发展（1945–2000年）

1945年第二次世界大战结束以来，科学技术取得了突飞猛进的发展，区域经济一体化程度不断提高，经济全球化趋势加强，这使得对外直接投资在深度和广度上迅速发展，跨国公司的数量和规模大大增加，对外直接投资的作用和影响已经超过对外间接投资。这是因为，第二次世界大战结束以后，包括英法战胜国在内的国家千疮百孔，必须大力恢复生产、重建家园，但是美国的实力大增，这就给美国跨国公司的发展带来了极佳的条件。此外，战后的第三次科技革命迅猛发展，更加深化了国际分工与合作。

根据联合国原跨国公司中心的资料，1968年全球共有7 276家跨国公司，它们在全世界的分支机构、子公司总计27.3万家。到1988年，全球跨国公司总数增至2万家，它们的子公司则达100万家，分布于世界160多个国家和地区。1996年，全球跨国公司的总数又将近翻了一番。从该阶段全球对外直接投资增加值来看，从1945年的200亿美元已经上升到了1980年的3 696亿美元，年平均增长9.2%；从跨国公司产业分布来看，1945年以前的跨国公司主要集中在基础设施建设、资源等行业，"二战"后，跨国公司的产业集中领域逐步向制造业和服务业倾斜；同时，跨国公司数量在该时期由1949年的512家母公司逐年呈现出近似几何级数的增长，到1978年已经达到10 727家，海外公司更是不计其数。

"二战"以后跨国公司的发展体现了以下特点：①跨国经营迅速兴起。②国际直接投资明显地不再遵循传统理论所描述的从资本充足国向资本短缺国流动。在某些情况下资本在充足国家间进行流动。③公司跨国的经营范围越大，规模越大。④跨国公司主要集中在某些工业类型中。这些工业具有高生产集中度、高研究密集度和高技能的特征。⑤大多数跨国公司呈现水平多样化。⑥跨国公司表现出某种国家特性，例如英国、荷兰和瑞士的公司表现出相对高的跨国度（Multinaitonality）。

三、阶段三：21世纪跨国公司新趋势

当历史进入21世纪，又一次迎来了跨国公司发展的新纪元，在这一时期，跨国公司在全球化的浪潮下再次大力发展，可以说，跨国经营变成了全球化程度的重要衡量标志。

全球化发端于20世纪末期，而跨国公司是经济全球化的重要推动者，反之，经济全球化又促使跨国公司不断地进行调整、重组和改革。20世纪90年代，特别是中期以来，全球并购规模急剧扩大。全球第五次并购浪潮的兴起与跨国公司战略联盟的形成是20世纪末最鲜明的特征。到1999年，已经有超过万亿美元的并购金额和上万个不同形式的跨国公司联盟出现。这也构成了跨国公司崭新发展的开端，并逐步呈现出以下趋势。

1. 产业整合与并购成为国际性的潮流

经济全球化打破了原有的国家与国家之间以及不同市场之间的界限，使得跨国公司的经营进入全球性经营战略时代，由此导致的新趋势是跨国公司必须以全球市场为目标争取行业领先地位，在本行业的关键因素上追求全球规模、追求提高全球市场占有率和取得全球利润，并以同业跨国战略兼并和强强联合作为追求全球规模经济的主要手段。2007年的全球跨国并购金额达到了10 310亿美元的高峰，虽然2008年和2009年受金融危机影响，并购金额有所下降，但是之后2010年比2009年增长了约36%，2011年比2010年增长了约55%，金额达到了5 260亿美元（见表1-1）。

表1-1 2003—2011年全球跨国并购金额及其在全球FDI中的比重

年份	2003	2004	2005	2006	2007	2008	2009	2010	2011
全球FDI金额（10亿美元）	560	711	916	1 411	1 979	1 174	1 198	1 309	1 524
全球跨国并购额（10亿美元）	297	381	462	1 118	1 031	707	250	339	526
跨国并购交易数（个）	4 500	5 113	5 004	5 747	7 018	6 425	4 239	5 484	5 769

续表

年份	2003	2004	2005	2006	2007	2008	2009	2010	2011
跨国并购占全球FDI的比重（%）	53.0	53.6	50.4	79.2	52.1	60.2	20.9	25.9	34.5

数据来源：联合国贸发会议相关年度的《世界投资报告》。

之所以说并购成为一种国际性的潮流，不仅仅体现在并购的案例增长和金额的增加上，更体现在并购行业的逐步扩大上。根据联合国贸发会议的相关分类，2005年的基础产业（Primary）、工业制造业（Manufacturing）、服务业（Services）的跨国并购净收购额（Netpurchases）分别为28亿美元、1 188亿美元和3 406亿美元；而2011年则分别为630亿美元、2 086亿美元和2 543亿美元。通过图1-1可以明显地看出，在2011年，三大产业在跨国并购净收购额的比重，其中基础产业、工业制造业比金融危机前，与之跨国并购总额相近的2005年有着明显的提升。

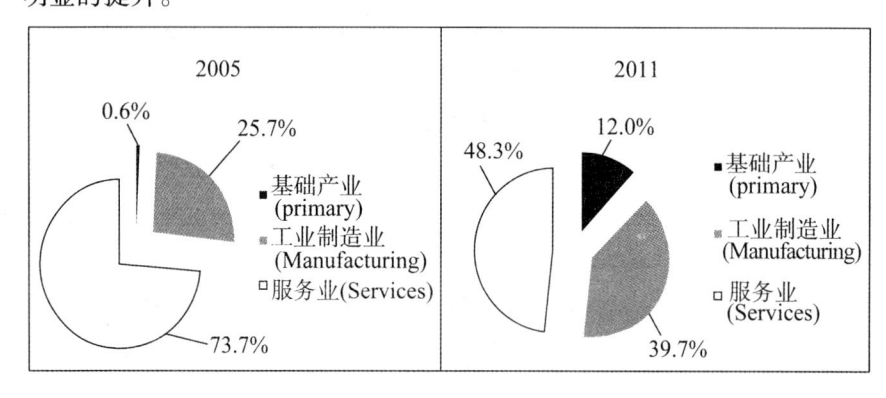

图1-1 2005年、2011年三大产业跨国并购的比重

通过表1-2可以看出，在金融危机之后的2009年至2011年，基础产业、工业制造业在跨国并购净收购额中的比例呈现上升趋势，跨国并购的行业范围也更加广泛。

表1-2 2005—2011年三大产业跨国并购的比重

年份	2005	2006	2007	2008	2009	2010	2011
基础产业（Primary）	0.6%	5.2%	9.3%	7.5%	11.7%	17.9%	12.0%
工业制造业（Manufacturing）	25.7%	26.2%	21.4%	34.6%	15.1%	35.2%	39.7%
服务业（Services）	73.7%	68.6%	69.3%	57.9%	73.2%	46.9%	48.3%

数据来源：联合国贸发会议相关年度的《世界投资报告》。

2. 战略联盟成为主要发展模式

20世纪90年代以来，由于科技进步和生产国际化程度的提高，跨国公司为了集中科技资源、实现优势互补、减少风险、扩大业务活动、共同分担研究和开发费用，越来越倾向于建立公司间的战略联盟。其中，战略技术联盟的地位较为突出。根据美国国家基金会出版的《Science and Engineering Indicators 2010》显示，1980年至2006年，全球共建立了13 308个技术联盟，总体呈持续增长趋势，年均增长率为7.4%。特别是进入21世纪以来，企业间的技术联盟保持着年均近10%的增长（见图1-2）。在2006年建立的898个企业间的技术联盟中，以高新技术为代表的生物科学和信息技术联盟分别为526个和206个，占到了总数的81.5%。[①]

这种现象在高科技领域尤为突出，在跨国公司战略联盟中研究与开发型占了80%。目前，大约有60%的跨国公司已经建立了战略联盟。

3. 服务业和技术密集型行业增长潜力巨大

服务需求的不断增长，带来了全球现代服务业（第三产业）的快速发展。服务业连接着生产、消费和就业，在整个国民经济中发挥着重要作用。同时，由于服务业的投资涉及面广、影响范围大，因而更有利于获得比制造业更高的投资收益。应当说，制造业跨国公司的服务化趋势进一步推动了跨国公司向第二产业和技术密集型行业增加投资的速度。

---

① Maastricht Economic Research Institute on Innovation and Technology, Cooperative Agreements and Technology Indicators (CATI-MERIT) Database, Special Tabulations.Science and Engineering Indicators 2010.

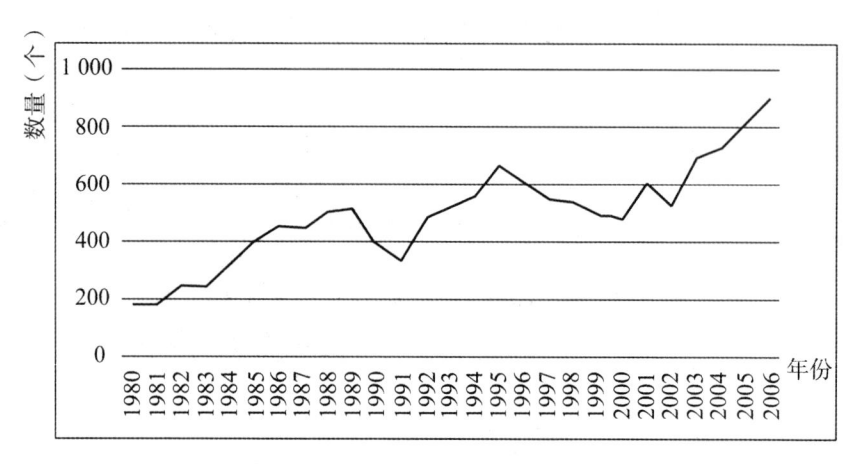

图1-2　1980—2006年全球技术联盟数量

数据来源：Maastricht Economic Research Institute on Innovation and Technology, Cooperative Agreements and Tehology Indicators (CATI-MERIT) database, special tabulations. Science and Engineering Indicators 2010.

第三节　跨国公司与全球经济治理结构的三层关系

当我们从全球治理的视角，对跨国公司在过去30年间的经济、管理和政治属性进行观察时，就能发现这一独特的经济组织形式，正在全面而深刻地影响和改变着全世界的经济格局和经济规则，在全球经济治理领域，发挥着核心和基础性作用。

跨国公司是如何改变全球的经济结构和管理规则的？如果从一个纵向结构角度进行总结，可以发现，在至少三个层面上跨国公司已经并且正在深刻地参与全球经济结构的形成和发展。

首先，在国家经济层面，跨国公司作为全球直接投资的主要提供者，在一个开放的经济体系中，影响着所有国家的产业结构和经济发展模式。对于吸收投资的国家而言，为了更多地获得跨国公司投资，往往需要制定更加优惠的产业投资政策，从而使得在相关产业方面，本国的经济产出、贸易和投资，都和特定跨国公司的企业战略和经济决策越来越密切地联系在一起，这深刻地影响着一个国家的经济体系和经济决策。对于资本输出国家而言，本国资本的流动规模和方向，更多是由跨国公司完成的，本国的贸易模式和资本回收方式，都受到跨国公司投资行为的重要影响。

其次，在全球区域经济形成和演进的过程中，跨国公司扮演着重要的角色。全球自然资源和社会资源分配不均衡的特点，使得跨国公司可以按照绝对竞争优势和相对竞争优势的决策原则，在全世界范围内构建经营布局，并且通过全球价值链的管理来获得最大的利润空间。然而，在很多区域相关国家都具有相同或者相近的资源优势时，跨国公司就可以进一步根据地缘和位置的优势在一个区域内的不同国家布置自己的投资和经营，这样不仅推动了相关国家自身的经济发展，也推动了相关区域经济的一体化发展。同时，包括欧盟、东盟等区域经济政治体的发展，制定了更加有利于资本在区域内流动的经济政策，这些也反过来推动了跨国公司在一个区域内的扩大和影响力的提高。

最后，跨国公司在一些全球性经济问题上，能够发挥更大的价值。在一个全球经济充分开放，资本自由流动的条件下，最终世界经济结构的形成和全球经济增长，与跨国公司的资源配置有直接的关系。包括世界贸易组织等的经济规则，在实施的过程中都与跨国公司的行为密不可分。同时，解决一些全球性问题方面，也需要跨国公司进行配合，比如全球变暖的治理和碳排放问题，对全球贫困国家的开发和支持，都对跨国公司的行为提出了新的要求。当然，在跨国公司参与全球经济问题的解决方面，仍有待于世界各国和经济组织通过实践来创新和检验。

第四节 跨国公司与中国

一、跨国公司对华投资

跨国公司进入中国最早可以追溯到清朝嘉庆年间美国企业到华开展的跨境经营活动。在此之后的130多年时间里，外商在中国的投资往往带有强烈的经济掠夺性质，如1904年德国西门子公司在上海设立办事处，1936年德国奔驰公司出资参与中国铁道运输建设等。真正意义上的跨国公司进入中国应当是1979年中国实行改革开放政策以后，在制度与经济体制改革同行的条件下，跨国公司在中国真正开始稳步连续地发展。

二、跨国公司在中国发展的不同阶段

根据图1-3，改革开放后至2013年，中国实际使用外资的情况可以大致归纳总结为三个阶段。以1992年为界，第一阶段为1991年前，当时外商的投资规模并不大；而1992年的192亿美元大幅超越1991年的110亿美元，首次接近200亿美元。2001年11月中国加入WTO起是跨国公司在中国发展的又一次高潮。①

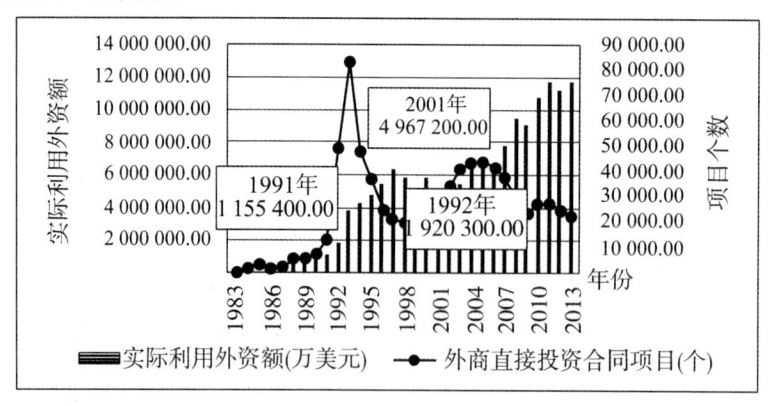

图1-3 1983—2013年中国实际利用外资

数据来源：根据2014年《中国统计年鉴》以及国家统计局网站数据整理。

---

① 关于跨国公司在华直接投资阶段的划分种类主要包括毛蕴诗的四阶段法以及楚永生的三阶段法：萌芽期（1979—1991年）、过渡期（1991—2001年）、发展期（2002年至今）。由于1979—1991年直接投资额并不大，所以本书将其统一归为1979—2001年。

中国改革开放以后，跨国公司开始逐步在中国出现，而跨国公司真正开始如雨后春笋般全面进入中国是在中国加入WTO之后的十多年的时间。1979年至今，由于世界格局的变化和中国改革开放程度的提高，中国吸引外资的战略一直在不断调整，从而引致跨国公司对华投资策略以及主流投资动向发生变化，总的来说，跨国公司在中国的发展呈现出两个阶段各自不同的特征。

1. 1979—2001年

事实上从1979年中国逐步坚定改革开放的步伐开始，跨国公司来华投资的企业数就逐年攀升，然而由于当时投资环境并不完善，政策没有落实，导致跨国公司数量并不多。而跨国公司在中国的规模和数量上的大发展要从1992年的邓小平南方谈话开始，南方谈话结束后有关跨国公司最大的硕果就是北京"1993跨国公司与中国国际研讨会"的举行。在此之后，跨国公司在中国的数量掀起了前所未有的高潮。1979—1992年，由于投资环境的限制，跨国公司主要进行商品贸易、技术贸易，直接投资则较少，国家统计局数据显示，1980年至1989年，中国每年实际使用的外资仅为20亿~30亿美元。1992年以后，跨国公司开始进行比较大规模的直接投资，主要的投资领域是第一产业。

从投资地域分布特点来看，该时期，跨国公司在华的投资区域相对集中。由于中国东部地区特有的地理优势和改革开放以来，中国政府所实施的自沿海向内陆逐层推进的对外开放战略以及与此相配套执行的相关政策倾斜优惠，使得更多的跨国公司选择在软件和硬件条件更为优越的中国东部地区进行投资。①根据对历年《中国统计年鉴》数据的整理，可以明显地看出（见图1-4），随着跨国公司对华投资规模的不断扩大，外商在中国东部地区的投资越发明显与集中。

---

① 按传统习惯，我们把中国地域按区位特征分为东部、中部、西部三个地区，东部地区是指辽宁、北京、天津、河北、山东、江苏、浙江、上海、福建、广东、广西、海南12个省（直辖市、自治区），中部地区是指黑龙江、吉林、内蒙古、山西、河南、安徽、湖北、江西、湖南9个省（自治区），西部地区是指陕西、重庆、四川、贵州、云南、西藏、甘肃、青海、宁夏、新疆10个省（直辖市、自治区）。

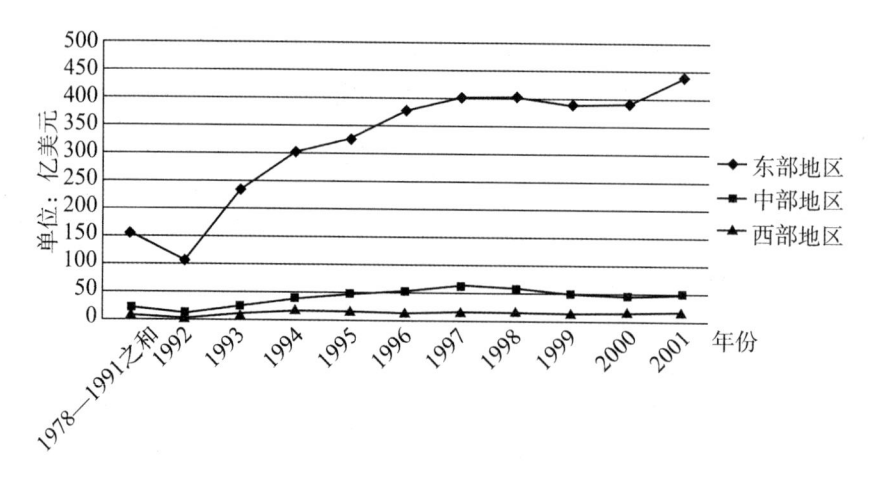

图1-4　1979—2001年中国各地区实际利用外资金额（以当期美元金额计）

数据来源：根据国家统计局历年数据整理。

20世纪90年代中期，面对跨国与本土竞争对手的不断涌入，为了争夺潜力巨大的中国市场，跨国公司开始在华建立其独立的研发机构，以便提供更加满足、适应中国市场需要的产品，应对愈发激烈的市场竞争。例如，1995年9月，美国的国际商业机器公司（IBM）在北京成立了其全球八个研发中心之一的中国研发中心，IBM中国研发中心也成为跨国公司在华设立的第一家独立研发机构。在此之后的1998年，全球著名的软件开发商微软在中国北京成立其本土之外的第二个研究院——微软中国研究院。在这期间，大众、宝洁、朗讯、摩托罗拉、松下、三星等企业也纷纷在中国设立研发中心。跨国公司在华研发中心的大面积设立，使得跨国公司在华投资进入研发本地化时期。

2. 2002年至今

随着2001年11月中国加入WTO，中国改革开放的步伐又迈出了实质性的一步，中国政府对外资政策的修改、对外资监管法规的修订实质上是继改革开放以来最为重大的外资战略调整。为了适应加入WTO后国际社会的新形势和新特点，中国主要从三个方面调整外资策略，对跨国公司在华战略产生重大影响。首先，逐步放松国家对金融、物流、电信等之前严格管制行业的限制，采取包括放宽持股比例、减少市场准入限制等一系列手段对跨国公司的中国投资做出承诺。其次，允许多种方式的投资和兼并，允许进入包括股票市场、企业产权交易市场、股权转让等领域的并购方式，与国际接轨。最后，鼓励投资向中西部倾斜，放宽西部地区的一些产业的行业准入限制。

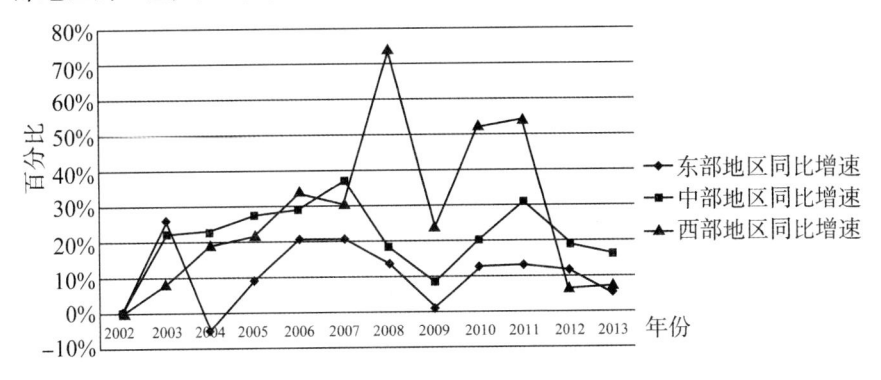

图1-5　2003—2013年中国各地区实际利用FDI金额同比变动

从图1-5可以看出，西部地区的FDI实际利用金额的年增长率逐年攀升。所以，总的来说，中国加入WTO标志着中国改革开放程度的进一步深化，也体现着中国市场化程度的加深。党的十八大以后，中央明确要求全面深化改革，随着社会体制大环境和不同行业小环境的不断完善，这无疑大大促进了跨国企业在中国的投资。2002年后，随着中国全面深化改革，跨国公司调整战略和管理结构全方位进入包括中国中西部在内的中国全境，所涉及的行业，也由原来的制造业不断拓展，逐步延伸至众多服务业领域。

三、跨国公司对本土经济的冲击、融合与竞争

1. 跨国公司促进中国经济体制转型

首先，通过转让技术中国企业引进了现代产品和技术。20世纪80年代中国打开国门，中国企业看到的首先是技术产品的差距。通过引进新产品、新装备、核心技术，中国企业进行了一场技术革命。在引进技术过程中产生了一批新企业，例如联想、海尔、长虹等公司。其次，通过建立外资企业促进现代企业制度发展。改革开放初期，中国还没有公司法。当时国有企业还没有进行现代企业制度的改革。私营经济已经允许生存和发展，但是还没有按照现代企业制度建立的私营企业。中国最早按照现代企

业制度建立的企业，就是进入中国的外资企业。然后，通过强化公司责任推进公司负责任的商业行为。跨国公司在企业责任理念方面的提升深刻地影响了中国企业。中国人在跨国公司在华机构里，与外国雇员共同工作，相互了解和相互促进。最后，如同促进中国现代企业发展一样，跨国公司也推动了中国现代产业成长。伴随着中国加入世界贸易组织，跨国公司不仅对中国现代制造业的形成和发展发挥了积极作用，而且对中国现代服务业的发展也发挥了积极作用。随着全球市场的出现，过去在一个国家范围内发展民族产业的思路逐渐调整到在全球范围内打造产业链。

2. 跨国公司对中国本土环境的影响

（1）国家安全

跨国公司在中国的发展同样也会对国家安全产生影响。如2006年凯雷并购徐工案，2007年舍弗勒公司并购西北轴承案，2008年可口可乐公司并购汇源果汁案，有观点认为，类似的并购案，是对中国的恶意并购，对中国龙头企业采取了"斩首行动"，目的在于消灭在华竞争对手，垄断我国市场。客观上来说，我国工业的核心和关键部分如果大量被外资控制，国家将失去对工业发展和技术进步的主导权，中国经济独立和政治独立的基础将被侵蚀。

（2）理性对待外资增长

首先，在外资结构上，中国和美国有很大的不同。外国直接投资只占美国外资的一部分，即使在最高年份，也只占美国外资的三分之一左右。而在中国的外资结构中，直接投资基本上就是全部。其次，中国引资的地位还比较脆弱，缺乏稳定的基础，并且引资的地位有被动的成分，左右外资逆转的能力较弱。最后，从结构上来看，外商在中西部地区的投资虽然在绝对值上有所增长，但在利用外资总额的比重中仍不高，西部甚至有所下降。这说明，中西部在改善经济环境和投资软环境方面仍有待加强。

3. 跨国公司与私营、国企共成长

（1）外资、私营、国企共同成长

利用中国国家统计局的资料可以得出中国工业经济三种经济类型的份额。中国外资企业和私营企业共同创造了全国工业总产值超过50%的比例。除此之外，外资资产比重远小于国有控股企业46.1%的份额，却创造了更高的产值，这说明跨国公司的效率要高于国有企业。

（2）跨国公司促进中国对外贸易，弥补资金不足

跨国公司在中国的发展是对中国贸易结构的改进。2007年有一半左右的对外贸易额是由跨国公司贡献的，同时，跨国公司在华投资还弥补了国内资金不足，促进了固定资本的形成。

第五节　中国企业的跨国经营

一、中国企业跨国发展的现状

实行改革开放政策以后，中国企业就开始从事对外直接投资业务了，但是前20年间对外投资的规模比较小。近年来，中国企业的对外直接投资开始步入较快发展期。2013年中国对外直接投资净额的年增长率达到了22.8%，2013年对外直接投资存量达到了6 000亿美元，主要集中在租赁和商务服务业、金融业、采矿业和批发零售业等（见图1-6）。截至2011年年底，中国累计非金融类对外直接投资3 573.9亿美元，中国累计批准设立非金融类境外企业约1.2万家，这些企业分布在172个国家和地区，境外企业总资产达2 000多亿美元。2007年，中国企业跨国并购金额为65亿美元，占中国企业对外投资总额的33%，主要集中在电信、家电、石油、汽车、资源等领域。2010年中国企业的跨国并购金额为533亿美元，比2007年增长了7.2倍。

根据中国企业联合会2014年最新发布的"中国100大跨国公司及跨国指数"[①]，如果按照企业经营的性质，中国内地的主要跨国公司大致可分为以下五类。

---

① 中国100大跨国公司由拥有海外资产、海外营业收入、海外员工的非金融企业，依据企业海外资产总额的多少排序产生，跨国指数按照(海外营业收入÷营业收入总额+海外资产÷资产总额+海外员工÷员工总数)÷3×100%计算得出。

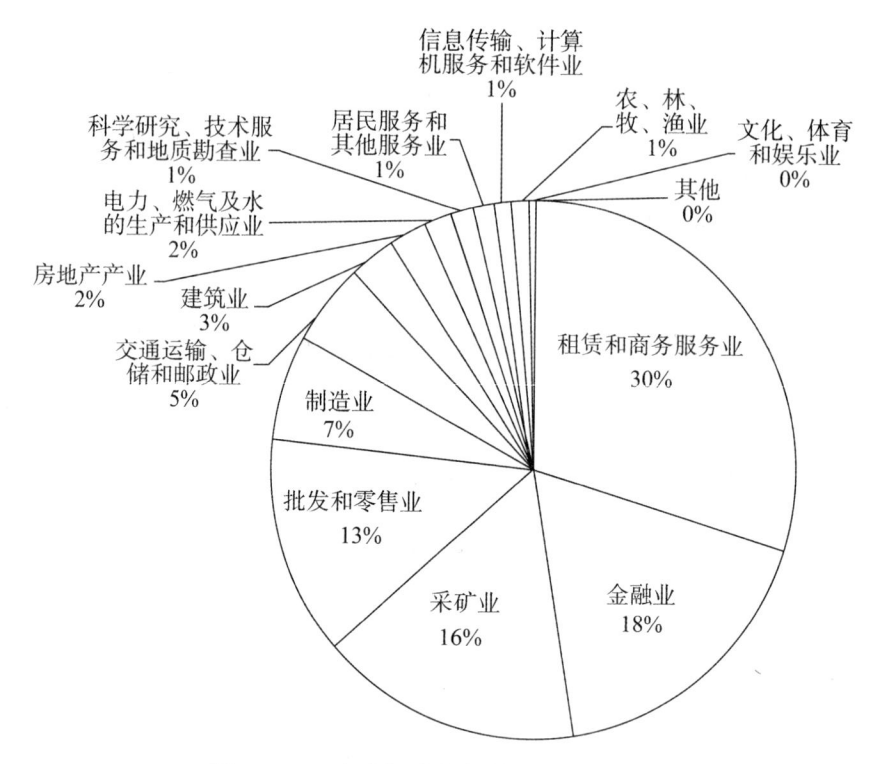

图1-6　2013年中国对外直接投资分行业构成

1. "中"字头国有企业

它们是中国跨国公司的先锋和主力。如：中石油天然气、中石油化工和中海油在2014年分别位列中国企业跨国投资收入第一、二、三名，目前中石化的收入已经突破5亿元，中石油天然气公司的海外收入已经超过12亿元，形成了非洲、中亚—俄罗斯、美洲、亚太、中东五个油气生产区。2013年，中石油海外油气业务全年实现油气作业产量1.23亿吨，其中原油作业产量首次突破1亿吨，分别在伊朗、利比亚等地新签订数十个项目合同，新进入国家16个，这使得海外业务拓展超过20个国家。中石化公司在美国、泰国设有化工厂，在英国设有保险公司，在30多个国家设有115家营销公司。此外，中国移动、中国南车等基础设施建设领域的公司均在跨国公司业务中有不俗的表现。

2. 大型生产性企业集团和新兴高科技公司

这些跨国公司首先拥有相对成熟的生产技术和一定的研究和开发

能力，其次，在国内有庞大的生产基地和销售网络，在资金、技术、人才、市场、管理等方面较其他企业拥有明显的竞争优势，因而它们虽然在海外经营起步较晚，但当前正以较快的发展速度向海外扩张。例如入选2007年发展中国家非金融类跨国公司100强第48名的联想集团[①]在美国硅谷设有科研机构，在美国、加拿大、英国等地设有20多个分公司。此外，深圳华为技术有限公司承建了香港的和记电信网、肯尼亚的国家智能网、泰国的移动智能网，在全球40多个国家建立了市场分支机构，并在巴西和俄罗斯投资8 000万美元，合资建立了多个生产工厂。

3. 大型金融保险公司

这类跨国公司拥有雄厚的资金和良好的信誉，提供专业化服务，经营规模较大。如中国银行已在20多个国家和地区设立了500多家分支机构，海外员工近2万人，海外资产总值1 700多亿美元。

4. 国有改制企业

这些跨国公司是中国实行股份制改制较早，市场化运作机制较完善的一批骨干企业。其中许多公司的前身还是军工企业，因而拥有较强的技术实力和生产加工能力，被称为中国跨国公司的"第二集团军"。主要集中在轻工、纺织、家用电器等机械电子行业和服装行业，这些企业实力强、信誉好，投资方式多以设备和成熟技术为主，项目多集中在投资环境好、政局稳定的国家和地区，尤以亚洲和非洲等发展中国家最为集中。如海尔集团从1998年开始重点实施国际化发展战略，截至2010年，在全球已有8个海外贸易公司；在美国、意大利、巴基斯坦、孟加拉国、伊朗、尼日利亚等国家和地区建立了12个生产工厂，此外，还有10个工厂在建。海信集团现也初步具备了全球性跨国大公司的雏形，它在南非、巴西、印尼、美国、日本等国拥有7个控股海外子公司，并在南非投资374.5万美元建立了合资工厂，此外还在印尼投资100万美元，合资建设电视机生产厂。

5. 民营企业

这是中国跨国公司的新生力军，经营规模正在不断发展壮大，海外经营的企业也在不断增多，已成为中国跨国公司的一大亮点，未来必将

---

① 根据《2006世界投资报告》。

成为中国海外资本输出的主力。如东方集团拥有境外企业12家，分布于俄罗斯、美国、西班牙、日本等地。德隆集团在美欧拥有3家企业和销售网络。还有一些有实力的民营企业如远大集团、新希望集团、上海紫江集团等也在积极开拓国际市场。

二、中国企业跨国成长空间

企业自诞生之日起就在谋求自己的壮大和发展，而企业发展的最高境界就是跨国公司，但是企业成长为跨国公司是有条件的，最终也只有少数优秀的企业成长为跨国公司。

1. 中国跨国公司海外成长空间

目前，世界上各类跨国公司已经超过8万家。从跨国公司到跨国银行，投资规模不断扩大，从投资最终产品到投资零部件生产、售后服务、技术开发（R&D），实现纵向一体化；而且既投资制造业，也投资服务业，成立投资性的控股公司，担负起投资、再投资、产品销售、人员培训、信息提供、资金融通等横向一体化功能。可以说，跨国公司已成为经济全球化的载体。在未来，已经或正在形成如下几个方面特点的企业具有更大的增长潜力和跨国发展空间。

（1）垄断优势企业

首先可以明确的是，在我国具有垄断优势的企业大多是大型国有企业，它们始终是中国对外直接投资的主力队伍，在"中国跨国公司100强"中，有超过一半企业是国有大型企业。规模优势、资金优势、管理优势兼备是垄断优势企业继续成为中国跨国公司增长点的重要一项。

（2）企业集群竞争力的代表

当前，各国正致力于竞争性区域的构建来提升其区域竞争力，其中，最核心的就是要在当地培育出竞争性企业并由此带动产生竞争性企业集群。企业集群的竞争力的本质，就是关联性强的企业通过专业分工，相互促进，共同发展而形成一种集群经济的具体表现。从跨国公司成长的角度看，企业集群可以作为跨国公司成长发展过程中内部化优势的一种替代。当区域竞争主体作为跨国公司时，它不仅拥有操纵地理空间并利用地方作为其竞争战略的内在因素的特有功能，还作为一种根植于外在化的企业外部关系网络之中的内在化的企业内部关系网络而运作，这些都必然使其成为跨国发展的最佳空间。

（3）特色经营中小企业

跨国公司大多具有自己特殊的竞争力。中小企业在技术、资本、规模、人力上与大型跨国公司相比可能并不具备竞争力，但是如果中小企业在新技术研发效率、市场反应的灵活性以及科研成果转化上具备优势，同样可以在国际上有立足之地。例如，美国的中小型企业的研发成果转换为新产品要比大型企业快3~4年。况且中小型跨国公司在我国的经济生活中具有独特的功能和作用，为社会提供了大量的物质财富。从这一点来看，具有自己特色的中小型企业利用自身的优势，同样可以成为跨国公司并且在市场上占据有利位置。

2. 发挥中国跨国公司的后发优势

关于后发具有优势和劣势的问题目前学界各执一词，一方面，以经济史学家Alexander Gerschenkron为代表的学者认为后起国家在推动工业化方面拥有特殊的益处；然而，另一方面，在技术、资金等方面可能面临优势的同时，后发国家在实行工业化的时候可能会面临发达国家技术封闭而使得学习更加困难，同时还会面临不可再生资源缺乏的危机。因此，并不是后发国家就一定具有优势。在此将"后发优势"用于中国企业成长，主要是因为一方面发达国家跨国公司花费巨资研发的技术如果已经能够转化成生产力，就能够产生外溢效应，尤其是一些公共物品，其外溢性则更为明显，后发国家的跨国企业在此方面可以用相对低的成本购买甚至直接使用。另一方面，技术创新的演进需要对内外资源整合、动员，这使得发挥比较优势变得困难。除此以外，当代技术创新的知识密集度越来越高，技术学习速度的大幅提高也对起点低的企业发挥后发优势带来了困难。

3. 中国跨国公司成长未来可能遇到的瓶颈和困难

跨国公司是高度社会化、现代化、国际化的产物，适应了国际分工、国际技术和资本流动的需要，代表着现代企业的发展方向，直接体现着国家的竞争力。在全球经济一体化趋势不断加强，中国日益深层次融入WTO框架体系的背景下，中国跨国公司要适应当前国家自主创新战略的需求，从经营理念、模式和营销策略等方面不断进行市场化创新，进一步完善母公司和海外子公司的关系网络，提升多层面的技术优势，快速增强国际竞争力。此外，在不断拓展子公司当地根植性的同时，也要从全球范围提升中国跨国公司母公司所联系的国内区域的竞争力，从而为当地和中国培育起世界级的竞争性企业，带动中国整体区域竞争力的提升。

尽管中国跨国公司的国际空间在不断扩展，实力也在不断增强，但在发展过程中还存在着一系列制约瓶颈：一是在国际化经营方面存在融资困难。二是跨国生产决策机制和内部管理体制不健全。当前，我国跨国公司的主体仍是大型国有集团或国有控股公司，母公司和海外子公司之间以市场化为主导的联系纽带尚未形成。三是跨国经营人才、国际知名品牌等无形资产竞争优势缺乏。四是跨国经营的法律、信息、中介、保险等服务体系仍待完善。

第二章　跨国公司产业行为：全球价值链治理模式

随着全球范围内国际贸易和跨国投资壁垒逐渐消除，整个世界日益融合为一个规模空前的全球性大市场。经济全球化加速了要素资源在各国之间的流动，来自世界范围内日趋激烈的竞争压力，也使得各国的生产者逐渐在全球范围内考虑要素资源配置，以最大限度地降低生产成本和交易成本。20世纪80年代以来，产品国际生产的组织形式发生了巨大变化，以全球价值链分工为基础的国际生产网络成为国际经济的基本组织范式。

本章先对国际分工进行介绍，因为中国企业进入国际化相对较晚，因而很多进入国际化的中国企业目前还致力于对生产进行国际一体化，也就是进行生产的国际垂直整合，因而着重介绍国际生产一体化。

随着外部环境的巨大变化，尤其是竞争的不断加剧，跨国公司越来越感觉到单纯依靠自身力量难以有效应对激烈的竞争，纷纷调整发展战略，将原来全部由自己承担的一体化产业流程进行分解，将加工组装等低端环节外包出去，保留最具竞争力，同时也是利润最丰厚的研发、品牌、售后服务等核心资源。发达国家和发展中国家之间的分工关系已经由原来的垂直型分工演变为混合型分工，即产业链内不同环节间的分工，也即形成"全球价值链"。"全球价值链"的配置也成了当代跨国企业的主要战略命题，因此本章随后对"全球价值链"的概念进行基本介绍，并在最后阐述中国企业在全球价值链中的地位，并就如何提升中国企业在全球价值链中的主动权给出相关建议。

第一节　国际生产分工的发展

国际分工指国与国之间的生产专业化协作，是国际贸易和国际直接投资发展的基础。国际分工理论起源于斯密的绝对优势理论，英国古典经济学家大卫·李嘉图对此理论进行发展,创建了比较优势理论。在此基础上又衍生出许多新的国际分工理论,具有代表性的有瑞典经济学家俄林创立的禀赋资源学说,以保罗·克鲁格曼为代表的一批经济学家建立的规模报酬递增和不完全竞争基础之上的新贸易理论。

国际分工具有经济性,总的来看,主要有以下几点。

第一,促进劳动生产率水平提高。斯密(1776)论述了国际分工能够提升劳动者的熟练程度,节省劳动时间。Becker和Murphy(1992)认为,专业化过程中工人将专注于更窄的领域,与企业内(self-contained)相比将最大限度地减少协调成本。杨小凯(1991)从内生分工的角度证明,专业化可以内生地获得比外行高的生产率,原因在于分工可以节省重复学习的费用。

第二,扩大规模经济效益。Krugman(1995)通过研究规模经济等效应,证明了分工对于扩大产业规模,实现规模报酬递增的重要影响。阿林·杨格(1928)认为,分工可以实现更高程度的管理专业化,促进产业更好地进行地理分布,更充分地实现资本化和迂回生产方式。施蒂格勒(1975)从产业生命周期角度解释了分工产生的规模报酬递增,认为年轻产业对于现存经济系统来说是陌生的,所需要的新材料、专业化设备必须自己设计和制造,当具有一定规模时,上述工作移交给专业化厂商去完成,产业规模得以扩大。

第三,促进技术创新能力提高。国际分工促进各国加速知识积累以及生产设备、交通通信等生产工具的改进和创新。Becker和Murphy(1992)认为,分工由工人掌握的知识数量所决定。更多的专家带来社会知识增长和国家进步,同时又增长了知识投资的福利,实现了经济的持续发展。盛洪(1994)认为,分工和专业化为大批量生产采用机器提供了前提,迫使人们研制开发新机器和新设备,不仅提高了行业劳动生产率,也使新机器设备的生产形成了独立的分工领域。

第四,促进国际直接投资发展。1960年Hymer提出垄断优势理论体现出发达国家在国际分工中的优势地位。20世纪70年代中后期,小岛清的比较优势投资理论解释了发达国家与发展中国家之间以垂直分工为基础的投资。20世纪60—70年代Vernon的产品生命周期理论解释了国际分工前提下企业对外直接投资中的梯度转移,认为当产品进入标准化阶段时,发展中国家的低成本优势成为投资的最佳区位。

第二节　国际分工的历史演进

一、国际分工的初步形成

国际分工的真正形成源于第一次产业革命的推动，其促成了各国统一的国内市场发展，并将其汇合成统一的国际市场。马克思（1958）认为："由于机器和蒸汽的作用，分工的规模已经使大工业脱离了本国的基地，完全依赖于世界市场、国际交换和国际分工。"可见，技术进步促进了社会分工的空前发展，推动着社会分工最终超出了国家和民族的范围，以世界市场为纽带的国际分工初步形成。

二、垂直型分工的发展

形成时期，国际分工表现为部门间的分工，即以先进技术为基础的工业国和以自然条件优势为基础的农业国之间的分工，国际交换主要是制成品和原材料质检的贸易，这是一种使世界城市和世界农村对立的"垂直型"的国际分工模式。

三、水平分工的出现与发展

19世纪70年代的第二次产业革命使世界工业生产和国际贸易规模都有了大幅度的增长，原有的"垂直型"国际分工进一步深化，强化了"工业欧美、原料亚非拉"的国际分工体系。同时，由于新技术的应用和分工体系的深化，各主要资本主义国家之间以工业部门之间分工为主的"水平型"分工关系迅速发展，国际生产的专业化倾向加强，生产迂回的国际程度加深。

四、产业内分工的出现

"二战"后，第三次科技革命的发展、跨国公司的兴起和殖民体系的崩溃，使国际分工的主要形式发生了显著的变化。生产的国际化、产品的差异化和多样化、零部件生产的专业化趋势不断增强，国际分工以惊人的速度向纵深发展，各国经济日益依赖国际分工和国际市场，以国际市场为核心、以国际分工为手段的世界经济发展体系逐步形成。

五、产品内分工的出现

在技术进步的支持下，生产过程开始了真正意义上的国际化，以产品（产业和行业层次上的产品）为界限的国际化专业化分工出现，这使得各国逐渐成为迂回生产链中某个环节的专业化的产品生产者，而迂回生产链中的各个环节（指产品）也在这一过程中，找到了最适合的生产地点。这一时期，发达国家在竭力维护传统国际分工的同时，扩大和发展有利于自己的水平型分工，集中发展资本、技术乃至知识密集型的行业，而把一些资源密集型、劳动密集型行业转移至发展中国家，形成了特殊的"垂直型分工"。

六、要素分工的发展

20世纪80年代以来，随着全球化和知识经济进一步深入，市场范围、市场规模和世界生产力都获得了前所未有的增长，国际分工日益深化，开始从产品分工向要素分工发展。这一时期，国际分工越来越表现为相同产业不同产品之间和相同产品内不同工序、增值环节之间的多个层次的分工，这种分工的边界是生产要素，是价值链上具有劳动要素密集、资本要素密集、技术要素密集或其他要素密集性质的各个环节之间的分工。

总的来看，传统以国家为界限的分工已明显弱化，跨国公司主要的企业内国际分工、跨国公司之间的国际分工、区域性国际经济集团所组织的分工以及协议性国际分工成为国际分工的主流，国际分工已经从国家层次向企业层次发展，跨国公司逐渐成为国际分工的主宰。

七、国际生产一体化的三种形式

伴随着全球经济一体化进程的不断加快，过去十几年中世界贸易格局的最重要变化就是，以往在同一地点完成的最终产品生产，现在则会把生产过程的不同生产阶段、环节、工序散布到不同的国家和地区进行，以确保每一个环节及每一道工序都能在那些最具有比较优势的区位来完成，从而形成了许多国家和地区之间连续的垂直关联，每一个国家和地区都在某种产品的特定阶段从事专业化生产的一体化体系。而国际生产一体化是一种重要的国际分工模式，20世纪80年代晚期后，跨国公司采取垂直一体化方式的FDI开始大量流向发展中国家。1990—1995年，采用垂直一体化分工模式的FDI每年增长了20%，而1996—2000年，则每年增长了40%。

一体化国际生产从低级到高级的发展以及一体化国际生产体系的出现，其核心是跨国公司的战略变化和与此相适应的组织结构。组织跨国商品和劳务生产的战略指对不同活动的国际区位选择和对企业所控制的各类实体所进行的一体化程度选择。由于跨国公司对国际经济、技术和政治环境的重要变化做出的反应不同，选择的战略和结构也就不同，但总体发展趋势是许多行业的跨国公司都倾向于采用使其职能活动更紧密一体化的策略和结构。

跨国公司的国际生产战略日益涉及较为复杂的跨国界一体化形式，大体有三种基本类型，即独立子公司形式、初步一体化形式和复合一体化形式。

1. 独立子公司

独立子公司或多国国内子公司战略针对单一东道国或单一东道地区进行国际化生产，母公司给子公司以高度的自主权，子公司对许多构成其价值链组成部分的行为负责，在一些情况下，子公司作为独立的实体采取行动（具体表现见图2-1）。

2. 初步一体化

随着贸易壁垒的减少、通信技术的改进和国际竞争的激化，跨国公司倾向于利用外部资源来为自己的价值增值经营服务，它们加强了与其国外分支机构的联系，加强了与分包商和被许可人等独立企业的联系。然而，这些联系只适用于具体的行为，现有的外部资源利用在很大程度上取决于某一特定东道国在某一特定零部件生产中的成本优势。作为外部资源利用行为承担者的子公司和分包商无法独立存在，在一些关键活动中，它们必须依赖母公司，而母公司也在总体价值链上的某些方面依赖子公司。出口加工区通常是这种外源化生产的典型例子。这种主要通过寻求外源来参与国际化的生产战略即所谓的初步一体化战略（具体表现见图2-2）。

3. 复合一体化

许多跨国公司已经超越了简单一体化战略的范围，它们将子公司从事的活动作为其整体价值链所有活动的潜在组成部分来对待。复合一体化战略的前提是公司具有将生产或供应转移到任何一个更能获利的地点的能力。在复合一体化下，在任何地方运营的任一子公司都可以独自与其他子公司或母公司一起，为整个公司行使职能。每一步经营的价值依据其对整个价值链的贡献来评判。复合一体化要求有将各种职能行为——不仅仅是生产，还包括研究与开发、金融、会计等——安排到各自能最好实现公司全盘战略的地方的意愿。通信和信息技术的巨大突破使得新的"复合一体化"战略成为可能，这些新突破使跨国公司得以在更广阔的区域内协调更多的子公司行动，反过来，它又改变了跨国公司组织其行动的方法。

与复杂的国际生产相对应，跨国公司在组织结构上逐步演变成全球一体化的组织结构，建立起复合型矩阵式、网络式结构，以加强其生产经营活动在世界范围内的协调，适应一体化国际生产的需要。网络化已成为当今世界主要跨国公司国际生产的重要特征，但是跨国公司的生产经营网络并非是一个自我包容的封闭网络，而是通过各种方式（如分包、许可协议、战略联盟等）和不同的渠道与其他公司保持密切的联系，形成一个更大的公司外部网络。目前在现实中有时很难准确地界定一个具体公司的范围，公司内部与公司间网络的联系构成跨国公司复杂一体化国际生产体系的整体（具体表现见图2-3）。

在跨国公司之间的联系中，战略联盟与合作尤为重要。目前世界各国主要跨国公司都已经并继续通过各种方式与其他跨国公司建立广泛的跨国、跨行业、跨领域的战略联盟与合作关系。自20世纪90年代以来，半导体、信息技术、电子、生物工程、汽车制造、食品饮料、航空和银行等行业成为跨国公司战略联盟主要集中的领域，跨国公司战略合作的范围覆盖了从研究与开发到生产、销售乃至服务的全过程。据统计，在世界150多家大型跨国公司中以不同形式结成战略联盟的占90%。目前跨国公司之间盘根错节、错综复杂的战略联盟伙伴关系如同一条条无形的丝线，将各国企业日益紧密地编织在一个庞大的国际生产经营网络之中。

随着跨国公司之间联盟与合作关系的发展，跨国公司在结构上逐步演变成"全球网络公司"，其全球性经营扩张日益表现为两个相互交错网络的拓展与延伸：一个是由跨国公司通过海外直接投资在世界各国或地区建立的海外子公司所构成的公司内部网络；另一个是跨国公司通过全球性的战略联盟与合作而与其他公司建立的公司外围网络。这两大网络相互渗透、相互补充，共同构成跨国公司进行全球竞争的战略基础与一体化的国际生产经营体系。

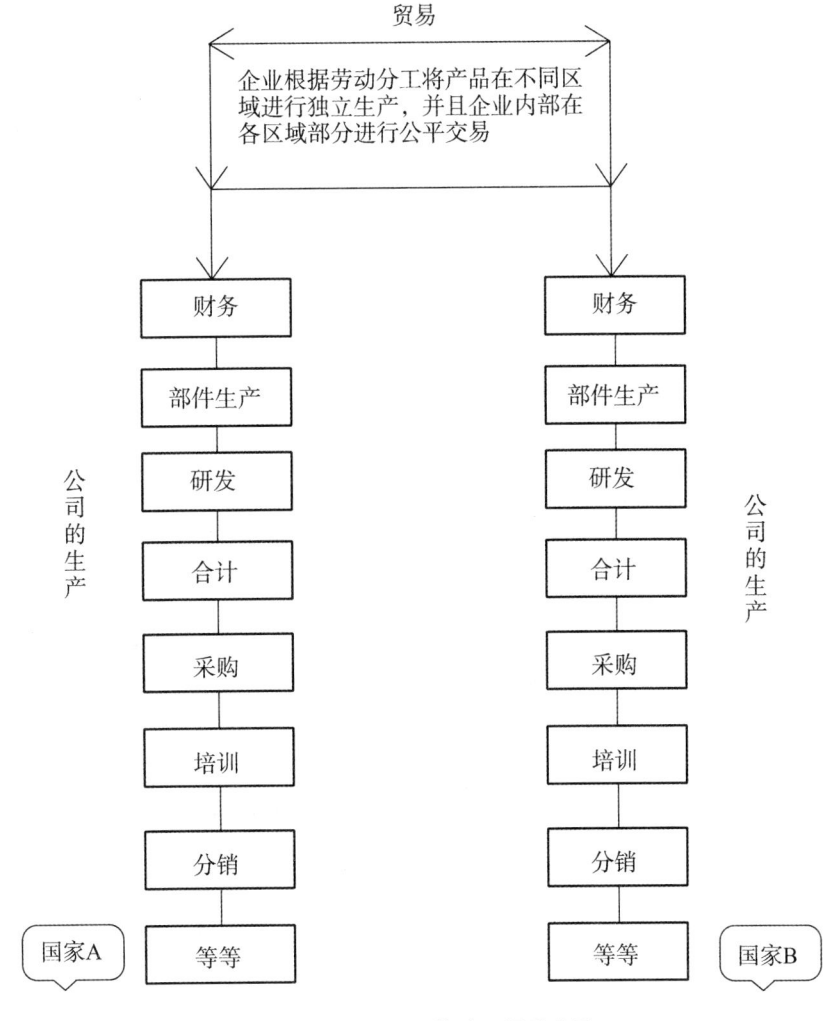

图2-1 独立子公司战略：源于交易

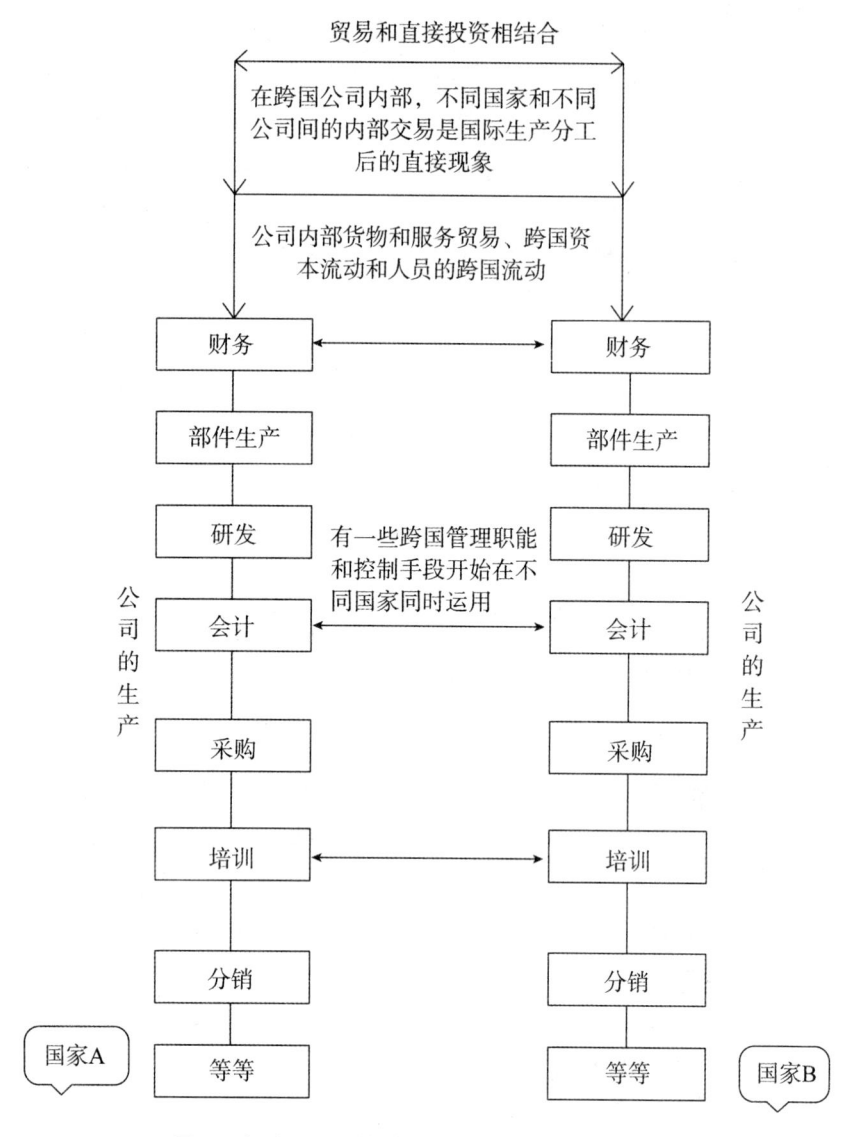

图2-2 初步一体化战略：源于跨国公司的国际生产

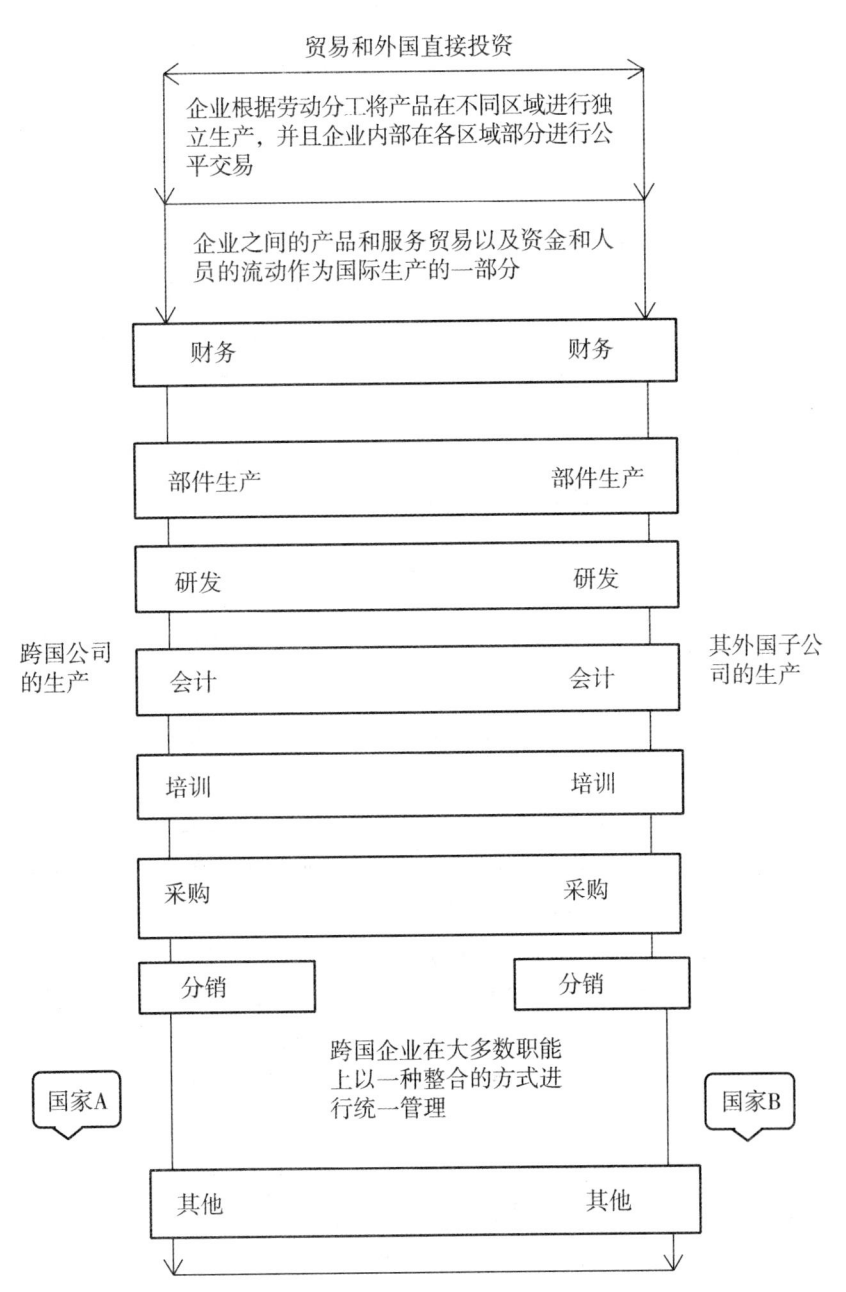

图2-3 复杂一体化战略：源于跨国企业国际生产的职能整合

资料来源：UNCTAD, 1993。

第三节 升级到全球价值链

随着外部环境的巨大变化，尤其是竞争的不断加剧，跨国公司越来越感觉到单纯依靠自身力量难以有效应对激烈的竞争，纷纷调整发展战略，将原来全部由自己承担的一体化产业流程进行分解，将加工组装等低端环节外包出去，保留最具竞争力，同时也是利润最丰厚的研发、品牌、售后服务等核心资源。发达国家和发展中国家之间的分工关系已经由原来的垂直型分工演变为混合型分工，即产业链内不同环节间的分工，也即形成"全球价值链"。

一、全球价值链概念的形成

波特（Porter）在其《竞争优势》一书中提出了"价值链"的概念。波特（1985）认为，价值链是一个原材料转换成最终产品并实现价值增值的过程，是一系列完成的活动。波特提出的"价值链"是全球价值链理论发展的根源，其重在实现价值增值。同期，Kougut的价值链思想对全球价值链理论的形成也极为重要，Kougut（1985）认为，"价值增值链就是各个环节中各种生产要素（如技术、原料和劳动等）的融合，然后通过择优组装，将各个环节连接起来形成最终产品，最终通过交易活动和消费等完成价值循环的过程"。Kougut把价值增值链从企业层面延伸到了国家和区域层面，强调比较优势，这对全球价值链的形成产生了进一步的影响。

20世纪90年代初，随着经济全球化的不断发展，大量学者开始将研究的目标转向全球商品链和全球价值链。首先，Gereffi（1994）在价值链的基础上提出了全球商品链的概念。他认为，全球商品链指的是不同企业在产品研发设计、加工制造、营销推广和回收处理等活动中开展的合作。此外，Gereffi（1995）还强调，研究全球商品链需要注意四点：①投入—产出结构；②地域性；③治理结构；④制度框架。Gereffi可以说是全球商品链的集大成者，他为商品链的研究提供了系统性的分析，也为此后的全球价值链的研究提供了多角度、全方位的借鉴。

2001年，Sturgeon提出全球价值链的概念，认为其指的是某种商品或服务从生产到交货、消费和服务的一系列过程，并从组织规模、地理分布和生产性主体三个维度对全球价值链进行了界定。他认为，从组织规模看，全球价值链包含了参与某种产品或服务相关活动的全部主题；

从地理分布上来看，全球价值链必须具有全球性；从参与主体看，有一体化企业、零售商、领导厂商、供应商等。联合国工业组织对其的定义为，全球价值链是指为实现商品或服务价值而连接生产、销售、回收处理等过程的全球性跨企业网络组织，涉及从原材料采购和运输，半成品和成品的生产和分销，直至最终消费和回收处理的整个过程。这其中包括所有参与者和生产销售等活动的组织及其价值、利润分配，当前散布于全球的处于价值链上的企业进行着设计、产品开发、生产制造、营销、交货、消费、售后服务、循环利用等各种增值活动。

全球价值链通常由跨国公司协调，投入和产出的跨境贸易都在其子公司、合同伙伴以及正常供应商的网络中进行。跨国公司协调的全球价值链约占全球贸易的80%。全球价值链中的增加值贸易模式在很大程度上是由跨国公司的投资决定塑造的。直接外资存在的规模相对于其经济体规模而言较大的国家，在全球价值链中的参与程度往往较高，而且往往会通过贸易创造较多的国内增加值。

跨国公司通过复杂的供应商关系网络和各种治理模式协调全球价值链，包括外国子公司的直接所有权、合同关系（国际生产中的非股权经营模式）和正常交易。这些治理模式和全球价值链中由此产生的权力结构对于来自贸易的经济效益在全球价值链中的分配以及它们的长期发展有重大影响。全球价值链示意图如图2-4。

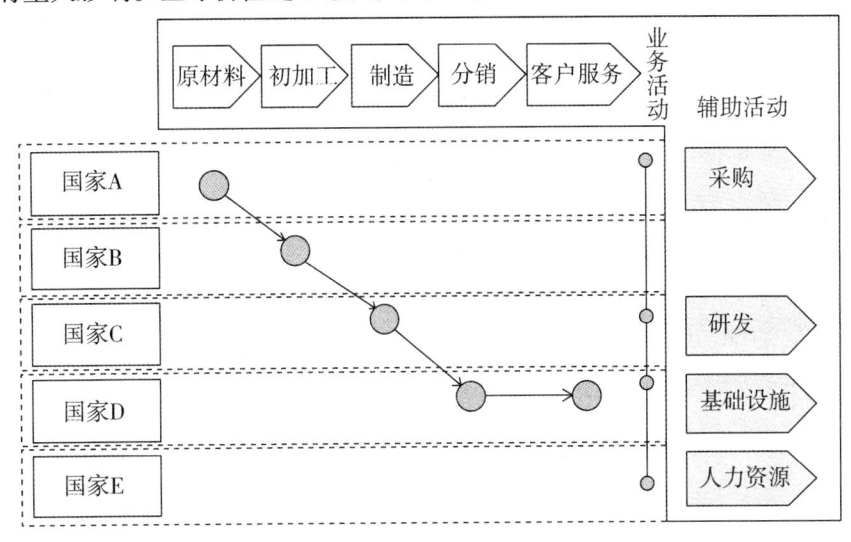

图2-4　全球价值链示意图

二、全球价值链定位

关于企业战略选择的决定因素的分析，管理学家和战略管理学家有过很多经典的论述，总体来看可以分为两条线路："一是从外部环境、产业结构的视角探讨企业战略选择的决定因素；二是从内部资源和能力的角度研究企业战略选择的决定因素"。

企业战略的选择与制定要使企业的优势与劣势，也就是企业的资源和能力与环境提供的机遇与风险相匹配。比较有代表性的有行业分析方法、企业生命周期法、波士顿矩阵法、波士顿矩阵的发展GE矩阵法等。这些都是结合外部环境的分析，包括宏观环境、行业环境和微观环境，发现企业内部资源和能力的优势和劣势，制定企业的战略。

全球化的发展和全球价值链的演变对企业环境产生了巨大影响。全球价值链的演变形成了跨国公司通过全球价值链上的垄断，实现了对全球价值链的控制，其他企业很难和跨国公司竞争，是因为全球价值链上的关键环节形成了很高的进入壁垒，其他企业要实现全球价值链上的权利争夺，就要突破这种进入壁垒。面对新情况下的全球价值链，企业在制定企业战略时可以从进入退出壁垒的突破着手，分析自身企业的能力，选择自己的定位，或者选择嵌入价值链上的某个环节，更重要的还是争取在全球价值链上拥有更多的话语权。

在全球化的环境下，企业要进行战略选择就需要考虑更多的价值链的因素，将企业环境分析、价值链分析和企业实力分析结合起来，制定最合适的价值链定位。

三、价值链协调控制者

竞争能力强的企业，从全球价值链的治理模式上分析，可采取全球价值链的竞合战略，成为可以控制和协调价值链的中心。技术和经济的发展可以使企业不必完全参与产品生产的各个环节，如果企业利用垂直一体化的控制可能不会很好地适应全球化的生产。因此企业要建立围绕自己的战略联盟组织，培养可以长期合作的战略合作者，形成价值链上的协调生产。

全球价值链上通过技术提升等可以实现无形的标准控制,有实力的企业可以利用无形标准形成更有效率的协调关系,实行竞合战略,利用战略联盟形成持续的创新和更大更广的控制能力。

全球市场的发展和全球价值链的演变,使全球价值链上的治理模式发生变化,垂直化一体化大规模的生产模式在很多时候不能很好地组织全球化的生产和销售,跨国公司可以通过技术提升和市场锁定等无形的标准来实现全球价值链上资源的配置。跨国公司在全球价值链上发挥协调作用,需要选择全球价值链上的参与者,可以与具有特定优势的企业形成联盟关系,这种长期的优势互补的合作关系,能够更好地发挥全球价值链上的协同效率,战略联盟之间形成良好的竞合战略,共同发展。

四、价值链整合竞争者

竞争能力中等的企业,从全球价值链的治理模式角度看,可以采取全球价值链的整合战略。全球化的生产对全球价值链上的协调关系提出了更高的要求,中型的企业可以通过参与投资、生产等对价值链进行整合,在价值链的协调上发挥更高的作用,就会实现更高的价值权力。整合的方法要注重企业间的合作方式,通过相互持股、战略联盟等,实现价值链上各个环节各个企业的协作,降低对跨国企业的依赖,逐步与跨国企业形成竞争。通过企业间的相互持股等来建立长期稳定的交易关系,降低市场的交易成本,从而削弱在位厂商的绝对成本优势。通过价值链的整合来打破原有全球价值链的平衡,突破跨国公司对全球价值链的控制权。

五、价值链环节创新者

竞争能力中等的企业,从全球价值链的要素方面分析,可采取全球价值链的创新战略。全球价值链上中型的企业,在全球价值链上拥有一定的位置,但在全球价值链上价值权力不及实力强大的企业,要想和大型企业发生正面的竞争,胜利的把握不大,并且全球价值链上的关键要素都被竞争能力强的企业牢牢控制。应对全球价值链上某个环节的要素进行创新,结合企业情况,形成企业独特竞争力。

六、价值链环节聚焦者

竞争能力弱的企业，从全球价值链的构成要素分析，可以采取全球价值链的聚焦战略。全球化的发展和全球价值链的演变为竞争能力弱的企业提供了更多的机会，企业可以专注于价值链上的某个环节，实行聚焦战略，在全球价值链的个别环节上实现企业更好的发展。

七、价值链嵌入配套者

竞争能力弱的企业，从全球价值链的治理模式角度来分析，可以实行全球价值链嵌入战略。企业要考虑的问题是怎样参与全球化，而不是要不要参与全球化，不然就会被全球市场淘汰。对于竞争能力一般的企业，全球价值链的嵌入战略就成为最切合实际的战略。从全球价值链的治理上看，小企业不可能成为价值链的支配者，但可以努力成为一个好的参与者，施行全球价值链的嵌入战略。

八、全球价值链中的区位优势

随着经济全球化的发展，跨国公司在全球整合生产活动，而东道国的经济、商务、政府执行的外资政策等环境是影响跨国公司对外投资区位选择最重要的因素，也决定着跨国公司直接投资的类型。重视跨国公司直接投资区位选择变化趋势，这对引资国区位优势的重新认识有重要意义。

东道国投资环境是一个多层次、多要素的复杂系统。国内学者一般将东道国的区位环境概括为是由社会政治、经济、法律、文化、自然条件、基础设施、社会服务等要素构成。针对东道国复杂的投资环境系统，著名经济学家邓宁在其文章中，将东道国吸引跨国公司投资的环境因素简明地概括为东道国的经济、商务环境及政府执行的外资政策等政策环境。

首先，政策环境主要指经济、政治和社会稳定，有关跨国公司进入和经营的相关法律规定，对跨国公司分支机构的待遇，经济政策及市场结构（尤其是竞争法和兼并法），直接投资的国际协定，私有化政策，贸易政策（关税及非关税壁垒）及投资政策和贸易政策的协调性，税收政策，产业与地区政策等。其中，东道国宏观政治、经济环境的稳定性是一个国家吸引直接投资的前提条件。

其次，商务环境主要包括投资促进政策、投资激励措施、提高政府的办事效率、减少政府腐败和社会公共设施、投资前期和后期服务、良好的基础设施及服务、商业道德等。改善商务环境的措施可分为两大类，一是"引商"措施，二是"安商"措施。前者主要由投资激励措施构成，这些措施包括政府提供的资金援助、税收优惠或通过行政行为提供有利条件等。后者是指具有长效性的经营便利措施，如完善的基础设施、廉洁高效的政府以及良好的商业道德等。

再次，经济因素主要有：土地和建筑的租金，原材料、零部件的价格，非技术劳动者和技术劳动者的供给及成本，包括其他生产投入的成本；其他因素有：市场的成长性、进入周边市场和全球市场的方便程度、消费者的偏好和市场结构。所有这些因素均直接决定着跨国公司经营的成本与收益。

总之，这三方面的因素所起的作用是不同的。东道国的政策环境，如宏观政治经济稳定程度、涉外经济法的有关规定等，决定了跨国公司直接投资能否进入以及以什么样的方式进入东道国（新建和并购）。东道国的商务环境，如招商引资激励措施和服务设施等，则决定了跨国公司进入东道国后企业的竞争力能否得到有效的提高。东道国的经济因素，也就是东道国的经济资源优势，则决定了吸引跨国公司直接投资的类型。

1. 寻求市场型直接投资

具有市场规模和市场发展潜力等优势的国家吸引的是寻求市场型直接投资。这种类型的直接投资主要考虑的是东道国的市场特点，如市场规模、人均收入、市场成长性、进入周边市场和全球市场的方便程度、消费者的偏好及市场结构等。在这方面，我国就具有市场规模大、发展潜力大、进入壁垒小的特点，从而吸引了众多跨国公司来华投资。

2. 寻求资源型直接投资

具有生产要素成本优势的国家一般乐于吸引寻求资源型直接投资。此类型投资主要考虑东道国各种生产投入的状况，如土地和建筑的租金、原材料成本、零部件的价格、非技术劳动者和技术劳动者的供给及成本等。在这方面，俄罗斯丰富的石油、天然气资源就吸引了世界众多著名能源跨国公司的直接投资，仅俄萨哈林油气田就占俄吸引直接投资的25%。可见，寻求市场和寻求资源型直接投资的投资区位的主要决定因素是市场条件和生产要素条件，而政府积极的引资政策则是该类直接投资进入的先决条件。

3. 寻求效率型直接投资

具有生产要素质量优势和制度安排优势的国家一般乐于引进寻求效率型直接投资。它主要通过利用东道国相对低廉的生产要素成本（经劳动生产率调整后）和贸易投资自由化政策，达到降低产品成本和深化生产分工的目的，从而使自身的竞争力得到提高。按照提高效率的不同方式，寻求效率型直接投资又可分为垂直寻求效率型和水平寻求效率型。

（1）水平寻求效率型直接投资。它是跨国公司为了利用东道国有利的制度环境而把生产设施转移到东道国的直接投资。与寻求垂直效率的直接投资不同的是，水平寻求效率型直接投资是把相同的生产设施从母国转移到东道国，而不是在母国与东道国之间根据各自的比较优势进行生产分工。

（2）垂直寻求效率型直接投资。它是跨国公司通过把部分生产工序转移到生产要素成本相对低廉的国家的方式提高生产效率的直接投资。与寻求资源型直接投资不同的是，垂直寻求效率型直接投资是全球化时代的产物，这种投资服从于跨国公司的全球战略，是跨国公司全球价值链上的一个环节。

4. 寻求资产型直接投资

这是具有创新性资产的国家所乐于吸引的一种直接投资类型。对于寻求资产型直接投资来说，东道国的创新性资产是吸引跨国公司直接投资的决定因素，而东道国良好的商务环境、完善的竞争法规和并购法规也对吸引直接投资起到重要的作用，它是发达国家之间主要的直接投资形式。执行寻求资产战略的跨国公司往往带着强强结合的目的，通过获得东道国特有的"资产"，增强其无论是在东道国还是在母国的竞争力。

表2-1 影响全球价值链活动的关键区位因素

国家政策	经济、政治和社会稳定	经济决定因素	寻求市场型直接投资
	外资进入与经验的管理规则		市场大小和人均收入
	外资子公司的对待标准		市场发展潜力
	市场管制政策和市场结构，特别是竞争和兼并政策		进入地区和全球市场的机会
	私有化政策		当地消费者偏好
	有关FDI的国际协议		市场结构
	贸易政策以及与FDI的一致性		寻求资源型直接投资
	税收政策		土地和建筑成本/租金及利率
	产业/地区政策		原材料、部件
投资环境	投资促进机构的活动		低成本的非技术型劳动力
	投资激励措施		熟练劳动力
	减少与腐败相关的"争论"成本		寻求效率型直接投资
	政府办事机构的效率		资源成本以及按劳动生产率调整的B股上市资产
	文化礼仪		其他投入要素成本，包括东道国的通信、运输成本、其他中间产品成本
	知识产权的保护		东道国在成本节约和产品升级的地区一体化协议中的成员国资格
	基础设施建设和金融、法律等服务		寻求资产型直接投资
	经济道德		存在于个人、厂商或是厂商群中的技术、管理关系以及其他创新型资产
			基础设施建设
			宏观创新、企业家教育能力以及环境

资料来源：UNCTAD2001（p.92）。

第四节　中国在全球价值链中的位置

1. 中国在全球价值链中的位置

中国在全球价值链的流程中位于制造中等技术含量和部分低技术含量的中间品环节以及最后的加工制造环节。

近年来，全球化的发展使旧有的国际分工体系发生深刻变革，形成了覆盖世界各国和地区的庞大生产网络，所有的国家都置身于由生产分割构成的国际生产网络中跨国生产产品。为与这一分工体系相适应，世界贸易以中间品贸易为主导。2009年，全球出口总额中中间品贸易占世界贸易的66%，制成品所占比例只有34%。中间品在多个国家间被反复地进口、加工、出口，每个国家的进口与出口不再是原来纯粹的单向流动，而是表现出再进口与再出口的特征。所以，通过观察一个国家的再进口与再出口的流向与规模，可大致了解该国在全球价值链中的客观位置。

经济技术水平不同的发达国家和发展中国家的中间品贸易模式呈现完全不同的特点。美国等发达国家中间品贸易以再进口为主，也就是说，美国把零部件、半成品等出口到其他国家进行加工、装配、制造，然后再进口到美国，进行进一步加工或用于最终销售。通过这种方式，美国把一些中、低技术含量的生产环节安排在生产成本相对较低的其他国家，以达到全球范围内的最优资源配置。风靡全球的"苹果"产品就是美国再进口的典型案例。而墨西哥等发展中国家则相反，中间品贸易以再出口为主，这些国家由于核心技术匮乏等因素，一些关键的基础零部件技术含量低、质量差，为满足全球价值链中买方的各项标准，只能从技术先进的发达国家进口高技术的中间品，在本国加工后再出口到世界市场，这些国家是"为出口而进口"，进口的目的是"再出口"，利用进口中间产品加工制造成品后再出口到发达国家。

2009年美国对墨西哥的出口中有18%随后又被美国再次进口，而对墨西哥的再出口规模则只有1%多一点，是典型的以再进口模式为主导。与此相类似，美国对加拿大的再进口规模达到当年美国对加拿大出口总额的11%，爱尔兰、印度和中国紧随其后。美国与这些国家的中间品贸易无一例外，均是再进口贸易占主导地位，再出口贸易所占比例极小。

通过此举，美国把产品的每一个生产工序都放在具有优势的国家或地区进行生产，以达到合理配置资源的目的。墨西哥的中间品贸易模式正与美国相反。2009年，墨西哥对美国进口总额的12%又被再次出口到美国，而再进口的规模则不足1%；对中国的再出口规模达到10%，再进口的规模同样不足1%。一般而言，与美国等发达国家的中间品贸易模式越相似，说明该国越靠近全球价值链的高端环节。反之，与墨西哥等发展中国家的中间品贸易模式越相似，则表明越靠近全球价值链的低端位置。中国1995年中间品贸易模式与墨西哥类似，以再出口贸易为主导（见图2-5），再进口仅涉及中国台湾和韩国等少数地区和国家。到2009年，随着经济的发展和技术的进步，中国的中间品贸易模式转变为以再进口贸易为主导（见图2-6），再进口主要来源于中国台湾、韩国、爱尔兰、芬兰和日本，中国对这些贸易伙伴再进口的规模分别占中国对其进口总额的30%、12%、4%、3.5%和3%；而再出口的规模则小得多，只有再出口到中国台湾、日本和韩国的比例稍高，也只占3.5%、3%和2%，与美国的贸易模式极其相似。

经过多年发展，从中间品贸易模式看，中国现在已与发达国家十分接近。当然，这并不意味着中国已经同美国一样站在了全球价值链的核心位置。只是在生产中等技术含量和低科技含量的制成品方面（包括未分类的制成品、化工及相关产品、基础金属等产业）有较高的比较优势，将这些产品生产并出口到中国台湾、韩国、日本等技术相对先进的地区和国家，加工完成后再进口到国内，进行最终消费，或者进一步加工再出口到美国等地。所以，从中间品贸易模式的角度看，中国制造产业总体处于"微笑曲线"凹处，位于全球价值链的低端，国际分工地位有待提高。中国在全球价值链的流程中不再是以往普遍认为的全球价值链的最低端——纯粹的"组装代工厂"，而是分别位于其中的两个环节——制造中等技术含量和部分低技术含量的中间品环节以及最后的加工制造环节。对于高技术含量的中间品环节，目前尚未形成稳定、成熟的优势。要特别指出的是，从价值链的角度看，中低技术含量制成品并不意味着所有的生产工序都是低技术含量的，部分生产工序或核心工序也可能是技术密集型的。因此，中国应对低技术含量制成品进行转型升级，用高新技术改造和提升低技术产业，进一步巩固和提升中低技术含量制成品的出口比较优势。

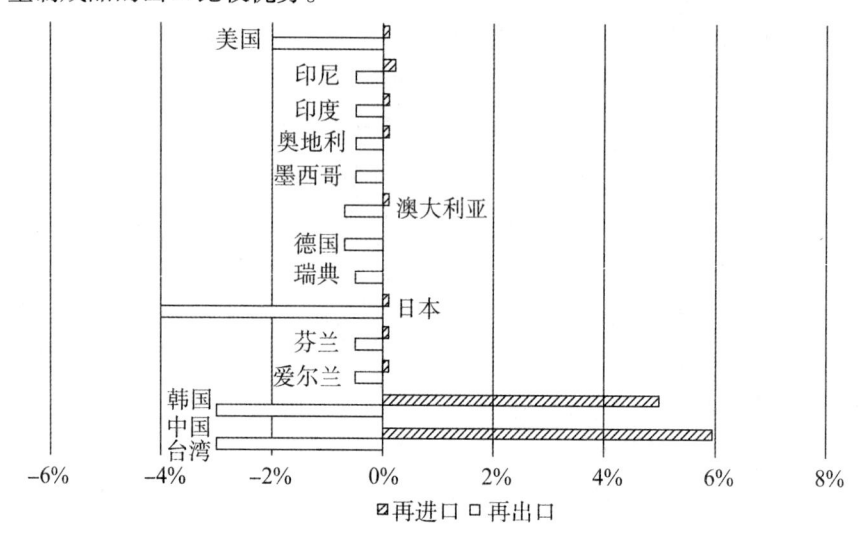

图2-5 1995年中国与其他国家和地区的中间品贸易情况

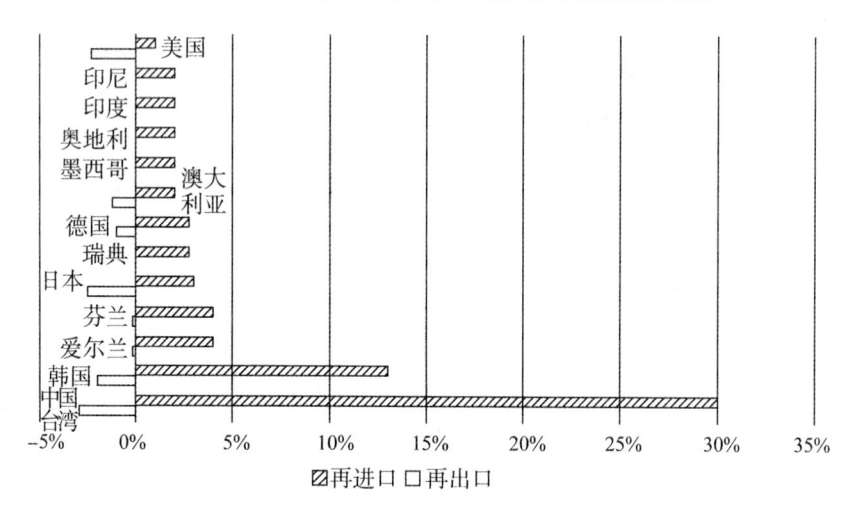

图2-6 2009年中国与其他国家和地区的中间品贸易情况

资料来源：www.wiod.org.

2. 中国在全球贸易中的地位大幅提高

全球价值链体系的关键特征是"生产全球结构"和"贸易全球整合"的统一，即全球价值链的形成过程是按照两个维度展开的。一是生产的全球结构,是产品生产按资源要素禀赋在全球重新布局。它是由创新和创新的梯度转移所推动的,创新能力强的国家会在分工过程中占据战略性环节而掌握主导权。在这方面,中国凭借在中、低技术含量产品生产上的比较优势在全球价值链上获得"攀升"。二是贸易的全球整合,即价值链在全球范围形成统一的市场。它从根本上是由市场推动的,拥有市场力量的一方会在全球价值链中掌握主导权。进入21世纪以来,中国在全球贸易中的地位大幅度提高,在全球供应链中既是最大的卖家,同时也是最大的买家,不仅在贸易规模上居于世界前列,市场份额不断扩大,而且市场地位和贸易联系枢纽的重要性大幅提升,2011年中国超越美国成为全球拥有贸易伙伴国最多的国家。1999年,中国在全球贸易综合排名中居第九位,而到2009年,贸易规模和贸易联系度均升至首位,综合排名居世界第一(见表2-2)。

表2-2　1999年和2009年在全球贸易中综合排名前20的国家和地区

1999年				2009年			
国家或地区	综合排名	贸易规模排名	贸易联系度排名	国家或地区	综合排名	贸易规模排名	贸易联系度排名
德国	1	2	2	中国大陆	1	1	1
美国	2	1	6	美国	2	1	3
法国	3	3	2	德国	3	3	2
日本	4	3	5	荷兰	4	6	3
英国	5	5	2	日本	5	4	8
荷兰	6	8	1	法国	6	5	6
意大利	7	7	7	意大利	7	7	7
加拿大	8	6	12	英国	8	8	5
中国大陆	9	9	8	比利时	9	9	11
比利时	10	11	9	韩国	10	10	10
中国香港	11	9	18	加拿大	11	12	13

续表

	1999 年				2009 年		
国家或地区	综合排名	贸易规模排名	贸易联系度排名	国家或地区	综合排名	贸易规模排名	贸易联系度排名
韩国	12	13	10	中国香港	12	10	20
西班牙	13	14	11	西班牙	13	14	11
瑞士	14	16	13	印度	14	17	9
新加坡	15	14	22	新加坡	15	13	22
马来西亚	16	16	21	俄罗斯	16	16	21
瑞典	17	18	17	瑞士	17	18	17
泰国	18	22	16	泰国	18	20	15
丹麦	19	24	15	巴西	19	22	14
墨西哥	20	13	44	马来西亚	20	20	19

数据来源：Tamim Bayoumi: Changing Partterns of Global Trade, IMF, 2011。

3. 贸易增加值绝对值和相对值有了很大提高，表明中国在全球价值链上有了很大攀升

一国的出口商品体现了劳动技能、科学技术和在价值链中的状况，出口商品越复杂，意味着该国所处的价值链位置越高端，考察一国的出口商品构成可以给出该国所处价值链位置的间接证据。从出口总额看，中国高科技产品的增长速度居于各行业之首，1995—2009年，中国出口总额增长率最高的前三位分别是电子光学设备、交通设备和化工产品，分别为19%、17%和15%，而这三个产业正是高科技产业的典型代表；原来占据出口主导地位的农产品、非金属矿产品、皮革鞋业、纺织品的增长速度均出现下滑，所以从出口总额的角度看，中国在全球价值链上获得很大攀升。在全球价值链分工背景下，由于中间品贸易占据主导地位，单纯的出口总额不能完全客观体现一国的产业国际竞争力水平或它所处的国际分工位次，而贸易增加值可较好地解决跨国生产中有关中间品和隐含服务的重复计算问题，从而真实体现各贸易参与国在全球价值链上的位置。从绝对额看，欧盟各国制成品贸易增加值一直稳居世界首位。十多年间，贸易增值额在20 000亿美元上下波动；美国在2009年之前是全球贸易增加值最高的国家，年均贸易增值额接近15 000亿美元。中国在2003年之前贸易增值额一直在5 000亿美元以下，是世界上贸易增值额最低的国家之一。进入21世纪以后，贸易增值额稳步增长，尤其是2006年以后增长速度加快，到2009年，已跃居世界第二位，仅次于美国。从相对份额指标看，中国贸易增加值在世界贸易中所占份额稳步提升，由1995年不足世界贸易增加值总额的3%增长到2009年的接近10%，超过德国，位居第二。这其中，贸易增加值增长最快的是食品饮料、基础金属、木材和矿产品等技术含量相对不高的产业。说明经过多年发展，我国中、低技术含量制成品的出口已发生巨大变化，在出口额日益增加的同时，具有比较优势的商品种类日益增加，比较优势日益提高，附加值率也日益提高，在世界市场上具有绝对的竞争优势。中国在交通设备、电子电气设备等高技术产业由于进口投入品的比重没有明显下降，所以贸易增加值的增长并不突出（见表2-3）。

表2-3 中国各产业贸易增加值2009年相比1995年的增长率

产业部门	增长率（%）
食品饮料	16
基础金属	15
木材	14.5
矿产品	14
其他非金属	13.5
化工	13.3
服务业	13.1
焦炭精炼业	13
制造业	12.6
纺织业	12.4
电气、光学设备	12
皮革鞋类	11.8

续表

产业部门	增长率（%）
橡胶塑料	11
未分类的机械产品	10.5
交通设备	10.4
纸浆造纸	9.5
农产品	8.6

资料来源：Richard Baldwin, Javier Lopez-Gonzalez, Supply-Chain Trade: A Portrait of Global Patterns and Several Testable Hypotheses, NBER Working Paper No. 18957.

4. 从中国整体上对进口中间品的依赖下降方面看，中国在全球价值链的位置得到攀升

目前，企业参与国际市场竞争表现为三种形式，除通过出口产品同外国的企业进行间接竞争或到国外直接投资，与外国企业进行直接竞争外，在国内市场上同外国进口产品进行间接竞争也是企业参与国际市场竞争的一种重要形式。在此背景下，一个国家的市场既是国内市场也是国际市场，不仅是本土企业间的角斗场，也是本土企业与国外企业相互搏杀的场所。所以，一个国家中间品的进口替代意味着该国本土产业竞争力的提升，替代程度越大，产业竞争力的提升越多，该国在全球价值链上的"攀升"幅度也越大。

从图2-7可以看出，1995年中国各产业对进口中间品的依赖普遍较高，电子电气设备对国外投入品的依赖度高达30%，皮革鞋类、纺织品、木材、造纸等产业国外中间品所占比例均超过10%，有些产业甚至接近20%，中国本土企业的产品被排除在产业链条之外。

目前，对中国在全球价值链的位置仍有很多不同的看法，但从中间品的贸易模式、全球市场势力、贸易增加值和各产业的中间品进口替代这些角度观察，中国在全球价值链的位置的确已发生"演变"，不再是传统意义上的世界"纯粹代工者"的角色，而是占据了全球价值链中、低技术含量中间品的生产提供环节和最后的加工组装环节，中国很多产业在国际市场的竞争力有了明显增强。但是中国资本和技术密集型产业发展不足，主要承接了劳动密集型产业,而与发达国家存在较大差距。在中国参与国际分工的进程中,劳动密集型产业在缓解社会就业压力、提高劳动者收入水平、完成工业化原始积累等方面发挥了重要作用,但也存在劳动生产率和附加值低,对环境与自然资源依赖性强等不足。与之相对,中国资本和技术密集型产业发展相对滞后,很多资本和技术密集型产品仍然依赖进口,这就导致了中国与发达国家在产业发展水平上的较大差距,并使中国与西方发达国家之间的分工关系仍以垂直型为主。

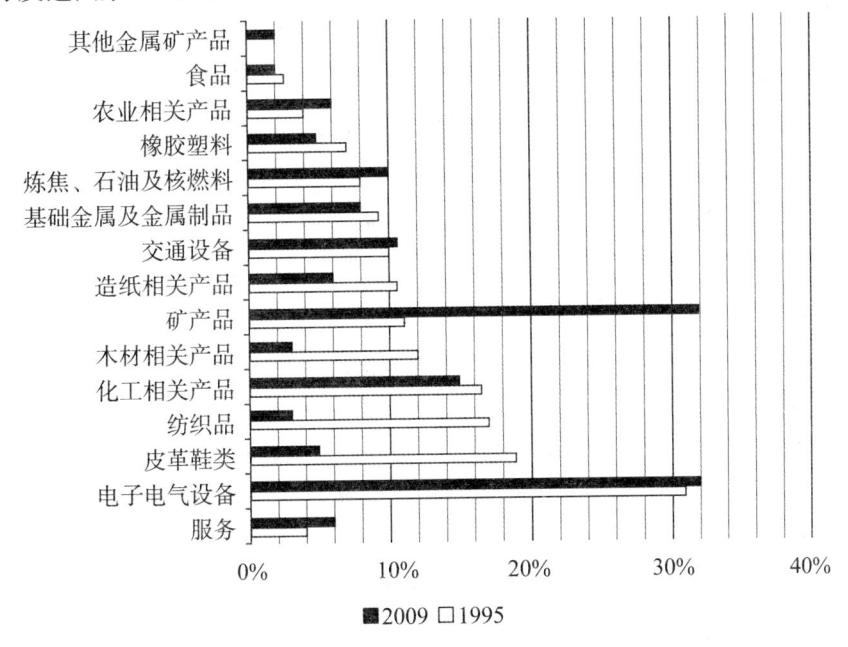

图2-7 1995年和2009年中国各产业生产中使用的进口中间品的比率

资料来源:www.wiod.org。

第五节 案例:吉利汽车的全球价值链配置

进入21世纪以来,中国制造业正在越来越深刻地融入国际分工体系之中。全球生产网络给本土企业带来了双重影响:一方面,为企业融入国际分工体系、进行技术学习与战略升级提供了重要机遇;另一方面,企业在参与国际分工体系,力求实现由低附加值环节向高附加值环节攀升的过程中,遭遇到国际大购买商和跨国公司的双重阻击和控制,"被俘获"在低附加值的价值链低端生产制造环节,陷入"低端锁定"的困境。在此背景下,如何根本突破所面临的"升级困境",成功实现制造业的转型升级是当前中国本土企业面临的重要问题。

我国的汽车产业就面临着这样的难题。2000年以前,跨国汽车公司纷纷选择与国有汽车企业合资进入我国汽车市场,使得我国国有汽车企业一开始就嵌入了全球价值链的低端环节。加入WTO后,以前保护汽车业免受国际化竞争的贸易保护措施逐步取消,加上我国经济的持续发展和汽车销售的强劲增长,不仅吸引了几乎所有的跨国汽车公司来华投资,而且也迫使我国政府正式允许民营资本进入我国汽车行业,从而导致我国汽车企业发展出现了分层化:部分汽车企业通过合资嵌入跨国汽车公司主导的全球价值链中的生产环节,虽然获得了丰厚的利润,但受到跨国汽车公司在价值链中设置的壁垒阻碍,缺少进一步沿价值链环节向上攀登的能力;部分汽车企业利用和跨国汽车公司合作的机会,在嵌入全球价值链的低端后,选择了自主创新模式,通过控制价值链中的战略环节,采取工艺流程、产品、功能等多种方式来实现链节提升,并通过产品的出口、海外建厂和跨国并购等形式向海外市场扩张,构建了一条由自己主导的全球价值链参与全球竞争。吉利就是后者的典型代表。

浙江吉利控股集团有限公司(吉利汽车)是中国国内汽车行业十强中唯一一家民营轿车生产经营企业,成立于1986年,经过近30年的建设与发展,在汽车、摩托车、汽车发动机、变速器、汽车电子电气及汽车零部件方面取得辉煌业绩。特别是1997年进入轿车领域以来,凭借灵活的经营机制和持续的自主创新,取得了快速的发展,连续四年进入全国企业500强,被评为"中国汽车工业50年发展速度最快、成长最好"的企业,跻身于国内汽车行业十强。2009年12月23日,成功收购沃尔沃汽车100%的股权。2012年《财富》世界500强企业排名上榜的五家中国民企中,浙江吉利控股集团首次入围。吉利以营业收入233.557亿美元(含沃尔沃2011年营收)首次进入500强,车企排名第31位,且总排名从2011年的第688位跃升至第475位。截至2013年,吉利共有慈溪、临海、宁波、上海、湘潭、济南、成都等9

个生产基地，合计60万辆的产能。

相比福特、大众还有沃尔沃这些企业来说，吉利无疑是这个行业的后进者，而短短十余年后，其竟拥有了同世界知名品牌叫板的实力，甚至还收购了比其资历高很多的"沃尔沃"，一度被传为"公主"下嫁"穷小子"的佳话。纵观吉利汽车的发展路程，其实沃尔沃下嫁吉利并不是"门不当户不对"，因为吉利集团早已通过自主创新逐步构筑起自己的全球价值链，"穷小子"其实并不"穷"。

一、卧薪尝胆：低端嵌入全球价值链

汽车产业是一种典型的生产者驱动型价值链，其核心竞争力主要来源于技术研发环节、关键零部件生产环节、销售和售后服务环节和金融服务等环节。20世纪90年代中期，我国汽车业几乎是国有汽车企业与跨国汽车公司合资产品的天下。吉利要想造车，就面临着嵌入全球价值链的选择。吉利主要是通过以下三种方式嵌入全球价值链。

1. 借壳造车

在2000年之前，汽车业被认为是掌控我国国家命脉的行业，要想造车就必须进入汽车生产名录，但当时的《汽车产业政策》所设的进入门槛很高，在没有"准生证"的情况下，1997年吉利收购了四川德阳一个濒临破产的国有小客车生产汽车工厂，成立了四川吉利波音汽车制造公司，通过借壳获得了微型客车、面包车的生产权。由于没有进入轿车生产名录，自1998年第一辆轿车下线以来，吉利就拿微型客车的生产名录在政策上打擦边球，两厢吉利轿车一直以微型客车销售。直到2001年11月我国加入世贸组织前夕，吉利"豪情"终于登上了中国汽车生产企业产品名录公告，获得了轿车的"准生证"，使吉利成为中国首家获得轿车生产资格的民营企业。

2. 模仿造车

吉利和很多中国的企业一样，最初进入市场都是依靠自己强大的"模仿"能力。汽车建造有很高的技术要求，而吉利作为汽车市场的新进者，各种资源都非常匮乏，于是模仿"前辈"的成果便成为踏入市场的一条捷径。1997年，吉利通过学习购买的奔驰和红旗轿车，并借用车上零件和亲手打造的配件拼装新车；1998年吉利开始构建自己的零部件体系，同时对北京中华子弹头两厢轿车进行底盘系统的学习与仿制。在吉利定位生产小轿车时,夏利刚好推出新车型,吉利于是买了几辆样车,在此基础上进行模仿和改装,并于1998年推出了吉利"豪情"两厢轿车,1999年制造出美日轿车。这两款轿车在外形、内饰和整车技术上都是模仿天津夏利所制造的,在豪情建成初期,吉利招募的工人也有一批是来自天津汽车的工人。

3. 合作造车

吉利先后与韩国大宇国际、意大利汽车项目集团、德国瑞克进行了全面技术合作联合开发造车。2002年,与意大利汽车集团公司合作,学习从图纸设计到造型,再到样车的完整整车开发流程,通过合作,熟悉了欧洲的汽车工业体系、现代轿车开发的流程,掌握了更多的设计细节和技巧。同年,与韩国大宇国际CES公司合作,学习并掌握整车设计流程的规范化和设计细节技巧,学会了如何实施结构设计与工艺设计的同步工程,完成了自由舰车型的设计、开发和制造工作。2003年,与德国瑞克合作,学习对方的造型创意及工程可行性分析,为吉利金刚设计车型。

二、后劲勃发:构建自主全球价值链

为了构建自主的全球价值链,吉利集团通过向全球价值链高端环节延伸来提升自己在整个链条中的附加价值,并不断通过国际化来构建自身的全球价值链。

1. 提升自己在全球价值链中的地位

吉利集团提升附加价值主要是向价值链两端的链节攀升和向新的更高级链条跃迁。自成立以来,吉利就开始强调核心零部件的自主研发,并在一些部件上自给自主生产,打破了国外汽车零部件尖端技术电动助力转向系统的垄断局面。2007年,吉利开始进行战略转型,从单纯的低成本战略向高技术、高质量、高效率、国际化的战略转变。为此,吉利精心打造营销链、研发链、供应链等核心价值链环节,使自己从成本优势跃升到以技术优势为主的企业。

2. 寻求国际资本

吉利汽车作为一家生产自主品牌轿车的民营企业,发展初期并不被社会认可,在国内寻找资本更非易事。但是吉利汽车渴望通过资本市场和多种融资渠道来推动自身更快更好地发展。经过努力,吉利汽车在2003—2008年间,通过部分参股上市公司之控股公司并与上市公司合资,进而全面收购控股公司及向上市公司注入核心资产,最终在香港联交所主板实现整体上市。

3. 寻找国际市场

2003年,吉利汽车在上海设立国际贸易公司,开始拓展国际市场。2008年吉利汽车海外汽车销售出口达到37 289台,比2007年的21 111台增加16 178台,增长77%,相比其他中国汽车企业,吉利汽车出口量排名第三,占到中国汽车出口总量约15%的份额。

吉利汽车在国际市场的运营中充分立足当地,实施本土化建设,积极利用集团的产品、技术、品牌等资源,通过与海外公司的合资、合作以及独资等模式,在多个国家建立起自己的组装生产基地、销售渠道、经销网络等。目前吉利汽车的海外销售网点共200多个,遍布世界40多个国家和地区。

2007年,吉利CK-1CKD组装项目正式落户印尼,该项目成为吉利汽车进军东南亚和全球右舵汽车市场的跳板。随后,吉利汽车又在乌克兰和俄罗斯建立了CKD装配基地。随着本身的不断国际化,吉利汽车在欧洲也和著名的整车工厂寻求合作。

吉利汽车还积极参加国际著名的车展。吉利集团2006年作为唯一受邀参展的中国汽车企业,亮相世界五大车展之一的法兰克福车展,并已经两度参加底特律北美车展。2008年,吉利汽车因为在底特律车展上发布了一项重大的汽车安全技术——BMBS,被车展组委会授予"发明创新实践特别贡献大奖"。

吉利汽车在进入国际市场的过程中,打造了一支既懂国际贸易和汽车营销,又懂国际化管理的复合型人才队伍。吉利还成立了自己的国际汽车营销学院,培养专门的海外营销人才,让派驻海外的代表首先具备营销管理意识和指导经销商解决问题的经验。

4. 寻找合作伙伴

在国际市场开拓、建立自己的国际营销渠道上,需要寻找国际合作,是吉利自主创新的必由之路。吉利汽车就有这样的成功实践,并且在坚持原则的同时发挥着创造性思维。2006年10月24日,吉利集团董事长李书福在英国伦敦，代表吉利在香港上市的"吉利汽车控股有限公司"、上海华普汽车有限公司，与英国锰铜公司正式签署合资生产出租车的协议，实现了英国品牌中国造，增强了吉利自主创新能力。

5. 寻找国际发展壮大的机会

吉利汽车要寻求发展壮大，就是要在汽车新技术领域与国际接轨，在汽车传统动力领域赶超国际水平。为了寻找资本、寻找市场、寻找国际合作伙伴，吉利汽车一个重要的模式就是海外并购。吉利作为中国自主品牌汽车企业进入国际市场，进行海外并购动因有如下几个方面：第一，中国企业有低成本优势；第二，可以通过海外并购获得技术和网络资源；第三，可以规避贸易壁垒和汇率风险。2010年8月，吉利以18亿美元收购美国福特汽车的沃尔沃轿车100%的股权，拥有了沃尔沃全部关键技术和知识产权的所有权，借此跻身豪华车阵营。创下中国迄今为止汽车业最大的海外并购案，开创了中国汽车业借海外并购进入以市场换技术的新阶段。

表2-4 吉利集团通过国际化构建全球价值链

国际化战略	时间	主要标志事件
出口	2003年8月	首批吉利轿车出口，实现吉利轿车出口零的突破
	2006年8月	成为我国首批国家汽车整车出口基地企业
	2007年开始	在主要市场建立自己的配件库，以此为管理中心，进行海外市场的营销管理
国际认证	2005年10月	全面启动TS16949体系建设与认证、欧盟的ECE、美国的DOT和EPA等认证工作
参加国际顶级车展	2005年9月	亮相法兰克福车展，改写了法兰克福车展没有中国汽车企业参加的历史，获得了3 000辆吉利旗舰车型的订单
	2006年1月	参加北美底特律车展，获得了本届车展的特别奖银钻奖，与波多黎各签下在当地销售的协约，借此进入欧洲和北美市场

续表

国际化战略	时间	主要标志事件
国际资本运作	2003年4月	协议收购香港主板上市的国润控股有限公司32%的股份
	2004年3月	国润控股有限公司更名为吉利汽车控股有限公司
	2005年5月	全面收购国润控股，持有吉利控股60.68%的股份，在香港上市
	2007年2月	吉利香港上市公司在全球配股6亿股，集资6.36亿港元
境外设立子公司	2005年5月	与马来西亚IGC公司签约采用CKD及CBU式组装吉利品牌的轿车，成为中国第一家向海外输出CKD生产方式的企业
	2006年12月	在俄罗斯签署海外第一个SKD组装项目，首批300辆自由舰于2007年下半年投产，使海外扩张迈出了坚定的一步
	2007年5月	吉利CK—1CKD组装项目正式落户印度尼西亚，成为进军东南亚和全球右舵汽车市场的跳板
	2008年8月	投资2.7亿美元在墨西哥Leon城建立汽车组装工厂，还将投资2.3亿美元建造一座吉利工业园
	2009年1月	与台湾裕隆集团展开合作，以CKD的方式投产吉利汽车的车型，以规避台湾法律对大陆出口整车至台湾的条款
合资	2003年5月	国润控股的百夫长实业有限公司与浙江吉利美日汽车有限公司合资成立浙江吉利汽车有限公司，吉利占股53.19%
	2003年11月	国润控股的全资附属公司与上海华普汽车有限公司合资成立上海华普国润汽车有限公司，吉利占股53.19%
	2006年10月	与英国锰铜公司合资组建上海英伦帝华，生产英国TX4伦敦出租车，吉利以51%的股份成为锰铜的第一大股东，实现了英国品牌中国造，增强了吉利自主创新能力

续表

国际化战略	时间	主要标志事件
跨国并购	2009年3月	以3亿港元收购全球第二大自动变速器厂商澳大利亚DSI变速箱公司,丰富了产品线,强化了自动变速器的研发与生产能力,为进一步发展提供了牢固的技术支撑
	2010年8月	以18亿美元收购美国福特汽车的沃尔沃轿车100%的股权,拥有了沃尔沃全部关键技术和知识产权的所有权,借此跻身豪华车阵营。创下中国迄今为止汽车业最大的海外并购案,开创了中国汽车业借海外并购进入以市场换技术的新阶段

摘自:黄永灵,邵同尧.我国汽车业全球价值链的低环嵌入与链节提升——基于吉利集团构建全球价值链为例[J].对外经贸实务,2011,(5):27.

从1997年正式进入汽车领域开始,吉利集团从无到有,从小到大,从弱到强,仅仅用了10年的时间,就成为中国汽车业最具影响的自主品牌之一,基本上形成了自主治理的全球价值链。从创立开始,吉利一直以超常规的速度发展,不仅成功挑战了外资品牌与合资品牌一统中国汽车市场的局面,而且用实力证明了中国自主汽车品牌同样可以获得出色的发展业绩。面对跨国企业在全球价值链上的布局,中国企业不应该只是被动地当一个棋子,而应该更加主动地融入这个大潮,积极构建自己的全球价值链配置,一步一步走出自己的路。

第三章 跨国经营行为创新：非股权模式

随着时代的发展，外部化的经营方式逐步成为跨国公司全球价值链的重要选择之一。越来越多的跨国公司在根据行业及市场特点制定发展战略时，开始尝试在母国与东道国之间建立一套完整的营销网络，这套网络既包括跨国公司的分支机构，也包括其东道国合作伙伴，并且二者有机整合、相互依存①。此外，跨国公司还不断通过各种机制对或独立或松散依赖关系的伙伴公司进行控制与协调。这些用于控制的机制或者工具涵盖了参股或合资等各种形式。这些机制与FDI之间非但不相互排斥，反而可以成为FDI的有效替代与补充。在本章中，我们将详述在全球价值链中的非股权模式。

当跨国公司将其经营活动的一部分外部化给基于东道国的合作企业时，跨国公司经营的跨国非股权模式（Non-Equity Mode，简称NEM）便由此出现了。据估计，这种非股权活动在2010年创造了超过2万亿美元的销售额。在绝大多数情况下，NEM都比其所在的行业表现出了更快的增长速度。在一些发展中国家的一些产业中，非股权模式生产的出口额则占到了所对应行业的全球出口总额的70%~80%②。总体而言，NEM可以促进发展中经济体向全球价值链的整合，并借此增强这些经济体的生产能力，可以说全球范围内的跨境NEM的意义越来越重。然而，因为NEM中诸如合同制造等形式所创造的就业岗位具有高度的轮换性并且能够被轻易地取代，并且NEM可能会被跨国公司用作规避社会与环境标准的工具，所以，NEM在能够带来显著发展效益的同时也伴随着一定的风险。

---

① 王建华：《跨国公司海外R&D投资的内在动因与区位选择》，《中国科技论坛》，2004年第4期，第136–139页。
② 《世界投资报告2011》。

第一节　非股权模式：FDI和贸易的中间地带

一、何为非股权模式

国际生产的"非股权模式"是跨国公司对全球价值链管理模式中的一种，它包含合同制造、服务外包、订单农业、特许与许可以及其他各种契约关系，通过这些契约，跨国公司可以调整并控制东道国合作企业的经营活动。因此，与跨国企业在FDI中的控制力被纯粹地定义为"所有权"不同，"非股权模式"实质上是一种契约关系，是一种通过股权以外的方式来控制东道国经营实体的行为。在此模式下，公司的控制力通过契约和议价能力得到体现。

此外，严格来说"非股权模式"并不是新近出现的可供跨国公司选择的模式。相反，诸如许可经营与管理合同等一些形式在过去十年已经被普遍采用[1]。从某种意义上来说，非股权模式是邓宁"所有权优势—区位优势—内部化优势"（OLI）这一经典经济学模型的发展和演化[2]。邓宁的OLI模型试图解释为什么有的公司决定向海外扩张，而有的公司选择本土发展（所有权优势），为什么公司的设立往往选择特定的位置（区位优势）以及为何公司选择"自己生产"而不是在市场中"购买"生产原料（内部化优势）。而之所以说非股权模式是OLI模型的演化和发展，是因为它允许跨国公司在其全球价值链管理中通过外部性的活动进入一个"中间地带"，在不拥有所有权的条件下仍然维持一定的控制力，也即改善了外部化的成本与优势之间的权衡[3]。

---

[1] Jones G G: "Multinational Strategies and Developing Countries in Historical Perspective", "Harvard Business School Entrepreneurial Management Working Paper", 2010 (10-076); The Free-standing Company in the World Economy, 1830–1996, Oxford: Oxford University Press, 1998.

[2] Dunning J H: "Towards an Eclectic Theory of International Production: Some Empirical tests", "Journal of International Business Studies", 1980, 11(1): 9–31.

[3] Hennart J F: "Down with MNE-centric Theories! Market Entry and Expansion as the Bundling of MNE and Local Assets", "Journal of International Business Studies", 2009, 40(9): 1432–1454.

二、非股权模式特征

非股权模式合作的具体形式多种多样,但是与纯粹意义上的企业内部交易不同的是,企业会对东道国的伙伴公司的业务活动施加实质性的影响,比如要求其增加投资,改变生产流程,采用新的生产工艺改善工作条件,采用专业化的供应商等。

要界定非股权模式活动的特征,主要是看其是否通过契约等手段对独立企业的经营导向施加实质性的影响并对其进行协调与控制。[①]据此,跨国公司非股权模式主要可分为六类:合同制造与服务外包、订单农业、许可经营、特许经营、管理合同、特许权以及战略联盟合作经营企业。(见表3-1)

表3-1 六种跨国NEM的定义

NEM类型	定义
合同制造与服务外包	跨国公司凭借契约关系将生产、服务或者工艺流程(甚至包括产品开发的某些方面)外包给东道国的公司,均称为"外包"。服务外包通常蕴涵了支持流程的外部化,包括IT、商务以及知识功能
订单农业	是一种国际采购商(授权人)和东道国农业生产商(包括中介机构)之间的契约关系,该契约规定了养殖以及农产品市场的条件
许可经营	一家国际企业(授权人)赋予一家东道国企业(被授权人)以相应的权利来使用一种知识产权(即版权、商标、专利、工业设计、商业秘密等),并以此收取一定费用(特许权使用费)而形成的一种契约关系。许可经营可以采取多种形式,其中包括商标授权、产品授权以及流程授权。"被授权"是指一家公司从另一家企业获得相应的授权,而"授权"则是指一家公司将相关的知识产权出让给其他的企业
特许经营	是国际公司(授权人)授权东道国公司(被授权人)效仿企业建立起的模式来经营某种业务的一种契约关系,并以此来换取费用或者在特许人所提供的商品或服务上打上其标记。特许经营包括主体特许经营(master franchising)与单店特许经营(unit franchising)。主体特许经营是由某一权益所有者拥有市场上的全部网点;单店特许经营则是每个单独的经营者都可以拥有一家以上的网点

---

① 郭苗:《跨国公司非股权安排研究——基于东道国的角度》,对外经济贸易大学,2012.DOI:10.7666/d.y2129963。

续表

NEM类型	定义
管理合同	在该种契约关系下，东道国某种资产的经营控制权归属于一家国际企业，即承包商，它管理该项资产并获得管理费用作为回报
特许权	特许权关系是指东道国某项资产的经营控制权掌握在一家国际企业，即特许权获得者手中。该企业管理此资产并获得该资产收益的一部分作为回报。特许权条款通常很复杂，比如"建设—经营—移交"（BOT）安排，其中可能包含了跨国公司投资或者对该资产在一定时间内的所有权等元素。就法律层面而言，其结构可以有很多不同的方式，包括公私伙伴关系等
战略联盟合作经营企业	两家或两家以上的企业为了达成某项共同的商业目标而形成的契约关系。参与者可以向该联盟提供产品、分销渠道、生产能力、资金装备、知识、专业技能及知识产权。战略联盟包含了知识产权的转移、专业化、风险与支出共担。该契约规定了条件、义务以及成员的赔偿责任，但是并不会涉及新建一个法人实体

因此，非股权模式活动与国际贸易以及国外直接投资之间存在着密不可分的关系，并在许多行业中塑造着全球贸易的格局。在诸如汽车零件、消费电子、服装、酒店、IT与业务流程服务等加工环节中，合同制造与服务外包在总贸易额中占据了相当大的份额。因此，对于那些致力于出口导向型增长的国家而言，非股权模式活动，无疑是一条通向市场的捷径，以及通往跨国公司全球价值链的一个重要节点。

跨国公司通过非股权模式活动对东道国经营的管理控制与协调可以通过间接的方式来进行。在订单农业这种模式中，个体供货商的数量巨大，因此跨国公司之间的安排主要通过中介机构来进行。比如在2008年，奥兰国际有限公司（新加坡）[①]从来自60个国家的近20万个供应者那里，采购了17种农产品；无独有偶，在2008年，食品制造企业雀巢公司拥有超过60万的签约农户，遍及80多个发展中国家与转轨经济体，他们为雀巢直

[①] 奥兰国际（Olam International Limited）创立于1860年，拥有遍及65个国家的多元化业务（纺织品、农作物、办公自动化产品分销、软件开发与分销、汽车及汽车零件分销、房地产开发、食品材料及工业原料供应商）。

接提供各种农产品①。跨国公司与东道国农户之间的契约关系可以由农业协会和合作社以及其他中介机构来引导，并由这些中介机构来构建农产品的生产条件。在服装行业中，诸如利丰集团这样的大型中介机构可以凭借其独立承包人之间的长期关系在很多国家之间为品牌服装公司安排相关产品的生产。与之类似的是，在特许经营方面，经营网络的拓展也常常是由一家通过合约获得整个市场经营权的主加盟商来进行管理的，在这个市场中，主加盟商管理着与其他个体加盟商之间的关系。

在非股权模式活动中，控制的方式以及议价能力的来源会随着非股权模式的类型不同而有所变动。合作伙伴之间的关系很少是对等的，其实力关系往往取决于一系列的因素，而这些因素会随着非股权模式活动的类型所在企业甚至跨国公司与伙伴公司所拥有的生产能力以及其他资产的不同而发生变化。在每一种非股权模式类型中，用于控制的契约化手段都是以软性的议价能力作为补充的，这种能力强化了跨国公司对全球价值链的管理与控制。（见表3-2）

表3-2　跨国公司的契约化工具与议价能力来源

模式	跨国公司控制东道国企业的契约化工具	跨国公司议价能力的来源
合同制造 服务外包 订单农业	设计、流程、产品或服务以及质量的相关规范 商业条款以及资本支出义务/保证 供应保证与单边销售限制 购买特定投入品的义务 实践跨国公司企业社会责任的义务	进入跨国公司内部市场，保证销售 获得跨国公司的专门技能、投入供应、物流网络 其他潜在合同供货方的存在
许可经营	被许可人受限制或有条件地使用某项知识产权的义务	相关专门技能、知识产权的获取 进入跨国公司内部市场并获得部分的分包安排 众多竞争性的被许可人的存在

---

① 《世界投资报告2011》。

续表

模式	跨国公司控制东道国企业的契约化工具	跨国公司议价能力的来源
特许经营	被特许人有条件地使用知识产权并开展业务（即供应网络的应用，选择供应商，服务标准，资本支出，企业社会责任）	获取跨国公司供货以及商业支持网络 已有品牌的市场份额 可选择的其他被特许人的存在
管理合同	关于国家以及维持资产与未来投资的义务（资本支出义务/保证）	获得跨国公司的管理能力以及诀窍，供应网络以及知识产权

从根本上来看，价值链的最终协调者是跨国公司，因此，跨国公司在全球价值链中所扮演的协调者的角色是议价能力最重要的来源，无论对于伙伴企业还是对于国家本身而言，都将产生决定性的影响。跨国公司对其一体化的国际生产网络以及依存于其自身的松散实体网络的控制使其能够对通向该网络的通道进行管制。因此NEM将价值链进行更为琐碎的切割或细分，为来自不同地区的伙伴企业从事相关经营活动创造条件，同时也保证了这些活动仍然受控于跨国企业。除此之外，对于工业化刚起步的国家而言，它们中有很多更关注特定国内区域的经济活动的发展对全国经济的带动作用，而非FDI的比重，此时NEM成为其重要的谈判对象。

第二节　FDI与NEM模式比较分析

一、内部化与外部化的决策

跨国公司在面临股权模式与非股权模式两种全球价值链的管理方式的时候实质上是关于内部化与外部化战略的决策。简而言之就是"自己做还是从外面买"的问题，在内部化的情况下，一旦其中加入了跨国因素，就导致了FDI的产生，此种模式下的商品、服务、信息以及其他资产的国际流动都集中在企业内部，并且被置于跨国公司的完全控制之下；外部化最直接地体现在贸易上，在跨国贸易中，公司并不能控制所有的企业。除此之外,外部化还可以包括企业之间的非股权安排,在这种安排中,企业之间通过合同约定东道国合作伙伴的经营与行为,这就是非股权模式安排。

企业内部化与外部化之间的选择主要是基于两者的成本收益、相关风险和可行性的对比。为了明确FDI与NEM模式的区别和联系,有必要对外部化与内部化各自的优势和缺点做一阐释。

就内部化的优势而言,首先,因为外部化一定意味着需要放弃一部分利润,而内部化能够使得企业完全控制价值链各个环节的利益。其次,内部化避免了第三方交易成本,并且保证了契约安排不会因为失去对价值链、资产以及有价值的知识产权等的掌控而变得更加复杂。最后,内部化的模式还可以消除与合作伙伴有关的各种管理成本,包括产品与服务的流动、通信与信息的交流、契约的监督与控制等。而就内部化模式的劣势而言,跨国的内部化经营往往使企业面临更大的经营成本,因为企业要面临更为复杂的运营方式、多元化的生产、多种货币间的经营,以及不同地区之间在社会、文化以及政策方面的巨大差异。同时,内部化经营也意味着全部相关经营风险的内部化。

外部化的优势在于它将特定的成本与风险转移到第三方,以及快速获取由第三方的合作伙伴关系所带来的资产及资源,这些资源可以是"硬"资产,比如工厂、设备、低成本获得某种资源的渠道、技术能力以及诀窍等,同时在很多情况下,其也往往表现为同样重要的"软"性资产,如东道国的网络关系等。此外,外部化能够解放更多的稀缺资源并将其用于价值链的其他环节,从而帮助跨国公司建立更有效率的内部分工。换言之,它使得跨国公司得以专注于"核心业务"。

二、FDI、NEM、贸易三者之关系

从跨国公司的角度来看,支撑非股权关系的契约条款主要关注于最小化外部化的成本,并为交易的资产、技术以及知识产权提供保护。用于实施控制的非契约性安排同样可以在跨国公司追求成本与风险最小化的过程中发挥作用——较强的议价能力可以使跨国公司减少由于放弃对部分价值链的掌控而产生的担忧。跨国公司所放弃的控制程度、外部化所带来的成本与相关风险,以及契约与非契约安排的类型会随着具体的经营

模式、环境条件以及跨国公司与非股权合作伙伴之间谈判能力的变化而发生改变。（见图3-1）

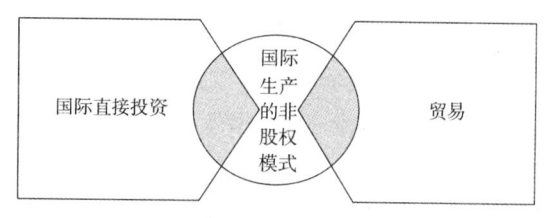

图3-1 非股权形式：介于FDI与贸易之间的中间地带

资料来源：联合国贸发会议。

在构建其国际生产网络的过程中，跨国公司不仅要决定其区位选择，同时还要决定其在国际化经营之中实施控制与协调的模式。在描述该决策过程的"所有权优势—区位优势—内部化优势"（OLI）这一经典经济学模型（Dunning，1980）当中，在东道国模式选择体现为所有权（FDI）、内部交易与许可权之间的选择。而国际生产的非股权形式则代表了这一模型的新的演化：它允许跨国公司在其全球价值链管理中通过外部性的活动进入一个"中间地带"，但仍然维持一定的控制力，即改善了外部化的成本与优势之间的权衡（Hennart，2009）。此时，跨国公司的选择将不再局限于通过股权进行控制（FDI）与非控制（贸易）这两种形式。在这些模式中，控制的结构与程度有着不同的表现。因此，在跨国公司完全拥有东道国子公司的情形之下，控制力被纯粹地定义为所有权在NEM的情形之下，控制力则通过契约与议价能力而得到体现。合资经营企业则是另一种特殊的形式，在这种形势之下，跨国公司的控制主要来自其控股权以及非股权的治理。

因此，全球价值链的最终所有权与控制结构是跨国公司一系列战略选择的结果。全球价值链中可获得非股权形式的类型也会因所处价值链的环节不同而有所改变。图3-2显示了非股权形式并不针对价值链上的任何一个特定的环节或某种特定的活动——只有外部化带来的相关风险是有限的或可以承受的，跨国公司将会对任何不符合其所在市场或行业的比较优势的活动，以及那些可以通过第三方的参与实现更低的成本与更高效率的活动进行外部化，即使是知识密集型或高附加值的生产活动也不例外。但是，在不同的产业链当中，NEM活动的模式却有着不同的具体表现，对于价值链上的任何既定环节,其外部化的倾向会随着其所在行业以及具体跨国公司的不同而呈现特殊的表现。

表3-3 跨国公司全球价值链管理的不同模式

管理类型	对应的国际经营模式	OLI 模型		
^	^	所有权优势	区位优势	内部化优势
通过所有权控制	FDI,直接参股东道国企业	√	√	√
契约工具控制	通过契约化的协议约束东道国企业的行为	√	√	—
基于议价能力的控制	通过东道国企业对跨国公司的战略资产以及网络的依赖进行约束	√	√	
无控制	内部市场交易,贸易	√	—	—

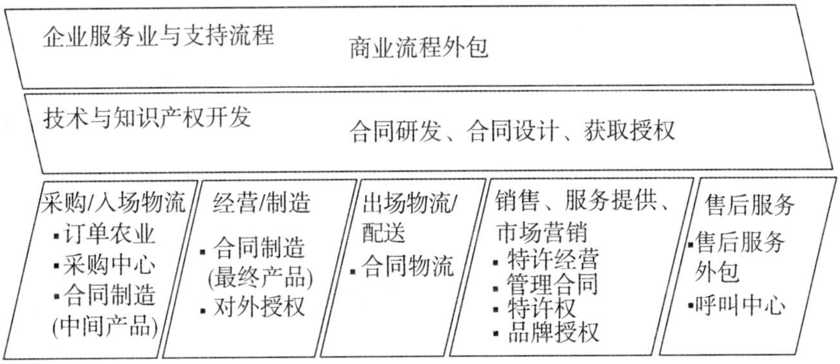

企业服务业与支持流程　　商业流程外包

技术与知识产权开发　　合同研发、合同设计、获取授权

采购/入场物流	经营/制造	出场物流/配送	销售、服务提供、市场营销	售后服务
·订单农业 ·采购中心 ·合同制造(中间产品)	·合同制造(最终产品) ·对外授权	·合同物流	·特许经营 ·管理合同 ·特许权 ·品牌授权	·售后服务外包 ·呼叫中心

图3-2 价值链上的NEM类型选择

资料来源:联合国贸发会议。

三、FDI与NEM的替代与互补

在价值链的某些环节中,NEM与FDI可以存在一定的替代性,而在其他一些环节中,两者之间则可能是互补的。当跨国公司可以在不同的模式之间进行选择,并且可以进行成本与收益的权衡时,NEM与FDI之间是相互可替代的。比如,一家公司可以选择是通过建立工厂来进行生产并将产

品供应海外市场还是将生产需要的技术与知识产权许可给一家当地的制造企业。同时，当产业结构预先确定了权衡的结果时，NEM与FDI之间也会呈现出类似的特点，比如在电子行业中，存在大型且经验丰富的全球合同制造企业的情况下，由设计或商标拥有者自己建立一家全新的分支机构或生产线在很多情况下将失去其经济意义。

互补性体现了跨国公司协调其国际生产体系的特征。这种生产体系既包含了其自身拥有的分支机构，也包括第三方NEM关系伙伴，而这种经营模式都是全球价值创造链条的重要组成部分。尤为重要的是，互补性可以存在于价值链的同一阶段。比如，在这一阶段，零售网点可以与特许经营店同时共存，或者国外的分支机构被设立用来管理NEM合作伙伴并为双方提供便利等。

跨国公司管理的全球价值链的构成、所有权以及控制结构都是动态的。NEM伙伴关系的成员也会随着时间的推移而发生改变。在一些行业中，NEM伙伴企业会成长为跨国公司，并通过FDI将其NEM经营扩展到新型的生产基地或新的市场。这方面的例子包括富士康以及阿克斯·多拉多斯。FDI与NEM在全球价值链内部的混合也会随着技术与标准的改变而升级。在转型经济体向国际投资者敞开国门之后，跨国公司在这些地区中的发展战略广泛地从FDI向特许经营转变就是其中一个显著的例证。

第三节 新世纪非股权模式发展状态

要准确地评估跨国公司对全球价值链的管理，仅仅考虑股权投资这一种控制机制是不够的。然而，要对非股权形式进行分析是一件相当复杂的事情，因为在跨国公司的国际经营活动中，直接所有、部分所有、契约关系以及内部贸易等各种模式的网络往往相互纠结，而且不同模式之间的界限有时也十分模糊。更为重要的是，在很多的全球价值链当中，FDI、NEM以及贸易之间的关系也会交织在一起。例如，在电子行业的合同制造中，绝大多数来自发展中经济体的经营者自身都已经成为跨国公司。从发展中东道国的角度来说，这些企业的活动就等于FDI，即便它们的生产能力主要被用来为其他跨国公司提供服务。然而，对于政策制定者而言，这些企业自身的NEM身份却是一个至关重要的信息——这样的经营会衍生出大量的贸易。

1. 合同制造与服务外包

跨国合同制造与服务外包关系在现实生活中十分普遍。世界上诸多大型跨国公司的很多经济活动背后都可以找到二者的影子。大部分的国际制造业活动都发生在跨国公司全球经营网络的范围之内，并通过显著性水平的企业内部贸易得以显现。然而，在过去的十年间，随着跨国公司向网络化经营方式迈进，与第三方之间的合同制造关系得到了快速增长。

合同制造的使用在不同行业之间存在一定的差异（见图3-3）。比如，玩具与体育用品、电子以及汽车产业是合同制造的主要使用者，其外包额占据了产品销售成本的50%以上。另外，在诸如医药等产业中，合同制造则处于新兴阶段，以其在产品销售成本中所占的比例来看，仍然比较小。

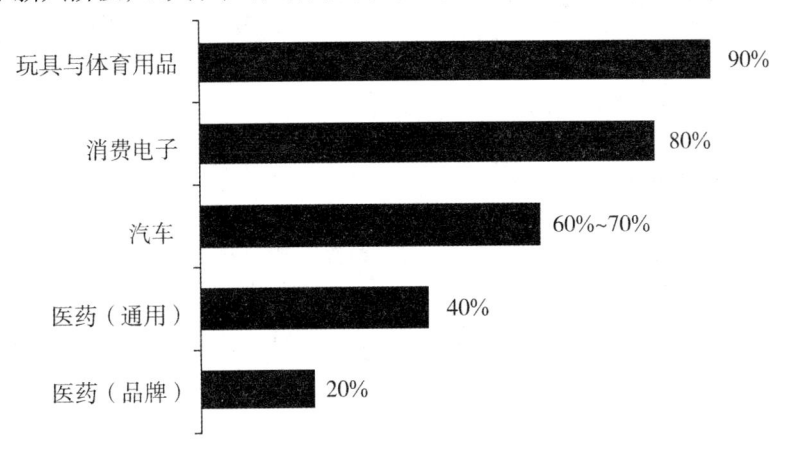

行业	比例
玩具与体育用品	90%
消费电子	80%
汽车	60%~70%
医药（通用）	40%
医药（品牌）	20%

图3-3 以销售成本所占比例衡量的特定行业合同制造使用情况

数据来源：Polastro, Enrico, T.(2009) "openings for outsourcing: Is it a new paradigm in pharmaceutical outsourcing?" Contract Pharma, March。

表3-4列示了部分来自发展中国家的合同制造与服务外包企业。可以看到，在电子、服装、玩具行业，中国大陆、中国台湾和中国香港的公司是该行业合同制造的主力；同时，在汽车零部件行业的合同制造企业很多来自韩国；制药企业则出现了很多印度企业的身影。

表3-4　2009年发展中国家的主要合同制造与服务外包企业

企业名称	销售额（10亿美元）	从业人数（千人）	企业名称	销售额（10亿美元）	从业人数（千人）
电子			服装		
富士康/鸿海（中国台湾）	59.3	611	雅戈尔集团（中国）	1.8	47
伟创力（新加坡）	30.9	160	联泰（中国香港）	0.8	20
广达（中国台湾）	25.4	65	聚阳实业（中国台湾）	0.4	21
仁宝（中国台湾）	20.4	58	亚联集团（中国香港）	0.4	15
纬创（中国台湾）	13.9	39	达利国际（中国香港）	0.3	12
汽车零配件			鞋帽		
LG（韩国）	13.1	8	宝成集团（中国台湾）	6.5	333
现代（韩国）	11.2	6	斯特拉国际（中国台湾）	1.0	50
万都（韩国）	2.1	4	丰泰（中国台湾）	0.8	68
尼玛克（墨西哥）	1.9	15	新沣集团（中国香港）	0.2	14
兰顿（巴西）	1.4	10	信星集团（中国香港）	0.2	12
制药			玩具		
皮拉马尔保健（印度）	0.7	7	开达（中国香港）	0.2	20
朱比兰生命科学（印度）	0.7	6	兴利（中国香港）	0.2	8

续表

企业名称	销售额（10亿美元）	从业人数（千人）	企业名称	销售额（10亿美元）	从业人数（千人）
迪维实验室（印度）	0.2	1	隆成集团（中国香港）	0.2	5
迪士曼制药（印度）	0.2	1	梦想国际（中国香港）	0.1	9
西凯（印度）	0.1	1	美丽时（中国香港）	0.1	9
半导体			IT-BPO		
台积电（中国台湾）	9.2	26	塔塔咨询服务（印度）	5.2	160
华联电子（中国台湾）	2.9	13	维普罗（印度）	4.2	108
卡特半导体（新加坡）	1.5	4	中国通信服务（中国）	2.7	127
中芯国际（中国）	1.1	10	桑达（智利）	0.9	9
东部高科（韩国）	0.4	3	HCL（印度）	0.8	54

非股权模式的特性与成员的来源、非股权模式经营的地理分布，以及非股权的规模和行业集中度都随着行业的不同而存在差别。比如，电子行业以及IT-BPO服务业中的合同制造商本身都是一些经营规模较大的跨国公司，并且都集中在世界上少数几个地区。相反，诸如服装鞋帽等行业中的合同制造商则都是一些集中在低成本的小型企业，其地理分布也更加广泛。

在技术与资本密集型产业中非股权模式活动主要由少数几家企业所主导。在汽车零配件制造、医药制造以及IT-BPO行业中最大的合同制造商都是来自发达国家的公司；而在电子及半导体行业中情况则变得更加复杂，其中来自发展中国家的公司表现得更加突出（见表3-5）。然而，在服装鞋帽与玩具制造等劳动密集型产业中，大量来自发展中国家的跨国公司扮演了领导型跨国公司与非股权模式成员之间的中介或代理人的角色,并由此管理着全球价值链中的制造环节。而这些中介公司中的很多,如中国香港的利丰集团,最初都是从非股权模式成员演变发展而来的。

表3-5 2009年特定行业的合同制造和服务外包十大企业

企业名称	销售额(10亿美元)	从业人数(千人)	企业名称	销售额(10亿美元)	从业人数(千人)
电子					
富士康/鸿海(中国台湾)	59.3	611	英业达(中国台湾)	13.5	30
伟创力(新加坡)	30.9	160	捷普(美国)	13.4	61
广达(中国台湾)	25.4	65	冠捷科技(中国香港)	8.0	24
仁宝(中国台湾)	20.4	58	天弘(加拿大)	6.5	35
纬创(中国台湾)	13.9	39	新美亚(美国)	5.2	32
汽车零配件					
电装(日本)	32.0	120	LG(韩国)	13.1	13
博世(德国)	25.6	271	佛吉亚(法国)	13.0	58
爱信精机(日本)	22.1	74	江森自控(美国)	12.8	130
大陆(德国)	18.7	148	德尔福(美国)	11.8	147
麦格纳国际(加拿大)	17.4	96	采埃孚(德国)	11.7	60
制药					
康泰伦特(美国)	1.6	9	朱比兰生命科学(印度)	0.7	6
龙沙集团(瑞士)	1.3	4	尼普洛(日本)	0.6	10
勃林格殷格翰(德国)	1.1	6	Patheon(加拿大)	0.5	4
皇家帝斯曼(荷兰)	1.0	4	法瑞瓦(法国)	0.4	5
皮拉马尔保健	0.7	7	豪普特制药(德国)	0.4	2

续表

企业名称	销售额(10亿美元)	从业人数(千人)	企业名称	销售额(10亿美元)	从业人数(千人)
半导体					
台积电（中国台湾）	9.2	26	东部高科（韩国）	0.4	3
华联电子（中国台湾）	2.9	13	世界先进（中国台湾）	0.4	3
卡特半导体（新加坡）	1.5	4	TowerJazz（以色列）	0.3	2
格罗方德（美国）	1.1	10	三星电子（韩国）	0.3	—
中芯国际（中国）	1.1	10	IBM微电子（美国）	0.3	—
IT-BPO					
国际商业机电公司（IBM）（美国）	38.2	190	NTT数据（日本）	8.9	35
惠普（美国）	34.9	140	计算机科学公司（美国）	6.5	45
富士通（日本）	27.1	18	凯捷（法国）	6.1	109
施乐（美国）	9.6	46	戴尔（美国）	5.6	43
埃森哲（爱尔兰）	9.2	204	Logic（英国）	5.5	39

对电子行业、服装以及IT-BPO行业中的合同制造活动的考察显示了非股权模式的不同演化模式经营活动以及地理分布情况，而这些都依赖于其所在行业的特征以及其他条件。

电子行业中的合同制造起步较早。在20世纪80年代中期，跨国公司由于利用东道国廉价的和相对熟练劳动力的动因，在离岸活动中主要采取了制造业FDI的形式，以此来对中间产品进行加工组装并将其运回母国销售。而在20世纪80年代的后期，大批电子公司开始摒弃制造环节而专注于研发、产品设计与品牌管理活动。制造活动由此被天鸿、伟创力以及富士康等电子产品制造服务商所接手。这些公司中有一些脱胎于已有的供应商，其中主要的则是来自中国台湾的企业，而另一些则衍生自其他大公司，比如源自IBM的天鸿公司。

目前的电子行业主要由少数合同制造商所主导。其中销售额最大的十家企业占据了非股权模式的2/3，他们为该行业中所占有的主要品牌提供生产服务，业务范围不仅包括戴尔和惠普等计算机企业，也包括苹果、索尼以及飞利浦等消费电子企业。在2010年，电子行业中合同制造总销售额达到了2 300亿~2 400亿美元。

在这十家顶级的电子行业合同制造商中，有七家的总部位于东亚发展中国家——事实上该行业中大部分的制造生产都集中在东亚以及东南亚地区，特别是中国。然而，在过去的十年时间里，该行业中的合同制造活动却通过向领导型跨国公司采购制造设备的方式向其他地区快速扩散，这使得这些制造服务企业本身演变成为跨国公司。如今，它们在企业发源地以外的发展中经济体中拥有并经营着数以百计的生产设备，其分布遍及巴西、印度、墨西哥以及土耳其。除了这些大型的参与非股权模式活动的企业之外，该行业中还存在为数众多的小型合同制造商。作为地区价值链的重要参与者其兴起与成长遍及世界各地。这些小型企业没有大型制造服务商那种遍及全球的发展轨迹，也缺乏大型制造服务商与主要的领导型跨国公司之间那种亲密的联系，因此，它们在电子行业中更多地充当了大型非股权模式成员的二级乃至三级供应商的角色。

服装与鞋帽行业的合同制造，特别是由发展中国家的企业所提供的合同制造活动有着悠久的历史。尽管也有一些大型的发展中国家企业在从事着合同制造活动，但一般而言该行业还是一个高度竞争的产业，其中充斥着为数众多的小型供货商，为阿迪达斯、迪奥、耐克等少数国际品牌以及一些零售企业，如沃尔玛、玛莎百货等大型超市以及GAP和H&M等专卖店提供生产服务。

契约关系通常是通过代理或中介公司来进行管理。那些早期，主要从事价值链管理服务的合同制造商正在承载着越来越多的价值链元素，有时甚至也会剥离掉其原有基础制造业务。利丰公司就是其中一个典型代表，该公司在全球拥有80家办事处，同时在40个发展经济体中拥有12 000家给予合同制造安排的供应商。这种安排之下的一些供应商本身就是跨国公司，如中国香港和印度尼西亚的制造商就在柬埔寨、老挝以及莱索托等周边一些具有更低劳动力成本的国家设有分支机构。

以销售额来衡量，服装行业的合同制造市场规模有2 000亿~2 050亿美元,其生产广泛散布于非洲、亚洲以及拉丁美洲地区。GAP公司所使用的工厂的区位分布就是其中一个代表性的反映。(见图3-4)

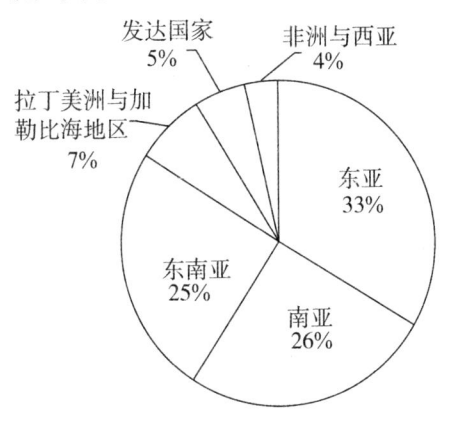

图3-4 2009年GAP公司使用的工厂区位分布

发达国家 5%
非洲与西亚 4%
拉丁美洲与加勒比海地区 7%
东亚 33%
南亚 26%
东南亚 25%

除了跨国公司价值链本身的制造元素之外,日趋细分的商业功能,包括协作与支持活动也对服务外包的发展起到了推波助澜的作用。在20世纪90年代,服务外包最早已成为一种"在岸"活动,在信息技术领域开始起步,但在此后却迅速地转向离岸市场,特别是在发展中和转型经济体中。伴随着信息与通信技术革命,生产与相关服务得以在区位上实现分离,这极大地拓展了服务外包的发展空间,使其得以涵盖一系列的商业流程和知识流程,如市场调查、商务智能以及R&D。

据联合国贸发会议估计,2009年以IT-BPO为主的全球服务外包出口总额大约为900亿~1 000亿美元(见表3-6),而这一数据可能在相当程度上低估了服务外包的整体规模,据其他研究估计,全球服务外包的整体规模可以达到3 800亿美元甚至更多,尽管这些更高的数字常常包含了跨国公司分支机构所开展的服务外包元素,由于服务外包主要脱胎于ICT以及知识活动,因此这一产业主要由一些发达国家的企业,比如爱尔兰的埃森哲公司、法国的凯捷公司、美国的惠普公司和IBM公司以及日本的NTT公司所主导。发展中国家中向海外客户提供契约化服务的企业主要来自印度,包括印度的塔塔咨询服务公司、印孚瑟斯技术有限公司以及WPIRO公司。(见表3-5)

表3-6 2010年某些产业跨境非股权经营模式的关键数字

	全球非股权经营模式相关数字估计值			
	销售额（10亿美元）	增值（10亿美元）	就业（百万雇员）	发展中经济体的就业（百万雇员）
合约制造—某些技术/资金密集型产业				
电子	230~240	20~25	1.4~1.7	1.3~1.5
汽车部件原始设备制造	200~220	60~70	1.1~1.4	0.3~0.4
制药	20~30	5~10	0.1~0.2	0.05~0.1
合约制造—某些劳动力密集型产业				
服装	200~205	40~45	6.5~7.0	6.0~6.5
制鞋	50~55	10~15	1.7~2.0	1.6~1.8
玩具	10~15	2~3	0.4~0.5	0.4~0.5
服务外包				
IT服务和业务流程外包	90~100	50~60	3.0~3.5	2.0~2.5
特许经营				
零售、酒店、饭店和餐饮服务，商业和其他服务	330~350	130~150	3.8~4.2	2.3~2.5
管理合约—某些产业				
酒店	15~20	5~10	0.3~0.4	0.1~0.15
许可经营				
跨产业		17~18	340~360	90~110

发展中国家的顶级服务外包活动也集中在亚洲地区。其分布主要集中在三个国家，即印度、菲律宾和中国。这三个国家的服务外包额，占据了2009年与IT-BPO服务有关的全球出口总额的65%。之所以会出现这种分布特征，部分原因来自这些地区的区位优势，比如专业化的语言与IT技能，低成本的劳动力以及ICT基础设施等。然而，目前这一产业正在向阿根廷、巴西、智利、捷克、埃及、摩洛哥以及南非等国家拓展。与合同制造不同的是，由于服务外包的开展需要知识工人以及现成的联通能力，因此服务外包的区位更多地与城市存在密切的联系。大量与服务外包有关的新兴城市正在涌现。

2. **特许经营**

2010年全世界特许经营企业的销售额达到了约2.5万亿美元，其中跨国特许经营额为3 300亿~3 500亿美元。不同国家国际特许经营服务的份额有着明显的差异。在绝大多数发达国家市场上，国内特许经营可以占到特许经营总额的80%~90%。在发展中国家市场上特许经营的最初发展通常是由国际特许经营商推动的。在除南非之外的绝大多数非洲市场上，国际特许经营商占据了特许经营市场80%以上的份额，而在墨西哥、俄罗斯以及土耳其等新兴市场中，该比例也达到了30%~40%。（见表3-7）

表3-7　2010年世界特许经营系统

地区/ 经济体	特许经营 系统（个）	网点数 （10^3个）	销售额 （10亿美元）	从业人员总数 （10^3人）	跨国特许经营 比重*（%）
世界	30 000	2 640	2 480	19 940	15
发达经济体	12 200	1 310	2 210	12 400	10
欧洲	7 700	370	340	2 830	20
日本	1 200	230	250	2 500	5
美国	2 500	630	1 480	6 250	5
发展中/转型经济体	17 400	1 330	270	7 540	30
非洲	1 600	40	30	550	70
拉丁美洲	3 800	190	70	1 810	20
亚洲	11 200	1 070	170	4 810	25
东南欧盟与 独联体国家	800	30	5	370	50

*指跨境网点占全部网点总数的比例。

资料来源：联合国贸发会议，基于联合国贸发会议与世界特许经营理事会对各国特许经营协会的联合调查。

无论是通过特许经营网络拓展空间的国际零售商，还是那些在国际范围内的高级市场、购物广场以及机场等地方进行开拓的奢侈品牌，以及那些将其成功模式移植到新兴市场上并为消费者开发出新的"国际化口味"的餐馆，几乎所有大型的全球特许零售经营商，都来自发达国家。以经营网点的数量来衡量的全球十五家最大的特许经营商中，除了来自日本、加拿大以及英国的各一家公司之外,其余十二家全都是美国企业。

3. 许可经营

国际许可经营在各类行业以及各种经济活动中都有广泛的分布,在许多产业中甚至触及全球价值链的每一个环节。根据UNCTAD估计,跨国NEM相关的许可经营在2010年创造了3 400亿~3 600亿美元的销售额(见图3-5)。与NEM相关的许可经营活动在1990年之后一直稳步增长,按照估计的销售额计算,2008年以前,国际许可经营活动的年均增长率一直稳定在10%左右,尽管在2009年受到金融危机的冲击,该增长率出现了一定的下滑。

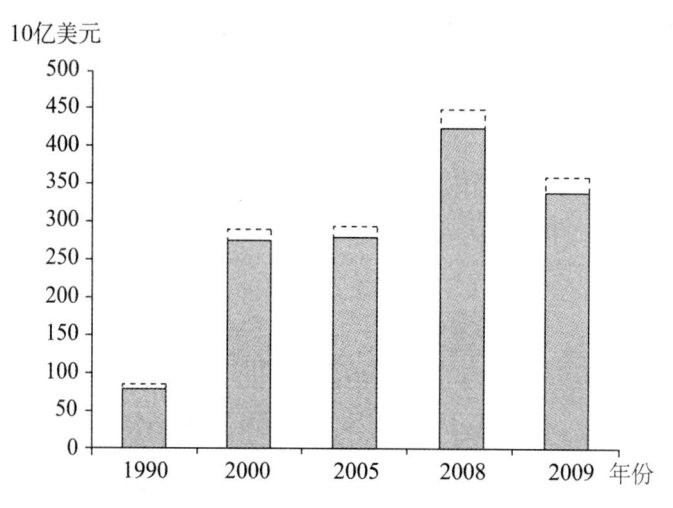

图3-5 历年跨国企业间相关许可的销售额

注:虚线部分描绘了每年的估计范围。

资料来源:联合国贸发会议。

根据收支平衡表,在过去的十年期间,来自发展中国家市场的许可经营活动出现了显著的增长,但发达经济体仍在该领域居于主导地位。全球特许权使用费体现了所获得的许可数量,基于这一指标,如今的全球特许权使用费支出中,发展中与转型经济体已经占据了其中的1/4。被授权人的地理分布也十分广泛,2009年,南亚、东亚以及东南亚国家在发展中与转型经济体许可经营总额中占据了70%以上的份额。

第四节　非股权模式持续增长的动因

一、非股权模式的推动力

在过去的十年间,跨国公司利用非股权形式进行国际生产的模式得到了快速发展,NEM的增长速度已经超越了FDI这种传统扩张方式的增长速度。作为一种国际化手段,NEM的快速增长可以从企业的战略选择以及众多可能性因素这两方面得到解释。

一些企业选择非股权模式主要是基于它们所拥有的一些关键性优势。总体来看,包括相对较低的前期成本支出以及经营需要的运营资本;相关风险的降低;适应商业周期与市场需求变化方面更高的灵活性;将非核心活动交由具有更低成本和更高效率的运营商进行外部化运营的可能性。(见表3-8)

表3-8　NEM的增长推动力

NEM对于跨国公司的优势	NEM持续增长的推动力
较低的前期投资支出与运营资本支出	日益关注于资本回报率和去杠杆化的需求生产扩张以及进入新市场所需要的资本支出的不断增加
有限的风险暴露	对市场与政治风险厌恶程度的提升以及有限的法律责任
灵活性	对预见周期性冲击必要性的认识不断增强
核心能力的杠杆作用	价值链细分程度、知识编撰和行业标准普及程度以及知识产权保护等可行性因素的提高;新兴市场上富有经验的,能够有效地提供核心与非核心活动的NEM伙伴可得性的不断增加

除此之外,企业的偏好、可能性因素以及那些可以预先决定具体的国际化模式的因素可以从不同的方面推动各类非股权模式的增长。表3-9总结了每一种模式增长背后的主要推动力。

表3-9 按所选模式分类的各种国际NEM增长动力分析

模式	增长动力
合同制造 服务外包	生产流程在区域间分割程度的提高 ·知识更易于编撰与分享以及商业标准普及型的增强 ·知识产权保护程度的改善 ·大型与富于经验的潜在合作者的不断增加
许可经营	·知识产权保护程度的增强 ·新兴市场上富有经验的合作者可得性的增强
特许经营	·大型的新型消费市场从传统经营向现代零售与服务业发展，由此导致：①需求的增长超过了跨国公司通过直接控股的方式拓展经营网络的能力；②愿意在快速增长的新兴市场中进行经营的潜在特许经营者"拉动力"的增加 ·母国市场的高度竞争与市场饱和
管理合同	·被动的所有权投资者的增加 ·母国市场的高度竞争与市场饱和
订单农业	·商品价格不稳定性的增加推动跨国公司寻求更稳定的供货来源与可预见的成本 ·许多国家对于外国所有者持有的农业用地关注程度不断上升

二、区位吸引力

与FDI经营相同，国家NEM活动的区位吸引力因素也表现在许多方面。这些因素，或者区位决定力量常常在一个标准的框架下被用于分析FDI，其中涵盖了国家政策、商业便利以及一般性的经济环境（见表3-10）。

表3-10 FDI与NEM的区位决定因素及其影响

FDI 与 NEM 的共同影响因素	FDI 的影响因素	NEM 的影响因素
政策框架		
经济、政策与社会稳定性 竞争政策 贸易政策 税收政策	·市场准入与经营的相关法规 ·外国分支机构的待遇标准 ·国际投资协定私有化政策	·稳定的常规商业与合同法规 ·管理 NEM 合同形式 ·知识产权保护
商业便利		
降低摩擦成本（即开展业务所需的成本）	·投资促进 ·投资激励 ·提供投资后的服务 ·提供社会福利	各种便利化措施，包括： ·本地企业对技术、质量与生产力标准的升级 ·本地企业的发展，增强本地企业的动力，商业便利 ·起步阶段的补贴、财政激励 ·对本地企业开展与 NEM 机会有关的信息提供与意识培养 ·为本地企业的最低工作条件与企业社会责任提供支持
经济因素		
基础设施 市场规模与人均收入 市场增长率 进入地区与全球市场的途径 获得原材料的途径 获得低成本劳动力的途径 获得熟练劳动力的途径 资源/资产的相对成本与生产率 其他投入的成本（即运输、通信与能源成本）	获得战略性资产的能力 —所创造的资产（即技术与知识产权） —战略性基础设施	·可靠的本地企业与商业伙伴的存在 ·获得本地资产的途径

能够对NEM活动产生针对性影响的经济因素有很多，包括可靠且有能力的本地企业与商业伙伴的存在，以及获得本地经营所需要的资本。与FDI不同的是，绝大多数的NEM活动常常需要强有力且经验丰富的本地合作伙伴来承担起转移给他们的风险。比如，在订单农业的情况下，农民协会与农业合作社会向跨国公司提供一定程度的熟练性与确定性，对于这些，跨国公司在与单个农民签订合同的时候通常无法做出约定。区位因素的影响因素会随着具体形式以及行业的不同而发生变化。尽管所有的决定因素都在整体上增强了一个国家对各种形式的NEM的吸引力，但是对于每种特定的模式而言，都会存在一些特定的因素在其中发挥更为基础性的作用。表3-11对每一种模式下最重要的区位因素进行了总结。

表3-11　各类NEM活动的主要区位决定因素

模式	主要的区位决定因素
合同制造 服务外包	·开放的贸易政策，进入国际市场的途径 ·获得廉价劳动力的途径；本地资源有利的相对成本与生产力 ·强有力的知识产权保护制度 ·旨在提升本地企业技术能力的便利化措施
许可经营	·强有力的知识产权保护制度 ·本地熟练劳动力的可得性 ·稳定的商业法规与合同执行制度 ·旨在提升本地企业技术能力的便利化措施 ·市场容量与增长率
特许经营	·稳定的商业法规与合同执行制度 ·有能力的本地企业的可得性与获得本地融资的途径 ·市场容量与增长率 ·致力于本地企业发展的商业便利与起步阶段的激励措施
管理合同	·稳定的商业法律与合同执行制度 ·表现欠佳的当地资产
订单农业	·获得农业与相关资源的途径 ·稳定的政策与经济环境 ·开放的贸易政策、进入国际市场的途径 ·运输与仓储基础设施 ·市场规模与增长率

资料来源：UNCTAD。

第五节　非股权模式发展对国家经济治理的影响力

NEM活动可以为东道国带来一系列有形与无形的资产。对其发展影响的分析框架与评估FDI发展所产生的影响类似——主要侧重于关注就业、增加值、出口、技术扩散、社会和环境影响以及其他影响（见表3-12）。

表3-12　NEM活动对发展的主要影响

影响类别	研究结果综述
就业创造与工作条件	·NEM具有显著的就业创造潜力：特别是合同制造、服务外包、特许经营在NEM盛行的国家的就业中占据了大量的份额 ·在很多监管环境相对较弱的国家中，合同制造主要建立在低廉的劳动力成本基础之上。在此种情况下，工作条件便会引起人们的担忧 ·由于基于契约关系的工作更易于受到经济周期的影响，就业的稳定性，特别是在合同制造与外包行业中也会引发人们的关注
地区增加值与关联	·NEM能够直接带来显著的增加值，在那些单体模式可以实现规模经济的发展中国家，NEM会对该国的GDP做出重要贡献 ·有些担忧者认为，在契约化的过程只在全部价值链或者最终产品中占据较小部分的情况下，合同制造所能够产生的增加值常常是有限的 ·NEM也可以通过地区采购，或者"二级"非股权关系的形式来生产额外的增加值
出口创造	·NEM包含着本地NEM成员通往跨国公司国际网络的途径；在依赖外国市场的各种模式中，会带来显著且稳定的出口销售 ·在合同制造的情况下，其引发的出口会在一定程度上被生产过程带来的进口产品增加所抵消 ·在市场寻求型的NEM活动中，NEM会导致进口的增加

续表

影响类别	研究结果综述
技术技能	·就本质而言，NEM属于知识产权在受合同保护的情况下，向本地NEM合作伙伴进行转移的一种形式 ·诸如特许经营、许可、管理合同等NEM形式都包含有技术、商业模式以及技能的转移，并经常伴随着对本地员工和管理层的培训 ·有证据表明，在合同制造的情况下，特别是在电子行业中，加入NEM关系的本地合作伙伴会出现生产率水平的提升 ·NEM的合作伙伴可以演变成自己持股的重要技术开发者，他们也可以锁定在低技术的生产活动中 ·就其性质而言，NEM活动可以促进本地的创业活动。特别是在特许经营中，其对创业技能发展的正面影响尤为显著
社会与环境影响	·NEM可以作为一种机制将国际上的社会与环境实践转移到本国 ·有担忧者认为，NEM会被跨国公司用作规避这种实践的工具 ·通过上述影响，NEM能够对发展中国家现代生产能力的建设起到支持和加速作用
行业长期能力的建设	·尤为重要的是，NEM鼓励了国内企业的发展，刺激了国内对生产性资产的投资，并推动了此类国内经济活动向全球价值链的整合 ·有一些担忧，特别是如对外国技术资源的长期依赖，对跨国公司管理下的全球价值链中的低附加值活动的过度依赖以及"自有分布"等问题需要加以解决

一、创造就业

据联合国贸发会议估计，在世界范围内有1 800万到2 100万人直接受雇于非股权模式伙伴关系下开展经营的企业。非股权模式活动创造的就业岗位绝大多数来自合同制造、服务外包以及特许经营活动（图3-6）。在非股权模式生产的就业当中，有80%左右位于发展中与转轨经济体，其中合同制造活动最为明显，其次为服务外包活动。

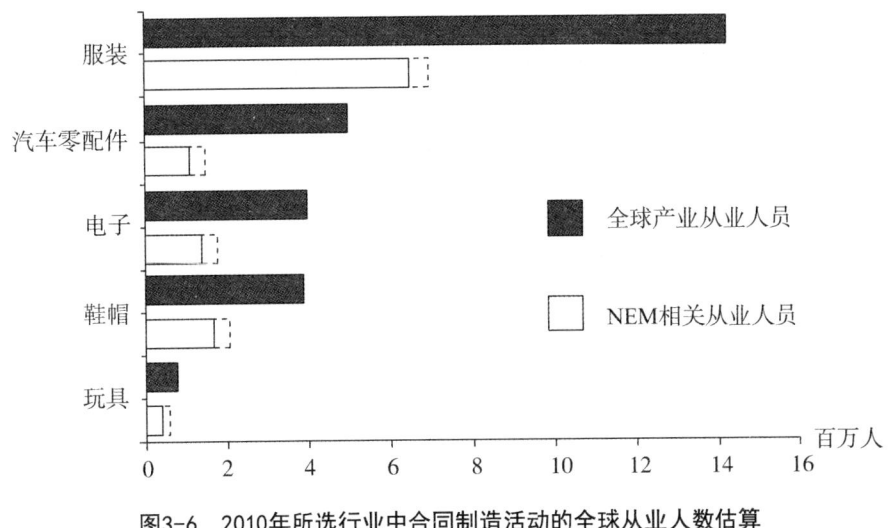

图3-6　2010年所选行业中合同制造活动的全球从业人数估算

注：虚线区域描述了每一条目的估计范围。

资料来源：UNCTAD。

合同制造涵盖了两类产业，一是高技术或技术密集型产业，比如电子、半导体、汽车零件以及制药；另一类是低技术或劳动密集型产业，比如服装鞋帽以及玩具制造业。在第一类产业中，其相关活动主要由一小部分主要的经营者所主导，其创造的就业也遍及世界各地。第二类产业中的合同制造在地理分布上十分广泛。在服装鞋帽以及玩具制造业中，90%与非股权模式有关的就业都位于发展中或转型经济国家，包括欠发达国家。比如，在柬埔寨的服装行业中，有376 000个工人，而其生产中有相当大的部分是在合同制造安排下来进行的。在斯里兰卡，服装产业雇用了大约40万人，其中有很多也在同样的契约安排下进行工作。

订单农业为小型农户提供了为数众多的就业机会，其在就业与降低贫困方面发挥的积极影响也得到了显著的认同。尽管订单农业的总体数量难以确定，但是每个计划都能够吸引数十万的农民参与其中。比如，由亚洲木业集团（新加坡）与中国乐山市政府合资组建的吉象木业集团吸引了40万名林业工人参与其纤维板的生产[①]。与之相类似的是，雀巢公司与全球

---

① 《世界投资报告2009》。

55万个农户进行合作，为其食品和原料的生产提供相关的产品。

除此之外，对于那些广泛使用国际特许经营的东道国而言，该方式也增加了就业。比如在巴西，2010年有大约78万人受雇于特许经营企业中；在南非，特许经营企业的雇员总数达到了46万人，约占该国劳动力总数的2.5%。

管理合同在一些特定行业中也同样为东道国带来可观的就业影响。酒店行业所具有的就业创造潜力是许多发展中国家政府致力于发展该行业的原因之一。据估测，全球品牌酒店市场雇员总数超过350万人，其中有40万个岗位位于海外管理合同这种经营方式之下。

在考虑间接就业的情况下，非股权模式带来的就业影响甚至更加显著。在后向关联的情况下，间接就业的来源包括后向关联的各层为非股权模式伙伴企业提供服务或零部件支持的承包商所雇用的劳动者。

在非股权模式中，能够对工作条件产生影响的因素主要是经营模式的类型与所在的行业、龙头企业的采购方式以及政府在界定、沟通与执行劳工标准的过程中所扮演的角色。诸如许可经营、特许经营与管理合同等非股权模式常常可以带来东道国就业条件的改善。联合国贸发会议的世界特许经营理事会对代表特许人与被代表特许人利益的特许经营协会进行过一项调查，结果表明在全世界有64%的特许经营协会声称，在外国连锁机构中的员工享受到了与本国连锁店同等的工作条件。

应该指出的是，虽然在合同制造、订单农业以及类似的经营模式中能够创造大量的就业，但是生产成本高度敏感的行业会因为跨国公司可以随时将生产转移到其他具有更低经营成本的地区而对原东道国的就业带来诸多问题。比如在2000年，由于"增长与机遇法案"赋予了这些非洲企业进入美国市场的特权，莱索托国主要来自中国台湾的合同制造商的服装产业雇用了超过45 000名工人，占据了该国出口总额的77%；然而在2003年之后，由于美国解除了对在中国与印度等低成本地区的服装进口配额，莱索托的服装产业也遭到了毁灭性的打击，很多工厂被迫关门，并造成了数以千计的工人失业。所以，劳动密集型非股权模式的就业对于全球价值链中的商业周期高度敏感，并且会在经济陷入低迷时快速流出。

二、提升GDP

非股权模式在地区增加值方面所产生的直接影响是十分显著的,然而其间接创造的价值规模则在很大程度上依赖于特定非股权模式的具体特性、跨国公司全球价值链的结构以及其本地其他企业的潜在能力。据联合国贸发会议估计,跨国非股权模式活动每年所直接带来的增加值约4 000亿~5 000亿美元。在这一数量中,合同制造与服务外包是两个最主要的贡献者,它们所创造的增加值超过了2 000亿美元(见图3-7)。尽管全球非股权模式活动所创造的增加值不足全球GDP的1%,但在一些发展中国家,这些增加值却在经济活动中占据了显著的份额。比如在菲律宾,其IT-BPO在2009年占到了该国GDP的4.8%并创造了90亿美元的出口收入。印度的汽车零配件工业基本上是在跨国订单合同下进行生产的,其合同的增加值已占到了该国当年GDP的2.3%。

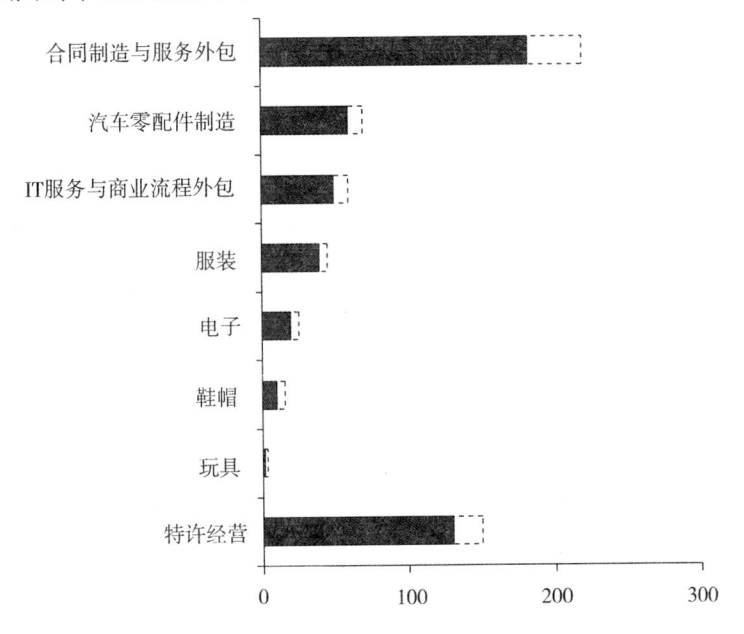

图3-7 2010年选定行业合同制造、服务外包与特许经营的全球增加值估计值(10亿美元)

注:虚线部分代表了每个条目的估计范围。

资料来源:UNCTAD。

然而,对于大多数特定产品而言,这种增加值活动在全球价值链所产生的价值中都只占有很小的一部分。对于诸如合同制造与服务外包以及订单农业等效率寻求型的非股权模式而言，东道国所能够得到的价值通常会更小，而且严重依赖非股权模式与全球价值链整合的程度以及二者之间的力量对比。比如，在富士康为苹果公司的iPhone手机提供组装的过程中，每件产品的增加值只有很小一部分为该公司的中国工厂所获得，其他大部分的增加值则仍为苹果公司以及主要分散在韩国的苹果手机全球价值链的其他组成部分及其销售商所获得。

要解除这种附加值陷阱的锁定其实并不难，就是需要行业中的合同制造商进行迅速转型，在价值链的其他环节向其客户提供具有高附加值的额外服务。在某些领域，一些早期的合同制造商已经创立了自己的品牌，并且在全球的消费电子产品市场上同龙头跨国公司展开竞争。此外，也有观点认为，本地非股权模式企业在价值获取方面的不利地位实际上体现了它们支付给跨国公司用于换取知识资产与长期发展能力的初始价格。

三、增加出口

非股权模式在很多产业中塑造了全球贸易模式。在玩具、鞋帽、服装以及电子产业中，与合同制造与服务外包有关的贸易在全球贸易额中所占的比重超过了50%。（见图3-8）

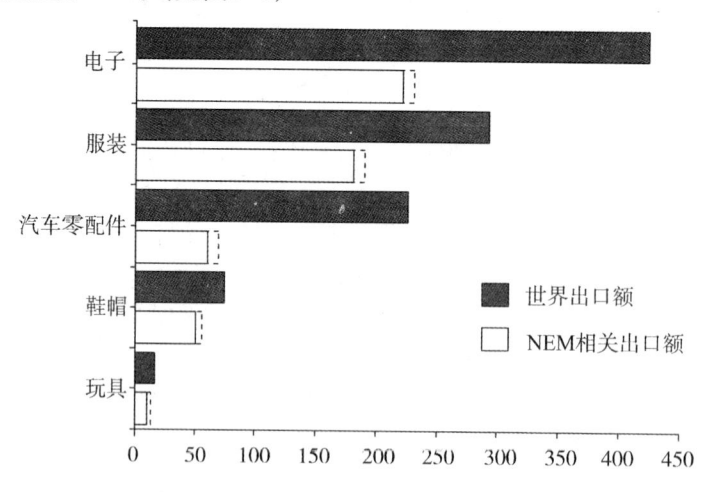

图3-8　2010年所选行业全世界以及与NEM相关出口额（10亿美元）

注：虚线部分代表了每个条目的估计范围。
资料来源：UNCTAD。

诸如合同制造、服务外包以及订单农业等经营模式本身就可以创造出可观的出口额以及外汇收益。与这些模式相联系的行业常常表现出明显的集聚效应，从某种程度上说，这是导致单一产业在一个国家或地区的出口中所占据相当高的份额的原因之一。比如，广东省的玩具产业在2010年的出口额达到了129亿美元，占据了该省当年出口额的一半以上。除了单一的产业之外，加工贸易产品以及用于组装等进一步生产的中间品在过去十年间呈爆发式的增长。在中国，此类产品出口总额在2009年达到了6 550亿美元，较2000年上升了将近1 380亿美元。[1]

此外，特许经营是进入国际市场的重要途径，可以在不需要高额的前期投资的情况下为发展中国家的品牌成长开辟道路。在巴西，有68个国产品牌成功实现了国际化并通过特许经营的方式进入了世界上的50个国家。与此类似，南非的特许经营企业也在非洲南部的周边国家中开设了营业网点。

四、技术的获取与扩散

技术涵盖了一系列的硬件与软件元素，通常包含着知识产权、机械与其他资本装备、组织知识与技能、商业模式，乃至潜在的企业文化与价值观等。不同非股权模式伙伴所获得的技术与技能的范围与内容各不相同。

以非股权模式起家的国际著名跨国公司中，有很多是技术领导者，其中一个最具代表性的是鸿海集团（富士康的控股公司）。在美国2010年的相关排名中，该公司在全球最大的专利拥有企业中排名第13位。鸿海集团拥有超过1 400项的专利，已经成为2010年美国50大专利受让人中仅有的来自发展中国家的企业。纵观鸿海集团的发展路径，从一个纯粹的合同制造者逐渐成长为一个知名品牌，其长期以来在非股权模式过程中所积累起来的深厚专业化基础起到了很大的作用。

事实上，有很多因素都可能影响到非股权模式活动中技术与知识的获取以及其进一步的汲取与发展。其中，最重要的几个因素包括：①所在行业本身影响因素；②本地环境的作用；③非股权模式战略。在行业因素

---

[1] IMF, BoP数据库。

方面，最关键的决定要素是该行业的结构、全球价值链以及学习机会。比如，在服装、鞋帽以及家具制造等非高技术行业中，集合所有关系到技术或者技能升级的机会都根植于产品的设计以及生产方式层面。由于所有的技术都被物化于资本当中，这便意味着除了购置相关设备的成本之外，技术升级几乎没有任何的障碍。

五、社会与环境影响

跨国公司对于发展中国家的参与引发了一系列的外部性因素，包括改变消费模式以及文化价值等。在非股权模式的经营方式下，跨国公司在一定程度上并不直接卷入其经营活动，因此在对社会与环境的影响上虽然存在，但并不是决定性的。

比如，特许经营可以通过促进消费主义的增长、增加进口投入品的使用以及商业价值与标准的发展与强化来影响本地社会文化的发展。在此背景下，尽管很多经济体从现代零售特许经营网络中获得了不断增加的利益，但同时也常常会带来"现代化"元素与传统特性的精髓之间的紧张关系。"快餐店"的引入所带来的非传统性饮食在中国、印度以及墨西哥等国已经遭遇了一些抵制。

在特许经营以及管理合同的情况下，由于跨国公司自身的品牌是一个关键性的推动力，环境报告也因此具有了相当大的重要性。比如，全世界十家最大的酒店集团中有七家在其年度报告以及企业社会责任中提供了大量有关提升环境责任的政策信息，包括废弃物的减少、水的使用、电力消费以及碳减排等方面。所以，很多酒店也为自身的可持续发展以及资源的可回收再利用方面采取行动，也为更多的环境保护措施的传播与扩散做出了贡献。

六、促进产业竞争力

发展中东道国的NEM活动会对其就业、GDP、出口以及本地的技术基础产生直接性的影响。而在产生这些影响的同时，非股权模式也提供了相应资源、技术以及通向全球价值链的途径，这些则是产业长期发展能力建设的先决条件。NEM对长期行业发展的积极影响可以概括为如下几条。

（1）有助于创造正式就业，并可获得相应的技能。非股权模式之所以能够吸引就业进而促进行业的长期建设与发展，在很大程度上是由于该模式下劳动者寻求新的就业机会的灵活性。而劳动力的流动导致了技能在经济体中的广泛传播。

（2）从短期来看，非股权模式的区域增加值较为有限，但是从长远来看，东道国可以利用非股权模式构建的价值链，通过"干中学（learning by doing）"促进自身在价值链中地位的提升，进而逐步成长为"主导性"环节，并将其经营活动拓展到价值链的相邻环节，或者将技术、资源和禀赋"移植"到类似的价值链当中。

（3）对出口导向型国家而言，NEM是进入全球价值链的关键节点，也是通往全球市场的捷径；对于经济刚起步的国家而言，NEM则是该类国家主要甚至唯一的参与全球价值链的方式。

（4）行业长期能力的建设势必意味着本地企业技术能力的长足进步，而非股权模式为本地企业在发展的早期和中期提供了良好的模仿和成长的环境，有利于在后期打造自主品牌，实现本地企业的后发赶超。

可以说非股权模式是行业长足发展的催化剂，然而非股权模式活动也可能对东道国的行业长期发展存在潜在威胁。一方面，东道国对于NEM活动的过分依赖有可能使得该国面临相关产业的发展被锁定在低附加值环节，从而无法降低对其技术依赖的风险；另一方面，由于NEM相比FDI具有更加"不受束缚"的特性，也会使得发展中国家易因为跨国公司的生产区位的转移而受到冲击，这使得发展中国家面临着更为严重的风险。[①]

第六节　案例：利丰集团——服装制造环节价值链的管理者

香港利丰集团是一家以香港为基地的大型跨国商贸集团，经营出口贸易、经销批发和零售三大业务，是从传统的华资贸易商转型为运用供应链

---

① 《世界投资报告2011》。

管理概念来统筹生产和流通的跨国企业。利丰集团的运营结构见图3-9。

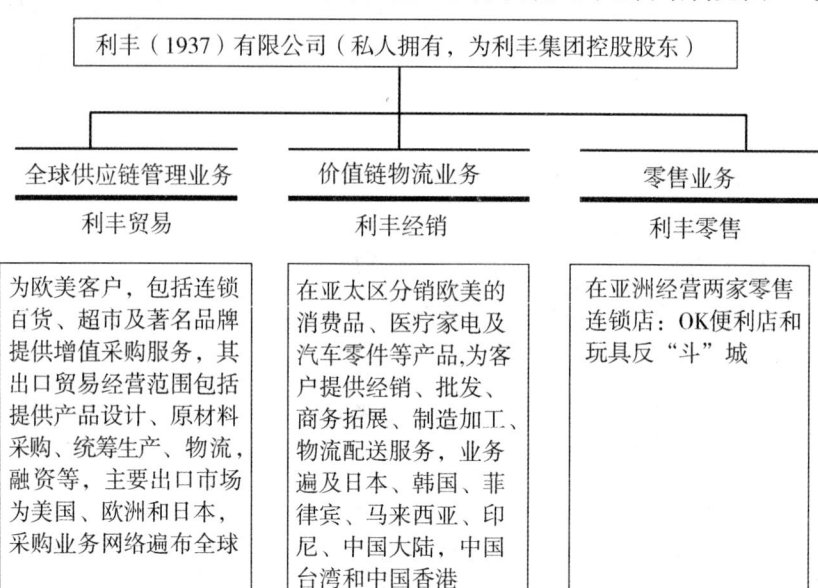

```
        利丰（1937）有限公司（私人拥有，为利丰集团控股股东）
        ┌──────────────────┬──────────────────┐
   全球供应链管理业务      价值链物流业务         零售业务
        利丰贸易            利丰经销            利丰零售
```

利丰贸易	利丰经销	利丰零售
为欧美客户，包括连锁百货、超市及著名品牌提供增值采购服务，其出口贸易经营范围包括提供产品设计、原材料采购、统筹生产、物流、融资等，主要出口市场为美国、欧洲和日本，采购业务网络遍布全球	在亚太区分销欧美的消费品、医疗家电及汽车零件等产品，为客户提供经销、批发、商务拓展、制造加工、物流配送服务，业务遍及日本、韩国、菲律宾、马来西亚、印尼、中国大陆、中国台湾和中国香港	在亚洲经营两家零售连锁店：OK便利店和玩具反"斗"城

图3-9　利丰集团运营结构

一、由非股权模式演变而来

通常来说，在服装鞋帽与玩具制造等劳动密集型产业中，有大量来自发展中国家的跨国公司，而这些跨国公司，如香港利丰集团最初都是从非股权模式成员演变发展而来。如今，利丰集团扮演了领导型跨国公司与非股权模式成员之间的中介或代理人的角色，并由此管理着全球价值链中的制造环节。

香港利丰集团公司成立已过一个世纪，从1906年一个小型华资贸易公司演变成为在全世界40多个国家设立了70家分公司及办事处的跨国贸易国际化公司，年营业额已逾135亿美元。经历了冯家三代人的不断营造和创新，从一个简单的采购代理演变到一个全球性的供应链管理者的角色，并且在当今多变的外部环境中不断地完善，改进并增强和扩充这种供应链，形成了当今世界消费品领域独特的核心竞争优势。利丰集团作为大型中介机构可以凭借其独立承包人之间的长期关系在很多国家之间为品牌服装公司安排相关产品的生产，是发展中国家在服装制造领域跨国公司中的优秀代表。

二、服装制造价值链的管理者

利丰集团对服装制造价值链的管理并不是主要采取跨国并购等股权模式从企业内部安排生产，相反它与许多遍布亚洲各地的制纱厂、纺织厂、染色厂、缝衣厂、印刷厂、批发商和零售商等合作生产成衣、玩具等多种商品。因此，利丰集团需要把价值链的各个环节编织成一个有机网络，形成产业上下游之间的良性互动和交流，从而提高供应链的效率。从本质上而言，利丰集团是地道的价值网协调者。利丰集团是一家以香港为基地的跨国商贸集团，既非一般贸易公司，亦非生产公司，更不是贸易与生产的综合体，这种对价值链的管理方式就是典型的非股权模式的跨国生产方式。

第四章　跨国公司战略行为：全球进入和控制模式

竞争战略之父——迈克尔·波特（Michael E.Porter）认为，企业的跨国界经营是战略管理领域研究的核心问题之一。在经济全球化背景下，跨国公司的全球战略动机、资源配置方式、组织结构和市场行为正在产生深刻变化。随着国际竞争环境的越来越不确定，跨国公司依然在不断探索提升竞争能力的跨国战略。在国际经济体和竞争环境的演变过程中，跨国公司的跨国战略也在不断演进。因此，了解跨国公司战略演变的整体历程和趋势，对分析全球经济环境的演变以及分析当下竞争环境都有重要的意义。此外，世界的快速发展，特别是新兴经济体的兴起，使跨国企业越来越多地瞄准这一块市场。尤其是对中国而言，不仅中国的企业在不断走出去的过程中遇到挑战，更多发达国家的企业也不断进来，影响本土企业的竞争格局。在分析国际化战略演进一般规律的基础上，分析中国企业国际化战略和跨国公司在华战略演进，有助于我国企业提升在国际化大背景下的竞争能力。

本章主要从传统的国际化战略演进、中国企业国际化战略和跨国公司在华战略演进三部分来详细阐述。

第一节　跨国战略行为演进

战略是一种行为，战略也是一种结构，这些在众多著述中都有说明。在本章中，我们关心的问题是，在过去的几十年中，全球跨国公司战略行为经历了哪些重要的阶段，目前又产生了哪些新的趋向和变化？就此，通过比较分析和研究，我们总结出如下跨国战略行为演进路径图（见图4–1），并将以此为线索，展开相关的分析。

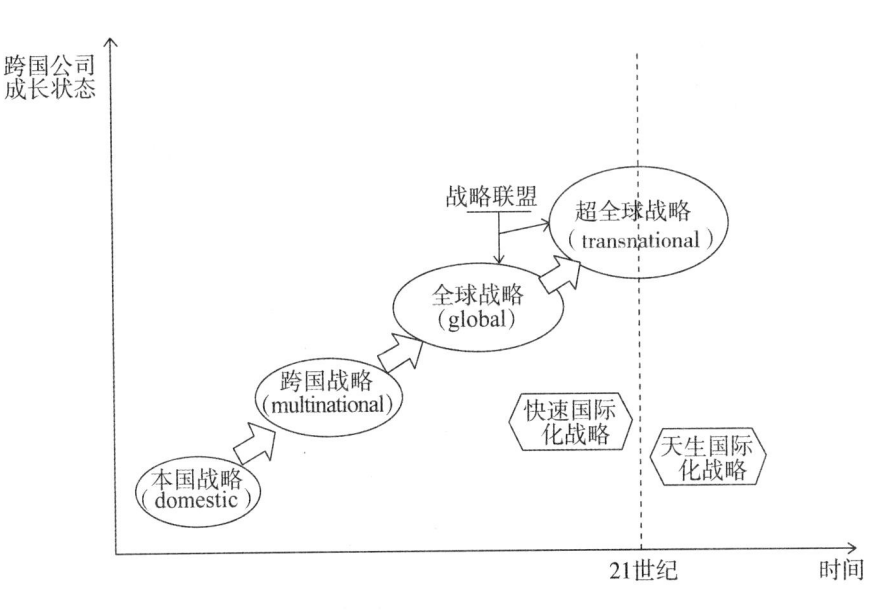

图4-1 跨国战略行为演进路径

资料来源：作者整理。

一、跨国战略行为的主轴："四个战略层次"

在跨国公司战略研究领域，有众多基于成长和演变视角下的跨国战略行为理论成果，其中，美国Christopher A.Bartlett教授等提出的超全球战略（Transnational Strategy）能够从一个更加深入和全面的角度，解读近几十年来跨国战略行为的基本演变路径。

从一个总体上来概括跨国公司的战略脉络，可以看到国际化过程中，很多跨国公司都是沿着本国战略、跨国战略、全球战略和超全球战略这一进程演变的。我们依次做一个分析。

1. **本国战略**

在跨国经营行为之初，企业涉及的主要经营业务和生产体系都集中在母国，对于其他国家的战略需求停留在为本国产品开发一个新的市场，或者找一个更优质低成本的生产要素。这时，国际业务战略只是为本国业务战略实施进行的一种补充和保障。

在这个时期，本国战略一般是以母公司为主、高度集中的经营战略，由母公司集中进行产品设计、开发、生产和销售，海外机构和公司作为母公司的一个辅助性经营部分存在。该战略的优点是集中管理，这样可以节约大量的成本支出，缺点是产品对东道国当地市场的需求适应能力差。

用图4-2来说明。

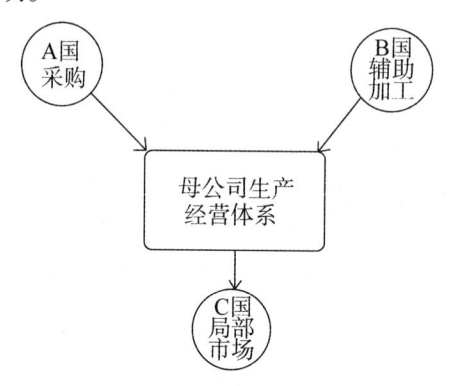

图4-2　本国战略示意图

2. 多国战略

随着母公司跨国生产经营体系的扩大，会越发意识到为了进一步扩展国际发展空间，必须强化对投资国的市场关注，特别是对该国的个性给予充分的重视。所以，很多跨国公司开始采取一种新的战略模式，我们称为跨国战略，或者叫多国战略。那么，跨国公司的战略，其实就是这些不同国家下属公司战略的总和。

跨国战略的核心是，将不同的国家，视为差异很大的，并且是相对独立的市场和经营体系，让这些独立的市场和经营体系自主完成其生产经营目标。这时，母公司主要承担总体战略的制定和经营目标分解，对海外子公司进行监督等工作，海外子公司自主权较大，可根据当地市场进行快速反应。该战略的优点是对东道国当地市场的需求适应能力好，市场反应速度快，缺点是增加了子公司和子公司之间的协调难度；同时，所谓规模经济和范围经济效应也将大大削弱。

跨国战略的基本方式，见图4-3。

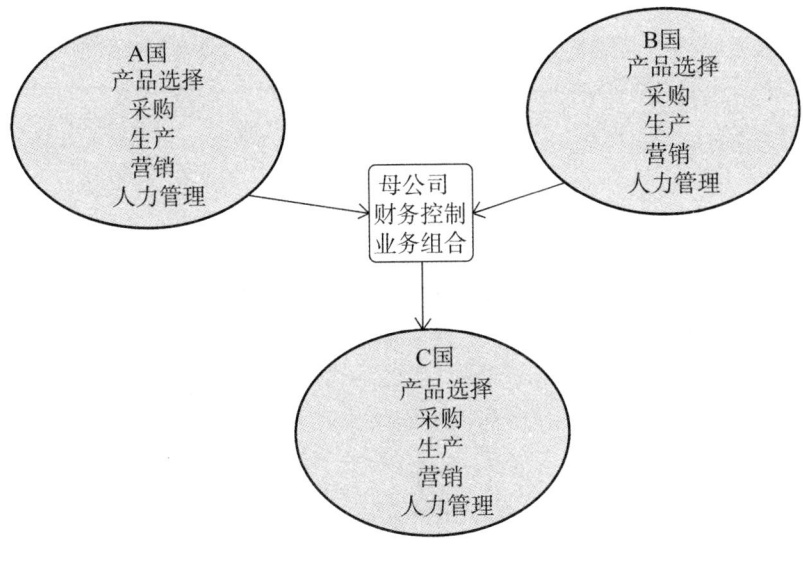

图4-3　跨国战略示意图

3. 全球战略

随着多国战略的不断发展，一些跨国公司拥有了对更多市场的掌握，并且对其他国家进行了深入的了解。这时，对于一些要求规模经济的产业来说，多国战略的分而治之模式就产生了越来越多的弊端，因而，从这些跨国公司开始，逐步调整其母公司和各个国家公司的战略布局，希望能够在全球范围内，形成一个更加集中资源，并且合理考虑不同国家比较优势的全球分工的统一的经营体系。全球战略，在这样的背景下产生并迅速发展起来。

全球战略，旨在获取全世界范围内的最佳资源并在全世界销售产品。采用全球中心战略的企业通过全球决策系统把各个子公司连接起来，通过全球价值链实现资源获取和产品销售。这种战略既考虑到东道国的具体需求差异，又可以顾及跨国公司的整体利益，已经成为企业国际化战略的主要发展趋势。该战略的缺点是对企业管理水平的要求高，管理资金投入大，作为一个全球统一协调调动的体系，任何一个重要国家内产生的经营管理问题，都可能导致全球生产经营的瘫痪。

全球战略的图解见图4-4。

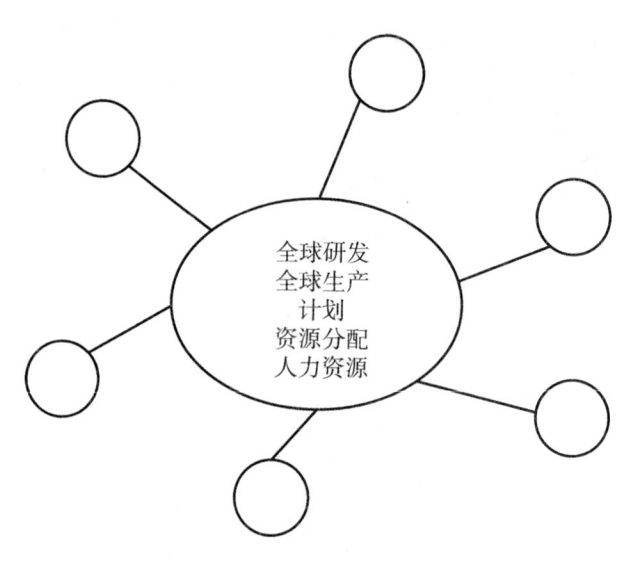

图4-4　全球战略示意图

4. 超全球战略

Christopher A.Bartlett教授等提出的超全球战略，概括了跨国公司战略发展的一个新的阶段。

对联合利华、飞利浦等跨国公司进行研究，发现这些跨国公司的战略模式出现了几个重要的新变化。

首先是母公司的重要性大大降低。这体现在几个方面。第一，在一个全球价值链的布局结构中，来自母公司的技术、管理、品牌等所谓"垄断性优势"资源，正在被全球公司体系当中不同的部分和公司所掌握或者贡献。母公司不再只是一个向国外公司输送这些价值的主体，而只是在全球网络中一个重要的节点而已。第二，充分的授权和分工，使得全球网络中的不同部分都可以相对自主地发挥最优功能，而不必总需要母公司的干预。

其次是不同国家下属公司的关系成为一种相互创造价值的互动关系。不同分支机构，通过自己的能力和创新，可以向其他分支机构传递最佳实践，并且从其他分支机构得到新的知识和技能。各个分支机构之间，出现了更多的正式和非正式的沟通和互动。

从这样的特点可以看出，超全球战略的跨国公司，已经走出了母公司和分支机构关系这样的基本模式,进入一个全球网络创新的阶段。这样的跨国公司,将具备更加强的市场适应力,更加快速的创新能力,和更有力的全球一体化竞争力。不过,可以清楚地看到,这样的超全球战略,管理和控制的难度是巨大的。

我们用图4-5来描述超全球战略。

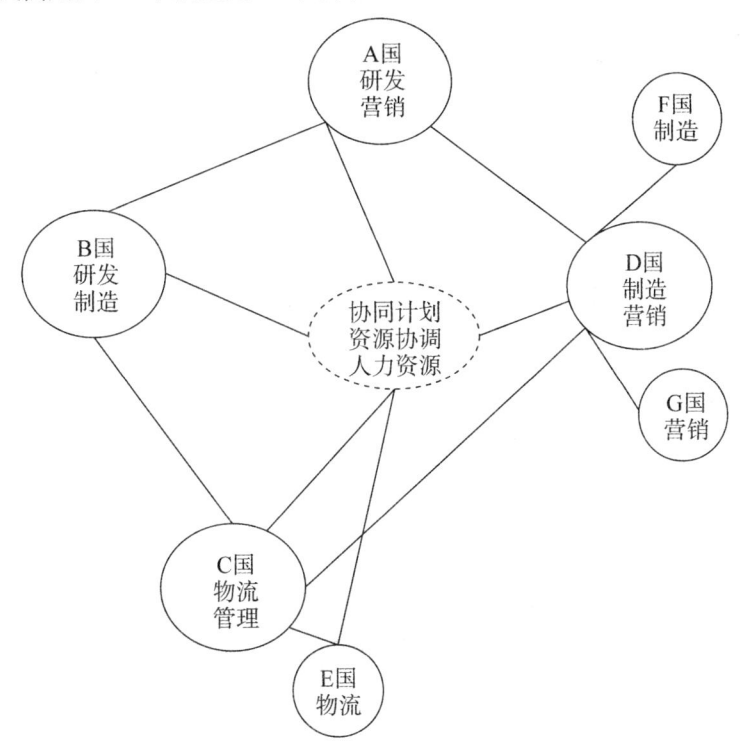

图4-5 超全球战略示意图

全球整合需求和本地响应需求是区分国际战略的两种变量。

要特别指出的是,并不是任何一家跨国公司的战略都可以并且有必要沿着本国、跨国、全球、超全球的四个层次战略前进,因为行业的差距和企业的特点不同,国际战略路径的选择可能会是其中一种,或者某些阶段。当然,从企业成长的角度来看待这个问题,我们认为一家跨国公司并不是可以跳跃本国、跨国等阶段,而直接进入全球或者超全球的阶段的,因为它此时并不具备管理这样复杂战略的能力和资源。

那么,如何帮助企业找到适合自己的跨国战略模式呢？Christopher

A.Bartlett教授采用的全球整合需求——本地响应需求模型,可以将这四种不同的战略区分和联系起来,见图4-6。

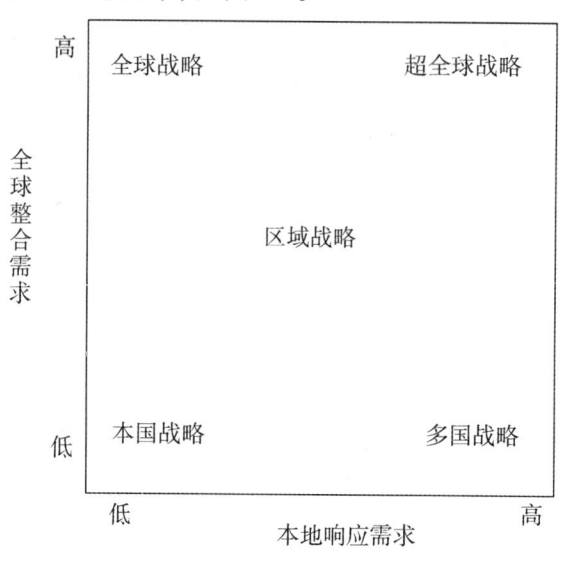

```
高 ┌─────────────────────────────┐
   │ 全球战略           超全球战略 │
全  │                             │
球  │                             │
整  │          区域战略            │
合  │                             │
需  │                             │
求  │                             │
   │ 本国战略           多国战略   │
低 └─────────────────────────────┘
    低        本地响应需求       高
```

图4-6　全球整合需求—本地响应需求模型

资料来源：Christopher A.Bartlett,《跨国公司管理》。

这个模型告诉我们,如果一家跨国公司面临的环境是不同国家的特点差异很大,产品和服务需要充分考虑当地的市场和资源差异,则更多采用多国战略。如果一家企业的特点是需要通过全球范围内的一体化整合来实现最优生产和经营,则采用全球战略是更好的选择。如果全球整合需求和本地响应需求同时提高,则超全球战略能更好地提升竞争能力。

二、为何国际化战略是渐进的？

正如本书所述,很多学者的研究都表明跨国战略行为是一种渐进成长的路径模式,那么这样的演进原因,能够找到理论的依据吗？

我们来进一步做个说明。国际化战略的渐进理论认为,企业的国际化需要比国内经营更多的资源(包括资金、人才、知识、技术等),因此企业的国际化战略也受到其自身资源的限制,呈现出国内到国外、国际化程度由低到高的逐步发展的过程。对应到国际化战略,一般企业会经历本国战略,到多国战略,最后才能实现全球战略。

以Johanson和Vahlne（1977），Bilkey（1978）等为代表的企业国际化成长过程研究学派基于Cyert和March（1963）的企业行为理论与企业成长理论（Penrose，1959），以企业的有限理性、非完全信息为假设，强调经验学习与渐进过程，关注企业国际化成长的市场选择、成长方式随时间变化的动态特征（Bilkey，1978；Johanson & Vahlne，1977）。该流派的国际化理论主要包括：乌普萨拉模型（The Uppsala Model）和混合国际化模型。

1. 乌普萨拉模型（The Uppsala Model）

20世纪70年代，瑞典Uppsala大学的Johanson和Vahlne等学者（Johanson & Vahlne，1977）在分析瑞典企业国际化过程的基础上提出渐进式企业国际化理论。该理论是基于企业行为理论（Cyert & March，1963）而提出的，解释了多数企业的市场选择和进入国外市场方式的战略原则。Uppsala模型认为企业开展国际化所经历的国际化过程一般如下：偶然的出口—代理出口—建立海外销售机构—海外直接生产。即企业的国际化也是一个逐步发展的过程。该理论从企业内部资源和外部环境两个角度对国际化战略进行解释。

有学者根据企业自身的资源，提出了企业国际化的阶段模型（Root，1987）。该模型认为随着市场知识的积累，企业会经历从无国际化活动、依靠代理商出口、建立销售子公司出口到最后建立海外生产基地四个阶段的国际化过程。另外，也有学者关注企业在国际化中外部市场环境的因素，即关注国家间的"心理距离"。企业所处不同市场的文化等环境因素，对企业的投资战略、市场战略等国际化战略都会产生较大的影响。Kogut和Singh（1988）认为投资国与东道国之间文化距离越大，企业就越有可能选择合资或新建投资而不是收购的国际化战略。Barkema、Bell和Pennings（1966）提出组织学习可以克服文化障碍的观点。换言之，两国的制度距离越大，企业在国际化进程中越有可能选择渐进的步骤，从而获得学习积累。

Uppsala模型实际上就是一个关于企业国际化成长的学习模型（Learning Model），也是企业进行国际化市场承诺与市场知识互动的渐进过程，它区分了经验知识与客观知识两种不同类型的市场知识，并把不可复制与转移，只能够通过实践、"干中学"获得的经验知识（Experiential

Knowledge)作为模型的主要解释变量,认为企业国际化成长的本质就是通过经验学习减少不确定性以进行风险规避从而实现国际化成长的过程。同时国际化成长过程模型发展了心理距离(Psychic Distance)与发展链(Establishment Chain)两个核心概念,认为企业国际化经营一般都是沿着"先易后难"、依"心理距离"由近及远的原则进行目标市场进入选择,并按照"无出口—非经常性出口—海外独立代表处—销售子公司—海外生产"依次由低级向高级阶段演化。朱巧玲和董莉君(2011)在对西方对外投资理论梳理时,提到乌普萨拉模型对于企业国际化战略进程的解释过于武断,且大量实证检验证明企业国际化常常是跨越式的发展,与模型描述并不相符。因此学者Johanson和Vahlne完善了乌普萨拉模型。在阶段模型的基础上,他们认为有一些企业的国际化存在例外:一是具备充分知识资源的企业可以采取更大的国际化步骤;二是当市场稳定和均衡时,相关市场知识可以从其他路径获得而不是完全依靠经验;三是一个公司从相似市场上获得的经验能够推广到任何特定市场上。这构成了目前公认的乌普萨拉国际化模型。

2. 混合国际化模型

混合国际化模型是主要针对中小企业国际化提出的。Li等学者(Li Lei Dan & Dalagic Tevfik, 2004)认为:为了控制风险,中小企业的国际化过程,一般都是由初低水平的投入,进入心理距离接近的市场,然后是中等水平投入、心理距离较远的市场,最后发展到高水平投入、心理距离远的市场。然而,这些学者也强调了,企业在国际化成长过程中存在返回和非连续的阶段。

另外,包括Rosenzweig在内的一些学者指出,对于今天绝大多数的跨国经营机构来说,通常是经历了长短不一的演变过程,从而成为一个多核心且内部迥异的组织。这种演变路径大致可以分为三个方向:地域的扩展、经营多元化和职能转移(Rosenzweig, 1999)。

(1)地域的扩展

大多数跨国公司都是首先在母国成立,然后通过进入外国市场向外扩展。地域扩展也许是跨国公司的一个最重要的演变方向,因为跨国公司最根本的特征,至少应该是在母国以外的区域从事经营活动。跨国公司的地域扩展主要受到三个因素影响：地域邻近性、文化相似性和经济发展相似性。

首先，对外直接投资的第一个目标往往是邻近国家，因为对公司来说，邻近国家的市场信息和政府政策更容易获得，另外，与国外子公司的交流和沟通也会比较方便，因此，刚开始时公司会选择地域邻近的国家。其次，通常地域上邻近的国家之间也具有文化上的相似性。企业要在国外市场上取得成功，必须了解当地的风俗习惯和消费习惯，需要同当地的消费者、供应商和雇员保持交流沟通，还要同政府部门建立良好的关系。因此，公司喜欢进入那些文化相似的，也就是"心理距离"比较近的国家。然后，随着知识和经验的积累，再向远方扩展。最后，东道国经济发展水平也会影响跨国公司的选择。那些在消费习惯、可支配收入方面与母国具有相似性的外国市场，对跨国公司的吸引力比较大。跨国公司在扩展到一些国家后，通过运用已经获得的知识和能力，并进一步积累在外国市场上经营的经验和知识，不断提高能力，为逐渐扩展到距离较远的市场做准备。

美国高露洁公司就是通过能力发展进行地域扩展的典型。这家公司创始于19世纪，逐渐发展成一个大规模的跨国公司。高露洁首先进入的外国市场是加拿大，一个在文化和经济发展方面与美国相近的邻国。到20世纪40年代，高露洁已经在世界上20个国家建立了下属公司。这些国家或是与美国地理上邻近，如加拿大和墨西哥；或是文化上相似，甚至母语都是英语，如加拿大、英国、澳大利亚和新西兰；或者经济发展水平与美国相似，如加拿大、西欧的几个国家等。凭借在这些国家积累的经验，高露洁开始进入一些更遥远的国际市场。在20世纪50年代和60年代，扩展到了与美国地理位置接近但文化和经济差异较大的中美洲国家。此后，又扩展到了亚洲和非洲的几个国家，紧接着是新开放的东欧市场，这些国家无论是地理位置、文化特点还是经济发展水平，都与美国有很大差异。到20世纪90年代中期，高露洁公司已经在6大洲的75个国家建立了下属公司。这个演变过程用了半个多世纪。

高露洁公司是一个老牌跨国公司，它的演变有历史原因，相比像芬兰的诺基亚这样的新型跨国公司，可能显得过于缓慢了。诺基亚在短时间内就在多个国家建立起下属公司，但即便如此，其地域扩展的特征也是由近及远，从相似到差异。当然，随着全球化步伐的加快，地理距离和心理距离的影响正在缩小，经济发展水平变得更加重要了。

（2）经营多元化

大多数跨国公司之间的竞争都不是局限在某个单一领域里，而它们的国外子公司通常是先开发和经营其母公司众多业务领域中的一部分业务，待机会成熟后再发展更多业务，直至开展母公司的全部业务活动。

跨国公司在经营业务上的演变也遵循一定的规律：它们往往从与当地公司相比最具竞争优势的业务领域入手，以抵消因对当地市场和竞争环境不了解而带来的成本。随着下属公司对当地环境的不断熟悉，它们会逐步进入那些相对优势不太明显的业务领域。最后，像一些后发国家的跨国公司，为了学习的需要，甚至会进入到自己不具有优势的业务领域中。

日本索尼公司进入美国的方式就是一个典型案例。1972年，索尼第一次进入美国市场，是在美国建立了一个电视机装配厂，而电视正是该公司的核心业务，与当地公司相比，拥有很强的竞争优势。两年后，它进入了第二个业务领域，即音响器材设备，不久后又开始涉足磁带制造。20世纪80年代中期，日元对美元的汇率变动，使得索尼公司在美国的多元化经营得以继续，依靠已经建立起来的强大组织机构和重要经验，索尼公司进入了可以动摇美国企业领先地位的数字存储系统和个人电子通信设备领域。日本公司的发展经历是这种演变模式的典型，但研究发现，其他国家的跨国公司大部分也采用这种策略。主要原因是，跨国公司的国外公司通过这种方式可以积累能力和建立起强大的国别组织。

（3）职能转移

职能转移被认为是跨国公司演变的第三个方向，这种转移在每一个业务领域都会发生。Johanson和Vahle的研究发现，瑞典的跨国公司倾向于首先将其产品出口到国外，然后再建立管理这些商品的国外销售公司，最后建立全资的下属公司。这些国外公司开始时只执行那些需要当地知识的职能，比如市场营销。但是，随着时间的推移，这些下属公司就会执行更多的职能，包括组装生产、本地化设计以及采购供应等（Johanson & Vahle, 1977）。

职能转移过程在小规模投资上表现得最明显。在这种情况下，国外下属公司是以有限职能运作的,然后不断增加新的职能。当然,如果是以收购方式进入国外市场,就可以不必进行职能转移过程,但大多数情况下收购的当地公司,是只执行部分职能的,其他职能还需要转移。比如,通过收购获得一个当地销售网络,或者是生产系统,等等。索尼公司在美国的子公司一开始只是执行销售和营销职能,后来是生产,再后来是上游产品(显像管)的配套生产,直至成为在北美地区的战略领导者。职能转移面临的最大障碍是技术知识的有效转换和当地资源的获取能力。

跨国公司演变的各个方向并不是相互分离、互不相关的,而是相互联系的。正如Doz和Prahalad C所说的那样,在各个方向传播技术知识的能力是跨国公司重要的竞争优势。因此,一个公司在沿着某个方向发展时,不能忽视其他方向的发展,而应该与其他方向的行为相互配合,否则就只能是简单的"复制",而那样是没有什么竞争力的。

三、跨国战略行为的新现象:快速国际化和天生国际化

新世纪以来,全球化速度加快,国际上出现许多成立不久或成立伊始就开展国际化活动的企业。这些新现象难以用传统的国际化理论进行解释,学者们又进行了大量的实证研究,提出了新的理论,用来分析企业快速国际化战略。快速国际化理论和传统国际化理论有很多区别,主要体现如表4-1所示。

表4-1 传统国际化理论和快速国际化理论的比较

理论类型 区别点	传统国际化理论	快速国际化理论
国际化动机	反应性、被动性,国内市场贫乏迫使出口	出口是自发的、主动的,其主动搜寻海外目标细分市场,增加对海外市场的承诺,抓住先动优势,获得国际竞争优势
国际化目标	生存,增加销售额	获得竞争优势,先动优势
创业者或企业家	经验在企业成立后随着企业的成长慢慢积累	企业家是天生国际化企业的核心无形资产;他们有丰富的国际经验

续表

理论类型 区别点	传统国际化理论	快速国际化理论
国际化速度	逐步地、缓慢地国际化	因为成立不久就开始快速国际业务，国际细分市场快速渗透
先前国际化经验	企业没有先前积累的国际化经验	企业在成立之前管理者已获得大量丰富的国际经验
学习能力	国外知识的学习速度取决于学习能力，需要逐渐积累	在成立前管理者已获得大量丰富的经验，也因此在国际领域有着快速的学习能力
国际扩张模式	先启动国内市场，首先国内市场逐步扩张；之后连续地依次发展海外新市场	国内、国外市场同时启动，国外市场选择由商业网络关系等决定
国际化能力	国际经验是在企业成长过程中随着企业发展慢慢积累起来的	有着先前国际经验与知识，是企业成立前由管理者们带来的
心理距离	进入模式与进程是心理距离的函数，在选择目标市场时心理距离是其重要的选择标准	在选择海外目标市场时与心理距离无显著相关性
产品	向广阔的市场提供各种各样、多品类产品	为细分的专业化市场提供专门的高科技产品，具有相当高的质量、差异化的产品设计和定制化产品与服务，积极为客户带来价值，这些产品甚至在全球都是领先的，从而使其在国际上有很高的绩效
网络/营销活动	网络是国际化初期与之后国际扩张的重要工具与资源；分销模式较传统，通过代理与分销商，逐步积累营销经验	网络是国际化初期与之后国际扩张的重要工具与资源；网络必须适当广泛；分销方式为中介模式或混合的治理模式而非自建海外分支机构

续表

理论类型 区别点	传统国际化理论	快速国际化理论
假设	企业经营行为持续进行，并获得长期利润，同时尽量将风险控制在最低水平；企业缺乏解决问题的"套路"，一般倾向于选择更安全稳妥的国内市场栖身	企业希望持续经营并获得长期利润，具有国际经验的管理者能帮助企业更勇敢、更有信心地开拓国际业务，有现成的套路可依
市场不确定性与风险	没有国际化经验，不确定性大，风险高，无套路可走	国外供应商的现成网络，变动性大

1. 快速国际化企业

Johanson和Mattsson(1988)提出了国际化的网络方式论，他们认为，企业国际化是在国际生产或市场网络中建立、发展网络关系的过程。在该过程中，企业会建立和发展其在国际生产或市场网络中的位置。为此，他们把国际化的企业分为四种类型：早行动企业、孤独的国际化企业、晚行动企业和全球企业。进一步，Kristiantand大学的Petra Lampa和Lisa Nilsson(2004)提出了快速国际化(Boom Global)企业模型。国际化领域两位著名的研究者Madsen和Servais认为，晚行动企业和全球企业与BG(快速国际化企业)相似。

快速国际化企业的战略基础就是强学习能力。结合Huber(1991)对知识获取过程的五种划分：先天学习、经验学习、模仿学习、嫁接和寻找/注意，Lars Bengtsson(2004)对该类企业的国际化战略进行了解释。企业的国际化过程是一个组织学习的过程，企业可以通过先天学习、经验学习和嫁接获得国外市场的经验知识，通过模仿学习、寻找/注意获得国外市场的客观知识。先天学习、嫁接、经验学习提高了企业的国际化倾向，企业会关注远距离的和战略性的市场，而非采用渐进国际化的战略。该战略和传统国际化理论中选择"心理距离接近"原则不一致。模仿学习、寻找/注意使企业获得国外市场的客观知识，刺激、鼓励、推动着企业的国际化。

2. 天生全球化企业

对中小企业国际化的研究还有这样一个分支，即提出了天生全球化企业的存在。这类企业和快速国际化企业类似，但也有其独特的地方。天生国际企业的研究起源于OViatt(1994)发表的论文《天生国际企业综述》。文章中指出天生国际企业创立不久，甚至成立之日，就走上国际化道路。它们可能在一国筹集资金，在另一国生产产品，在第三国销售产品。

"天生全球化"作为企业国际化经营中的一种现象，它的产生当然离不开经济全球化的大背景和生产、运输、通信领域的技术进步等外围因素。但是，起核心作用的内围原因还是"特殊的企业组织知识""全球'利基'市场"和"企业家精神"三要素。第一，特殊的企业组织知识。"天生全球化"企业的特质在于其特殊的组织知识，这种特殊性主要表现为"由核心成员个人知识的快速转化而来""专业性鲜明"以及"与生俱来的国际视野"三方面。而正是由于上述的企业组织知识的特殊性，"天生全球化"企业在成立之初或成立之后不久便制定、实施了国际化经营战略，从而促成了"天生全球化"的诞生，而且"天生全球化"企业的竞争优势正是建立在上述特殊的组织知识的基础上。第二，存在全球"利基"市场的市场条件。市场是企业生存的环境，企业的生存和发展离不开市场，占领市场、获取利润是企业为之奋斗的目标。在竞争激烈的市场环境中，占据市场并非易事，这要求企业须实现自身优势与市场的对接，从而满足市场的需求。"天生全球化"企业在成立之初或成立后不久就实施国际化战略与"天生全球化"企业在短时间内实现自身优势与国际相关市场的对接有关。国际市场是包括东道国企业和全球跨国公司等众多企业在内的竞争场所。这些企业，相对"天生全球化"企业而言，在市场竞争中更具有优势，它们在国际市场竞争中往往占据着市场的主流和主要部分，留给"天生全球化"企业的往往是一些剩下的缝隙市场，即所谓的"利基"市场。"天生全球化"企业要在竞争激烈的国际市场环境中求发展，就自然要将自身的优势与缝隙市场实现对接。第三，企业家精神的作用至关重要。熊彼特认为，企业家精神就是做别人没有做过的事，或者是以别人没有过的方式做事，或者是它们的组合，创新是企业家精神的本质。从"天生全球化"企业的组建到其国际化战略的形成再到实际满足全球"利基"市场的需求，每一个环节都离不开企业家的创造性劳动。"天生全球化"企业家在组建企业时就可能将个人知识的利用与全球"利基"市场结合在一起统筹考虑，使企业从一开始或成立不久便进行国际化经营,从而使其具有了"天生全球化"企业的头衔。

和传统企业国际化的"增加销售量、扩大市场"的目的不同,天生国际化企业国际化的目的是获得先发竞争优势,因此会采取一些特殊的国际化战略。从国际化战略范围、国际化客户选择、战略的灵活性等角度分析,天生全球化企业都显示出了其独特性。

第一,市场分布不受地理距离的影响。天生全球化企业一般根据产品生产、销售等特点选择市场,并且通过对自身国际化未来发展的预期,采取主动积极的国际化战略。天生全球化企业具有很强的国际市场定位意识,它们密切关注海外消费者的需求变化并通过产品调整来适应这种变化,企业还通过密切关注消费者行为而与消费者建立和维持一种稳定的联系。天生国际化企业非常灵活地贴近客户,并且通过改进它们的产品来满足变化的需求,它们的产品往往在价格、质量、功能、外观等方面具有独特的竞争优势。因此它们拥有宽广的客户面,并且与客户保持良好的合作关系。

第二,重视和关注利基市场。所谓利基市场,是指那些被市场中的统治者或有绝对优势的企业忽略的某些细分市场。由于规模较小,那些增长潜力显著但相对需求较小且为大公司常常忽略的利基市场是天生国际化企业通常的选择。天生国际化企业非常关注和灵敏捕捉那些随着市场专业化程度不断提高而出现的越来越多的利基市场,并高效使用其资源向这一市场提供优质产品和服务。

第三,拥有强适应能力。因为天生国际化企业的规模一般为中小型,这就使得它们比大规模的跨国公司具有更能有效地适应市场变化并及时调整企业的发展战略,更加快速和有效地融入相对陌生的国外市场。天生全球化企业由于规模小等优势,拥有灵活的、能够适应瞬息万变的市场的能力。该能力也是被学者们普遍认同的天生国际化企业的内在特征之一。企业内部能力可以转化为企业强大的竞争优势。这些能力包括对于市场变化的反应时间、适应能力和机动性。

随着经济全球化的推进,国际化不再是大企业的发展战略,中小企业也在不断国际化。而瞬息万变的国际市场,使得很多企业包括大型企业,特别是在拓展新的业务单元时,实行快速国际化战略,获得先发优势。因此，国际化战略演进的趋势是由渐进战略向快速战略，以及向渐进、快速混合战略演进。

第二节　跨国战略行为工具：战略联盟

战略联盟，并不是和跨国公司同时出现的一个概念。而是在跨国公司发展到一定阶段，我们认为是发展到全球战略后的一种战略行为工具，它的主要作用，就是利用这种非投资控制而是协议约束的行为，来推动和保证跨国公司实现全球战略。

战略联盟作为跨国公司的一种战略工具，在国际化经营中发挥着重要的作用。德鲁克把战略联盟看作"从不协调中创造协调"的最灵活的手段。战略联盟强调合作伙伴之间的相容性和部分资源的共同运用，极具快速、灵活、经济的特征，很受跨国公司的青睐。

近年来跨国公司之间纷纷组建战略联盟参与国际竞争，充分利用这一新型组织形式的灵活性、机动性的特征，既可在联盟内实现优势互补，又可在联盟外保持企业的独立性，极大提高了企业的竞争力。跨国公司组建的战略联盟中有很大数量的是技术联盟，通过彼此的技术合作，共同开发新技术，分享新技术带来的高额利润，这也使得大量的先进技术被发达国家的跨国公司所掌握，它们凭借技术垄断给发展中国家企业的发展造成了巨大的障碍。

一、跨国战略联盟的概念与模式

跨国战略联盟又称国际战略联盟（International Strategic Alliances）或战略经营同盟，是国际市场竞争的新战略，首先由美国DEC公司总裁简·霍普兰德和管理学家罗杰·奈格尔提出。跨国战略联盟已成为现代企业加强其国际竞争力的重要方式之一。

战略联盟是一种合作性安排，是指两个或两个以上的跨国公司，出于对整个世界市场的预期目标，和企业各自总体经营目标的需要，而采取的一种联合的经营方式。在这种行为过程中，联合是自发的、非强制的联合，各方仍旧保持着本公司经营管理的独立性和完全自主的经营权,彼此之间通过达成各种协议,结合成一个松散的联合体。

跨国战略联盟是两个以上的超越国界的企业为了实现优势互补、提高竞争力及扩大国际市场的共同目标而制定的双边或多边的长期或短期的合作协议(韩岫岚,2000)。战略伙伴必须坚持平等互惠、共享利益、共担风险的原则。大型跨国公司联盟,一般都是多边、网络化的,众多公司间形成"你中有我,我中有你"的复杂关系,正在迈向"无国籍公司"。

与国际合作、合资经营等其他企业发展模式相比,跨国战略联盟有其鲜明的特征。

(1) 所有权独立。参与战略联盟的各个企业,仍保持着对自身企业的独立所有权,彼此之间的联合是依靠相互间签订的协议实现,公司间的结合是耦合松散的。企业可以进行自主经营,地位平等。

(2) 经营行为跨国。和一般战略联盟相比,其所确立的经营活动跨越了特定的国家或地区边界。它要求加入联盟的企业能从更高的层次上参与世界经济活动,并以整个世界市场为目标。企业经营活动的内容、范围都体现出国际化特征。参加战略联盟的成员公司,均以全球市场为目标,经营涉足世界经济多个区域。

(3) 战略目标相似。战略联盟所追求的经济效果,并非短时间低层次的合作或是因某种原因而对经营环境的变化所产生的瞬间反应。它是在实现合作企业目标相似的前提下对长期、盈利目标的追求。跨国战略联盟是长期、稳固、互补的结合关系。整个联盟着重围绕着相似的战略目标,使联盟内成员企业所共有的经济环境、经营效果在较长时期内能保持最优化。

(4) 资源共享。依据联盟各方企业所签订的协议及其具体实施方案,联盟体内的各企业可在一定范围内共享技术资源、生产资源、市场资源等。

跨国战略联盟偏重"战略",即它并不以追求短期利润最大化为首要目的,也不是一种为摆脱企业目前困境的权宜之计,而是与企业长期计划相一致的战略活动。根据不同企业"战略"重点的不同或合作方式上的差异,跨国战略联盟有多种类型。

(1) 技术开发联盟。这类联盟以技术研发为主要任务,有多种具体的形式,如企业间的技术商业化协议、合作研究小组、联合制造工程协议。

（2）合作生产联盟。即由各方集资购买设备以共同从事某项目生产。这种联盟可以使加盟各方分享到生产能力利用率高的益处，因为各参与方既可以优化各自的生产量，又可以根据供需的不同对比状况及时迅速地调整生产量。

（3）市场营销与服务联盟。合作各方共同拟定适合于合作者所在国或某地特定市场的市场营销计划，从而使加盟各方能在取得当地政府协助的有利条件下，比其他潜在竞争对手更积极、更迅速地占领市场；加盟各方也可经由这种联盟形成新市场，使竞争不至于因各方力量相差悬殊而趋于窒息。

（4）多层次合作联盟。这种联盟实际上是上述各种联盟形式的组合，即由加盟各方在若干领域内开展合作业务。企业加入这种联盟可采取渐进方式，从一项业务交流发展到多项合作。

（5）单边和多边联盟。它是按所处地域以及合作网络的形式而区分的战略联盟。市场营销与服务联盟大多为单边联盟，即两国、两企业的联合，因为市场营销协议总是针对某个特定的国家的消费及其市场的。

此外，战略联盟还可以根据成员企业所在国家或地域的发展程度划分为互补型联盟和授受型联盟。互补型联盟的成员企业多数来自西欧、北美和日本这类发达市场经济国家。他们为了应付全球性的竞争而在设计技术、加工过程和市场营销服务方面进行技术、资金和人员等方面的相互补充与配合，他们的主要动机为分摊产品开发与生产投资的成本，以迅速、有效地进入目标市场国的市场营销与分销网络。授受型联盟主要是发达国家的合伙者向相对欠发达国家合伙者转让各种技术和操作方法，相对欠发达国家的合伙者则向对方开放国内的某一部分市场，或支付技术转让、人员培训等方面的费用。

二、跨国战略联盟的行为动因

跨国公司间形成战略联盟有多种动因，具体包括：

（1）提升企业的竞争力。在产品技术日益分散化的今天，已经没有哪个企业能够长期拥有生产某种产品的全部最新技术，企业单纯依靠自己的能力已经很难掌握竞争的主动权。为此，大多数企业的对策是尽量采用外部资源并积极创造条件以实现内外资源的优势相长。其中一个比较典型的做法是与其他企业结成战略联盟,并将企业的信息网扩大到整个联盟范围。借助与联盟内企业的合作,相互传递技术,加快研究与开发的进程,获取本企业缺乏的信息和知识,并带来不同企业文化的协同创造效应。战略联盟与传统的全球一体化内部生产战略和金字塔式传统的全球一体化内部生产战略和金字塔式管理组织相比,除了具有更为活跃的创新机制和更经济的创新成本,还能照顾到不同国家、地区、社会团体甚至单个消费者的偏好和差异性,有利于开辟新市场或进入新行业,因而具有更强的竞争力。

(2)获得规模经济的同时分担风险与成本。激烈变动的外部环境对企业的研究开发提出了如下三点基本要求:不断缩短开发时间,降低研究开发成本,分散研究开发风险。对任何一个企业来说,研究和开发一项新产品、新技术常常要受到自身能力、信息不完全、消费者态度等因素的制约,需要付出很高的代价。而且随着技术的日益复杂化,开发的成本也越来越高。这些因素决定了新产品、新技术的研究和开发需要很大的投入,具有很高的风险。在这种情况下,企业自然要从技术自给转向技术合作,通过建立战略联盟、扩大信息传递的密度与速度以避免单个企业在研究开发中的盲目性和因孤军作战引起的全社会范围内的重复劳动和资源浪费,从而降低风险。与此同时,市场和技术的全球化,提出了在相当大的规模和多个行业进行全球生产的要求,以实现最大的规模和范围经济,从而能在以单位成本为基础的全球竞争中赢得优势。虽然柔性制造系统可以将新技术运用到小批量生产中,但规模和范围经济的重要性对于企业的全球竞争力来说仍具有决定意义。建立战略联盟是实现规模经营并产生范围经济效果的重要途径。

(3)低成本进入新市场。战略联盟是以低成本克服新市场进入壁垒的有效途径。例如,在20世纪80年代中期,摩托罗拉开始进入日本的移动电话市场时,由于日本市场存在大量正式、非正式的贸易壁垒,使得摩托罗拉公司举步维艰。到1987年,它与东芝结盟制造微处理器,并由东芝提供市场营销帮助,此举大大提高了摩托罗拉与日本政府谈判的地位,最终获准进入日本的移动通信市场,成功地克服了日本市场的进入壁垒。1984

年，美国的长途电话业解除管制后，美国电报电话公司（AT&T）获得了产品经营的自由，进入了个人电脑市场。IBM采取的反击措施是与AT&T在长途电话行业的主要竞争对手MCI结成联盟，并收购了MCI 20%的股份，通过MCI在长途电话行业的低价战略来钳制AT&T。与此类似，日本几家规模较小的汽车公司，马自达、铃木和五十铃在进入美国市场时都采取了与美国汽车企业联营的办法，来克服进入壁垒。

（4）挑战"大企业病"。单个企业为了尽可能地控制企业的环境，必然要求致力于企业内部化边界的扩大，这一努力过程不仅伴随巨大的投入成本，为企业的战略转移筑起难以逾越的退出壁垒，甚至将企业引入骑虎难下的尴尬境地，而且容易出现组织膨胀带来内耗过大的所谓"大企业病"现象：企业规模的扩大，管理层次的增加，协调成本上升，正使得一些大企业的行政效率向着官僚式的低效率迈进，致使企业决策缓慢，难以对瞬息万变的市场做出敏锐的反应。而战略联盟的经济性在于企业对自身资源配置机制的战略性革新，不涉及组织的膨胀，因而可以避免带来企业组织的过大及僵化，使企业保持灵活的经营机制并与迅速发展的技术和市场保持同步。与此同时，战略联盟还可避开反垄断法对企业规模过大的制裁。

三、跨国战略联盟的优势和风险

战略联盟一般都有推动技术革新、降低高新技术产品研制和开发成本、分享技术成果和分担技术风险的作用。同样，国际战略联盟也有上述优点。例如，有利于缩短新产品开发的时间，有利于分摊高昂的开发投资费用，有利于参与国经济利益的共同增长，有利于提高规模经济效益，有利于避免经营风险，有利于确立新的竞争原则。具体的，可以表现在如下几个方面：①联盟企业形成优势互补。联盟各方的企业一般都具有某个方面的比较优势，有可相互利用之处。和收购企业不同，战略联盟的目的是接受竞争对手，赢得市场，实现双赢。联盟各方都是为了追求联合的协同效应，获得预期的经济效应。因为联盟可以把各企业的优势结合起来，形成优势互补，从事单独一个企业所不能经营的事业和工作。②联盟是长期导向的，有利于企业的长远发展。联盟各方都有自己的发展战略，合作又是为了实现各自与联合体的战略目标。企业一般的联盟都不是出于短期行为，而是从战略的高度，为了改善长远的经营环境和经营条件，长期占领、开发某个市场和保持核心竞争优势。③组织灵活。联盟各方的经营行为只受所定协议、契约的制管，在此之外都具有独立平等的法人资格。换言之，除合资企业以外，其他各种形式的联盟企业都具有独立的平等地位，可按自己的发展需要运营。它们一般是通过谈判签订能增加共同利益的合同，以及基于共同信仰和价值观相似的长期交易合同来实现的。一旦联合任务完成，战略联盟的使命即告结束，组织形式非常灵活。联盟的期限一般比较长，但都可以根据各方企业需求而定。由于这种联盟期限的灵活性和双方的自主性，以及组织的松散性，它在信息沟通、核心技术开发、员工培养等方面有广泛的发展前途。

对我国企业而言，实施跨国战略联盟也有重要的意义。付春和陈秀梅（2004）两位学者在研究我国企业的国际战略联盟竞争力时，总结了跨国联盟对我国企业的重要促进作用。①提高我国企业的核心竞争力。由于经济全球化的进一步发展，当前我国企业单纯依靠自己的力量已无法掌握国际竞争的主动权，也无法紧跟世界先进技术的步伐。通过国际战略联盟，在协作中学习和掌握国外公司优秀的技术和技能，是我国企业获取国外先进技术、提高核心竞争力快捷而有效的方式。②有利于我国企业长期占领和开拓新市场。面临新世纪全球市场的激烈竞争，我国企业要想在国际竞争中占有一席之地，仅仅依靠自身的力量已经远远不够，战略联盟自然也就成为适宜的对策。通过国际战略联盟，我国企业可以利用在本国市场已有的销售网络，经销国外联盟企业的产品，并以此为变换，利用国外联盟企业销售网络的优势，不断开拓新的市场，来换取打进国际市场的机会。③有利于减轻我国企业的经营风险和投资风险。跟东道国或东道国以外的公司建立联盟，可以减弱在东道国受到的政策风险。东道国在考虑没收、征用或国有化等极端措施时，就必须考虑到本国企业以及联盟各公司母国的反应，从而在一定程度上减小了这种风险。同时，当政治、经济等原因引起的风险不可避免时，由于联盟各方分摊风险，可以使损失在一定程度上得到减少。

但由于机会主义、国家制度距离的存在，跨国战略联盟存在一定的风险。①联盟企业加入目的不同，导致联盟内部产生冲突。很多企业不能真正实现战略联盟承诺，只想得到利益，而不愿意付出。例如，有些企业并不在意联盟成功给它们带来的共同利益，而在于借助战略联盟的无形资产优势去研究开发自己的项目、扩大市场份额。但战略联盟组织的成员企业都不同程度地存在着不同的目的，那么相互之间的利益冲突时有发生，联盟也就会瓦解。②企业文化差异的存在。当两个或两个以上具有不同文化背景的企业进行联盟时，便会产生一定程度的文化冲突。一般而言，各个企业都有着各自的企业文化特点，当彼此之间文化差异较大，且不能有效整合和沟通时，便容易产生文化摩擦，从而导致企业组织、员工在理念和行为上的冲突，当这种文化冲突无法协调时，有的企业可能将退出联盟，使联盟分裂，最终以联盟的失败和解体而告终。③联盟内部缺乏信任。企业之间的合作关系实际上是基于一种对未来行为的承诺，而这种承诺既可以是公开的，也可以是隐含的。只有彼此间充满信任，各方信守承诺，才能使这种承诺成为可靠的计划并最终得以实施。单一企业的组织有可能在本企业实现完全的控制，而在联盟中只能实行部分的控制。如果联盟各方缺乏信任，就无法填补这样的控制代沟。④权责难以协调。跨国公司战略联盟是一个动态的、松散的企业间组织形式。由此，在很多问题上就可能难以达成共识，有时即使达成共识，也会因缺乏促进各个成员企业履行自己职责的约束机制而导致联盟失败。当企业自身利益与联盟组织利益发生冲突时，企业不可避免地要选择前者。同时，联盟中的成员企业会展开对联盟主导权的争夺，其中实力强大的企业总是试图主导联盟向有利于自己利益的方向发展，而损害其他实力较弱的联盟成员企业的利益，结果导致了联盟的解体。⑤战略伙伴选择失误。选择合适的战略伙伴是联盟成功的首要前提。然而许多企业在组建战略联盟时，没有对潜在的合作伙伴进行认真考核，企业之所以要组建战略联盟，很重要的一个动机就是希望通过战略联盟实现优势互补，获得或者内化企业之外的那些为企业所急需的能力。企业结成战略联盟是为了创造共同的利益，通过新组织形态的优势，达到共赢的目的。如果联盟伙伴不能提供或者不愿意提供所需要的能力，战略联盟就失去了联盟的基础。如果企业组建联盟是选择了不能补充自己竞争能力的伙伴，那么这样的战略联盟由于没有联盟的基础迟早要失败。

第三节　跨国公司在华战略行为

全球化浪潮不仅推动中国企业走出去，也使一批外资企业进入中国。而随着我国政治、经济环境的改变，跨国公司在华战略也在逐步变迁。黄建康、李群、孙文远（2009）在对跨国公司子公司战略角色演化进行理论分析的基础上，实证研究了当今生产网络中跨国公司在华子公司战略角色的变迁趋势。张毅、刘志学（2008）两位学者则聚焦于跨国公司在华的投资战略，探讨其演进路径。本节将从投资战略、经营战略两个角度，分析跨国公司在华的战略演进，为我国企业国际化战略制定提供相应的参考。

一、投资战略演进

1. 投资战略的类型

研究表明，跨国公司对外直接投资战略通常划分为三种主要类型：资源依赖型战略、市场主导型战略和能力发展型战略。

（1）资源依赖型战略是跨国公司在试探性投资阶段为积累东道国市场知识，为后续投资提供决策信息的战略选择，此时它们并没有刻意的战略安排。当它们逐渐熟悉中国市场环境并积累了投资经验后，便扩大在华投资规模，将价值链中的生产环节嫁接或延伸至中国，利用中国低成本的生产资源加工产品，再将产品销回母国（或地区）和其他市场，通过低成本优势来提高其市场竞争力。由于跨国公司对中国的资源需求最为强烈，它们通常采取资源依赖型投资战略。

（2）市场主导型战略是跨国公司在市场扩张阶段的FDI战略选择。外商直接投资活动促进了中国经济发展，使其成为一个潜力巨大的新兴市场，跨国公司将该市场纳入全球经营体系。除了价值链中的生产环节外，跨国公司还将产品R&D及销售等附加值较高的生产活动转移到中国，通过市场的"全面开花"来获取或巩固其在中国市场的产业主导地位，即采取市场主导型战略。

（3）能力发展型战略是跨国公司在组织学习阶段的FDI战略选择。跨国公司在华投资的技术溢出效应推动了中国产业结构的升级，本土企业的技术能力也不断提高，部分企业拥有自主知识产权的技术和产品，并具备对外直接投资的能力。面对世界市场的激烈竞争,跨国公司开展全球范围内的组织学习,通过对外直接投资方式吸收外部的专有技能(包括来自中国企业的先进技术),来提高自己的核心能力或培养新的核心能力,即采取能力发展型战略。

2. 投资战略的演进

结合中国市场环境发展,跨国公司在华投资经历了四个典型阶段:试探性投资阶段、战略投资阶段、市场扩张阶段、组织学习阶段。具体而言,跨国公司在华的战略目标,也在发生转变:从积累市场环境知识和投资经验,到呈现出战略性安排,到挤占市场份额或谋求产业主导地位,再到通过与当地企业合作学习,发展自身技术能力。换言之,跨国公司在华投资已从资源依赖型战略转向市场主导型战略,继而向能力发展型战略转变。

(1) 进入模式演变

跨国公司在我国的进入模式经历了合资模式、独资模式到合资或并购模式的演进。

在试探及战略投资阶段,跨国公司多选择合资模式。除了中国政策的原因,合资模式的利益共享、风险共担的特点,使得发达国家的跨国企业在进入制度距离远、不确定性大的中国时,首选该战略。1979—1991年为跨国公司在华试探性投资阶段,主要特征表现为投资规模较小,无论是协议额还是实际投资额总量都非常少。

在市场扩张阶段,跨国公司多选择独资模式作为进入中国的战略。随着中国开放程度的提高,独资可以降低双方文化差异等信任问题引发的低效率、经营风险和技术泄漏风险。特别是当跨国公司获得中国一定的市场份额时,更倾向于选择独资模式。该阶段,跨国公司投资规模上升很快,且实际投资在协议投资中的比重从1992年的18.94%上升到1999年的97.81%。

在组织学习阶段,跨国公司选择合资或并购战略进入中国市场。随着中国民营经济的提升,跨国公司以比较优势获得高额利润的空间下降,比较优势在后续投资中不断被弱化。同时,由于FDI技术溢出效应,中国本土企业的技术能力和跨国能力也得到了很大的提升。此外,中国消费者有了更多自己的需求,而这些需求难以被外资企业了解。

因此,跨国公司开始意识到本土企业的重要性。它们为了实现全球化经营目标,开始与本土企业合资经营,或并购这些企业使之成为自己的子公司或控股公司,获得本土企业的关键技能。

(2)区位选择模式演变

我国改革开放从沿海向内地逐步推进,因此也影响着跨国公司对华投资区位的选择。①在试探性投资和战略投资阶段,跨国公司最早选择沿海地区进行投资。当时,中国企业更多以贸易为战略。同样,跨国公司基于出口导向型的市场定位,倾向于选择具有明显区位优势的沿海地区。②在市场扩张阶段,跨国公司的区位选择逐步倾向于内陆地区。中国的快速发展,使得沿海地区的市场饱和速度加快。而内陆地区的大量市场却较少有人开发。此时,跨国公司更多以全球市场为战略目标。在进入中国后,跨国公司开始深入到中国内陆地区。它们大都属于经济欠发达地区,经济基础相对薄弱,有较大的市场空间,可以满足跨国公司在后续投资中的市场扩张。③组织学习阶段,跨国公司的区位选择又回到了沿海地区。沿海地区的民营经济发达,企业创新能力、经营能力得到快速发展。为此,跨国公司在组织学习阶段又转向经济较发达的沿海地区投资,目的在于和高绩效、高创新能力的中国企业合作,学习或获得相关能力。

(3)产业选择模式演变

在试探性投资阶段,跨国公司更偏向于选择服务密集型产业。跨国公司早期进入中国投资时,规避风险成为其重点考虑的因素,为此它们通常进入服务密集型产业。这类产业对技术要求较低,技术投入小,风险相应较小。此外,投资母国和中国在经济发展和技术水平等方面存在明显差距,本土企业难以吸收跨国公司的先进技术。

在战略投资阶段,劳动密集型产业成为跨国公司在华投资的主要产业选择。跨国公司进入战略投资阶段以后,战略意图是尽快进入中国并获取丰富的自然资源和廉价的劳动力,降低生产成本,于是跨国公司逐步深入到劳动密集型产业各个领域,开展全面、大规模的投资活动,它们利用这些要素资源获得低成本优势,在国际市场中开展竞争。

在市场扩张阶段和组织学习阶段,跨国公司选择进入技术和服务密集型产业。随着跨国公司在华投资的持续深入，中国发展成为新兴的市场，它对FDI技术含量的要求也越来越高。跨国公司为了占领这个市场，逐步加大项目投资力度和技术含量，于是技术密集型产业取代劳动密集型产业成为投资主体。进一步，跨国公司对制造业市场业务进行调整和重组的同时，其投资领域也逐步由生产型领域向服务型领域渗透。当跨国公司进入组织学习阶段以后，它们也积极投资于技术密集和服务密集型产业，通过逆向型技术溢出效应获取本土的关键技能，提高自身技术能力。

二、经营战略演进

根据前人研究和实证现象，跨国公司在华战略地位得到加强并显著提升，研发与技术创新战略从跨国公司母国中心向中国主导转变，人力资源战略的本地化倾向明显增强。

1. 公司角色的演变

根据子公司和跨国公司内部的资源交易密度以及与东道国当地外部环境的资源交易密度，特森格等学者（Tseng, Yu & Seetoo, 2002）把跨国公司划分为三种类型："生产基地型"子公司、"运营中心型"子公司、"当地生根型"子公司。

具体而言："生产基地型"子公司的资源交易主要对象是内部网络组织（包括母公司和其他子公司）。子公司与母公司和其他子公司高度依存，关键技术和产品都来自母公司。子公司被动执行母公司战略，大多执行单一职能，如只从事生产或销售等全球价值链上的低端环节，子公司的技术层次很低。母公司设立这类公司的动机主要是利用东道国廉价的劳动力和自然资源，扩大产品市场占有率，将其作为跨国公司的生产基地和销售基地。由于子公司高度依赖母公司，使得子公司管理人员对子公司的决策很少有自主权，母公司对子公司实施集权控制。日本松下公司最初投资在华子公司就属于此种类型。

"运营中心型"子公司。这种子公司与内、外部网络组织的资源交易密度都很高。子公司扮演着母公司与东道国当地市场的资源交流者角色，执行的功能范围较广，不仅有生产、营销的职能，还有R&D等全球价值链上的高端活动。子公司不仅从母公司输入知识，也有能力将自身积累的知识输入到母公司。子公司在母公司中的战略地位很高。子公司高层领导的决策权限较大。由于其职能和价值活动多元化,这种公司需要经常对其员工进行培训。子公司一方面要响应当地环境需要,另一方面则需配合母公司的整体动作,属于较复杂的一种交易关系类型。美国通用电气在华子公司就属于这种类型。其在华子公司的业务不仅要与母公司高度整合,同时还要积极响应当地要求,开发本地化产品。

"当地生根型"子公司。这种子公司资源交易的主要对象是东道国当地组织。子公司完全嵌入当地环境中,积极响应当地消费者的需求,与当地供应商、科研机构及政府的关系很密切,子公司高层经理人有很大的自主决策权;具有多种职能和价值活动,与母公司和其他子公司的依存度较低,产品的技术主要是自主开发。Philips公司的海外子公司在其成长过程中,大部分演变成该种类型公司,这些子公司具有灵活的响应能力以及在世界范围内学习与创新的能力。

跨国公司在我国公司角色逐渐从生产基地向运营中心演变。杨桂菊(2007)根据跨国公司在华子公司战略角色分类进行的实证研究表明,跨国公司在华子公司中,约67%的子公司为生产基地型,约24%的子公司为运营中心型,只有近9%的子公司为当地生根型。

尽管如此,随着中国经济的发展,越来越多的跨国公司在华子公司在母公司内的战略地位日益提升,开始获得重大的决策权限以及执行更多的职能活动与从事逐步高端的价值环节,运营中心型与当地生根型子公司的数量也将逐渐提高。例如,日本松下公司最初在华投资就选择在华设立生产型子公司来发展。随着中国经济的不断发展,中国企业竞争力提高,跨国公司在华子公司开始从母公司输入知识,也有能力将自身积累的知识输入到母公司,扮演着母公司与东道国当地市场的资源交流者角色。即,跨国子公司更多采用运营中心的形式。而当子公司完全嵌入当地环境中时,就变成了当地生根型公司。它们以本地市场需求为主,和当地供应商、政府等关系密切。然而,这一类公司在我国相对较少。

2. 研发和技术创新战略演变

随着跨国公司在华子公司从最初的"生产基地"向"运营中心"转变,其职能范围越来越大。越来越多的跨国公司将自己的研发部门设立在中国。赵景华（2006）的调查研究发现，跨国公司在华子公司中当地研发人员占总研发人员的比例为50.55%，当地研发产品的市场推广成功率为54.71%，本地销售收入用作研发经费的比例为14.14%。跨国公司在华研发中心的设立幅度与速度大为增加。

跨国公司在中国逐步提高研发投入，充分利用中国的消费需求和快速发展的技术创新。此时，这类公司不再单纯地从母公司转移技术，而是利用中国的人才和科研基础进行技术创新，并把战略目标定位"中国本土研发引导中国市场"。综上所述，在华子公司的研发与技术创新战略已经开始从母国中心型向中国主导型转变。

3. 人力资源战略演变

从微观层面来看，跨国公司在华的人力资源战略也从母国为中心向东道国为中心转变。赵景华教授等（2007）对跨国公司在华子公司人力资源战略人员配置的研究发现，从2001年到2006年，在华子公司的人才任命越来越偏向中国化。具体而言，高层人员任命和人力资源管理权限的变化体现在：由母国人员担任董事长、总经理的比例已有所下降，而在华子公司本土人员和第三方人员担任的比例开始上升；对副总经理、部门经理的任命由原来的以母公司为主转变为以在华子公司为主，体现了跨国公司对中国市场本地化、生产本地化的适应；副总经理、部门经理由华子公司本土人员担任的比例较高，超过母国人员和第三方人员的比例；开始拥有职能型人力资源管理的自主权，即自主负责人力资源管理权限。

这些数据表明，本土化战略已经成为跨国公司在华的主要人力资源战略。当地的人才对于消除制度距离，真正了解市场需求有重要的作用，提升了跨国公司在我国的竞争力。

第四节　中国企业国际化战略进程

新中国成立60多年来，中国企业的竞争力发生了翻天覆地的变化，而这一切是与中国企业的国际化经营分不开的。从改革开放到21世纪，中国企业的国际化也经历了准备、探索、加速和提升四个阶段（原磊、邱霞，2009）。特别是2002年加入WTO后，我国企业面临的国际环境更加复杂，国际化开始追求品牌和质量的发展战略。我们将结合我国企业国际化进程，探讨企业战略演进的过程。

一、中国企业国际化历程

结合我国改革开放和企业发展历程，原磊和邱霞（2009）两位学者把中国企业国际化历程总结为四个阶段：准备阶段、探索阶段、加速阶段和提升阶段，具体如图4-7所示。

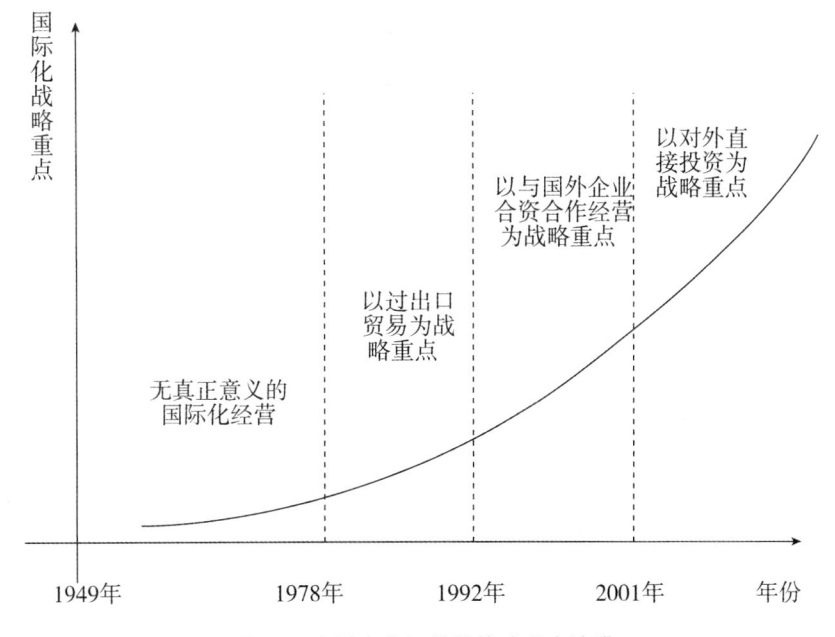

图4-7 中国企业经营的战略重点演进

资料来源：原磊、邱霞，《中国国际化的回顾与展望》，《宏观经济演进》，2009年第9期。

改革开放以前，中国总体上走的是内源型追赶道路，采取的基本方针是"自力更生""自给自足"，以建立比较完整配套的国民经济体系为目标，迟迟没有打开国门，国际化程度极低。除了国家政府推动建立的合资合作企业、"窗口"企业，并没有以企业为主体的投资活动。但这些不是真正意义的国际化，却对国家之后对外开放政策的确立、企业国际化、国际人才引进和培养带来了积极影响，为真正国际化做了相应准备。

十一届三中全会的召开，确立了改革开放的方针政策，也使我国的企业进行国际化探索。在该阶段,国家成立了对外经贸部,管理外商直接投资,相继设立了5个经济特区、14个沿海城市、3个沿海经济开发区和1个台商投资区,出台了《中华人民共和国中外合资经营企业法》《关于鼓励外商投资的规定》(《二十二条》)等一系列的法律文件,同时加大了交通、通信、能源等基础设施的投资。

国家政策的直接表现就是对外投资由严格限制到逐步放松。为加速中国经济改革开放的步伐,促进有实力的企业参与国际竞争,1985年7月,国务院授权外经贸部制定并颁发了《关于在国外开设非贸易性合资企业的审批程序和管理办法》,对中国企业海外投资的管制有所放松。在一系列国家政策的引导下,一些大型的国有集团开始试探性地走出国门,进行跨国经营。1979年11月,北京市友谊商业服务公司同日本东京丸一商事株式会社合资在东京开办了"京和股份有限公司",建立了中国对外开放以后第一家海外合资公司,标志着中国企业跨国经营的开始。此后,越来越多的大中型国有企业获得了海外经营的权利,开始尝试对外投资,开启了国际化步伐。

邓小平的"南方谈话"加快了改革开放的步伐,中国开始建立了市场经济体制。党的十四大提出了"努力提高对外开放水平"的要求,指出"面对经济、科技全球化趋势,我们要以更加积极的姿态走向世界,完善全方位、多层次、多领域的对外开放格局,发展外向型经济,增强国际竞争力,促进经济结构优化和国民经济素质提高"。在这一阶段,我国进一步扩大了对外开放的产业和地区。此外,国家放松了对境外投资项目的审批,使一些具有民营性质的企业集团能够走出国门,进行海外投资经营,从此,中国企业国际化经营的主体发生了历史性的改变。例如,首钢在1992年到1993年短短两年内建立了首钢国际企业有限公司、首钢马来西亚有限公司、印尼萨发利有限公司、首钢迪拜钢丝厂、宝佳集团有限公司等17家海外投资企业。从1992年开始,中国企业国际化开始加速,在加入WTO以前,我国企业已经基本具备了承担国际分工、参与国际竞争的能力,为自身国际化经营的"上水平""上层次"创造了条件。

2000年,十五届五中全会第一次提出"走出去"战略,许多大型国有企业和民营性质的企业集团纷纷"走出去",形成中国企业国际化经营的一个高潮。

中国加入WTO之后，中国企业在国际化经营上不再仅仅满足于数量上的粗放增长，而是开始追求质量和品牌的提升。中国企业提升了与国外企业合资合作经营的水平，并购合资成为大量大型企业国际化的重要手段。在21世纪以前，中国企业对外直接投资主要采取"绿地投资"的方式；进入21世纪以后，中国企业更多地采用了跨国并购的方式，甚至很多瞄准大型企业为并购对象。例如，2004年12月，中国联想集团以6.5亿美元现金及价值6亿美元的股票收购IBM包括ThinkPad品牌在内的个人PC业务，成功推进了联想的国际化进程。总之，在2001年之后，我国企业国际化进程开始全面提升。

结合中国企业的整体发展历程，我们可以总结出我国企业在国际化过程中的经营战略演进。中国企业国际化经营的战略重点总体上经历了进出口贸易、与国外企业合资合作经营、对外直接投资的转变过程。

1. 1978—1992年：以进出口贸易为战略重点

1978年以后，中国企业开始探索国际化道路，逐步建立了自身的国际化战略。在国际化初期，由于缺乏有关国外市场和业务的知识和相关经验，许多企业都选择将对外贸易作为国际化战略的重点。因此，中国进出口贸易发展迅速。1978年，中国进口贸易总额为108.9亿美元，而到了1991年这一数据为637.9亿美元，13年时间增长了4.86倍；1978年，中国出口贸易总额为97.5亿美元，而到了1991年这一数据为719.1亿美元，13年时间增长了6.38倍。

而当时中国企业在与国外企业合资合作经营和对外直接投资方面，只是探索性尝试。改革开放后，中国企业对外直接投资的战略目标主要是寻求市场和资源。在寻求市场方面，企业主要通过在其他国家建立海外贸易分支机构或支持部门，来开拓当地市场。在获取资源方面，主要通过在海外建立资源贸易企业或资源开发企业，从而获取海外资源。从数据来看，该阶段，我国企业的对外投资主要集中于贸易、餐饮、旅游、建筑等服务性行业以及石油等能源产业，生产加工型企业较少，更没有形成自己的强有力的竞争品牌。相应地，进行海外投资的中国企业主要是一些国有的大型贸易集团和综合型集团，例如中石化进出口公司、中国粮油进出口公司、首钢集团等，其他企业还主要以进出口贸易为主，来探索国外市场。

2. 1992—2001年：以与国外企业合资合作经营为战略重点

20世纪90年代后，随着改革开放的进一步发展，我国对外贸易出现了双顺差，外汇储备持续增长。1992年到2001年期间，中国实际利用外资额为3 701.69亿美元，其中，1992年中国实际利用外资金额为110.08亿美元，2001年实际利用外资金额为468.78亿美元，9年的时间增长了3.26倍。换言之，企业资金短缺已经得到了很大的缓解，而技术成为制约企业快速发展的主要瓶颈。此时，我国企业从对资金的需求转到对技术的需求。中国企业特别是大型国企把与国外企业合资合作经营作为国际化经营的战略重点。而以市场换技术成为中国企业与国外企业开展合资合作经营的首要战略目标。

这一阶段许多中国企业在进行海外投资的时候，也更加注重技术资源的获取。对外投资战略也不再完全集中于服务性行业和能源行业，而是开始大量地选择生产加工行业。大量具有民营性质的企业集团已经加入到了中国企业海外经营的浪潮，并且取得了可喜的成绩，例如，小天鹅家电、广东格兰仕、TCL、海尔、天狮集团等。与国外的合资合作经营，促进了大量企业开始国际化，大量企业进入中国，奠定了进一步的国际化战略。

3. 2001年至今：以对外投资为战略重点

加入WTO以后，中国企业面临的国际环境发生了根本性的变化。我国面临着一个更加开放的世界，世界也面临着一个更加开放的中国。同时，对国际市场的运作方式也有了更多的了解。此时，中国企业不再满足于国内经营，而是开始在全球范围内组织生产活动，对外直接投资成为中国企业国际化战略的重点。

中国企业对外直接投资的战略目标已经明显转变为以获取战略资产和获取效率为主，因此，在进行海外投资的时候，选择的行业领域已经大大加宽，既包括一般制造业，也包括采矿业，甚至还包括金融服务业，并且，大量的大规模跨国并购都是发生在美国、欧洲等发达国家。2001年以后，中国企业对外投资的总体规模、个案规模、影响程度都出现了实质性的飞跃。2002—2007年，中国非金融类对外直接投资总额从25亿美元上升到187亿美元，增长了6.5倍，从世界第26位上升到13位，居发展中国家首位。此时，我国已经形成的以企业为主体的国际化战略更加成熟。

4. 中国企业国际化融资：海外上市

中国加入世贸组织推动了经济金融开放程度迅速提高，为中国的企业进入国际市场上市提供了更为广阔的市场空间。在此之前，中国的一些大型企业在国际证券市场的上市不仅为这些企业的发展筹集了大量资金，促进了这些企业根据国际规范进行运作，而且促进了这些企业按照国际市场规则迅速发展。从中国主要企业海外上市的情况看，中国移动在香港和纽约同时上市，并且分别在1997年10月筹资43亿美元、1999年10月筹资20亿美元、2000年11月筹资69亿美元，已经成为香港市场上具有主导作用的蓝筹公司；中国石化2000年10月筹集35亿美元，在香港股票交易所和纽约股票交易所上市；中国联通2000年10月筹集57亿美元，在香港和纽约同时上市；中国石油2000年3月筹集29亿美元，在香港和纽约同时上市。这些公司在海外市场的成功上市，为中国企业进一步利用海外资本市场提供了经验。

而随着互联网行业的兴起，新一轮的海外上市以更大的影响力得到传播，掀起第五次出海浪潮。证监会相关数据统计显示，从1993年到2010年的17年内，证监会一共批准了186家境内企业直接境外上市，批准77家/次企业增发和7家企业发行可转债。除了直接境外上市之外，境外间接上市的国企"红筹股"，在上述17年间，总数达到了78家，而通过造壳等方式进行间接海外上市的民企，根据外汇局的统计，在上述时间段内，其总数也已经达到518家。实际上，从当前的数据来看，近两年境内企业海外上市的进程正在呈现加速的趋势。而在海外资本市场选择方面，纽交所、港交所成为热门选择。《2013—2014年中国企业海外上市白皮书》显示，2013年境内共有83家中国企业在海外资本市场完成IPO，较上一年同比上涨40.68%。而在2014年上半年，尽管境内A股IPO大门重启，但中国企业海外上市热情仍持续高涨，2014年上半年有52家中企实现海外上市，也就是说从2013年到2014年上半年为止不到一年半的时间内，境内实现了海外上市的企业已经达到135家。

2014年，阿里巴巴最终选定美国纽交所上市，成为美国史上规模最大的IPO。这被视为纽交所的一次胜利，此后更多的中国互联网企业也将随之选择海外上市，这令打造国内的互联网企业上市板块显得更为迫切。公开资料显示，从1999年中华网海外上市算起，互联网行业在境外上市的道路上已经走了16年，而从整体表现来看，互联网行业在这16年中也已经掀起了五次境外上市的热潮。第一次上市潮是在1999年至2000年，以新浪、搜狐等为代表；第二次在2003年至2004年，以盛大、前程无忧等为代表；第三波是2007年，以完美时空、巨人网络登陆纳斯达克，及金山软件、网龙在香港联交所挂牌为代表；第四波是2010年，以当当网、麦考林等为代表；而目前以京东、阿里巴巴为代表的则是全行业第五次境外上市浪潮。随着全球经济复苏，金融市场改善，中国企业在美国、中国香港资本市场表现十分突出，2014—2015年中企海外上市也更加活跃。同时，中国海外上市企业的行业分布更加多元化，不仅互联网、电子商务、传媒、新能源等新兴行业表现活跃，消费服务、医疗卫生、金融等行业也表现良好。中国创业民营企业的快速发展，使得企业不仅仅看重海外资本市场的大量资金和更加灵活的融资政策，也注重海外上市给企业在国内市场带来的影响力，以及海外上市在开拓海外市场方面的影响。总体来看，海外上市也是中国企业国际化的一个新战略。

二、中国企业跨国战略联盟发展

在我国加入WTO以后，企业面临更加激烈的竞争，如何"与狼共舞"，需要国内企业充分认识和利用国际战略联盟这种形式。经过长期发展，我国企业的跨国战略联盟战略也逐步成熟，成为国际化进程中的重要手段。

1. 中国企业跨国战略联盟发展现状

改革开放后，特别是在我国经济成功地向市场经济转型后，我国企业与跨国公司的战略联盟不断涌现，成为一种非常普遍的合作形式。世界上最主要的电脑、电子产品、电信设备、制药和发电设备的制造厂家已经将它们的生产网络扩展到中国，与中国企业建立了战略联盟关系。中国正在成为许多跨国公司重要的生产基地、采购基地和研发基地。

我国企业与跨国公司的战略联盟，早期基本上都是由跨国公司发起的，主要围绕产品进行，所以通常称为产品联盟，其目的是降低投资费用和投资风险，或是减少产品竞争对手的威胁。产品联盟比较单纯，得到某一产品或广泛销售现存产品是联盟各方所追求的重要目标。产品联盟作为减少资本投资和进入新市场时降低风险的手段，从根本上看是跨国公司进入中国市场的跳板。如20世纪90年代中期之前在中国设立的16.7万家外商投资企业中，有64%是合资企业，15%是合作企业，合资（合作）的外方大多数是实力较强的跨国公司，这些跨国公司通过合资、合作，成功地进入中国市场。

随着科学技术的迅猛发展，现代技术的综合性、复杂性使得跨国公司研究与开发的难度越来越大，因此跨国公司与我国企业的战略联盟中也逐渐涌现出以技术开发和研究成果共享为特征的知识联盟，从战略上保持技术创新的能力和技术领先的地位开始成为联盟各方所追求的首要目标。而且，随着技术创新的加速以及跨国公司全球市场竞争的加剧，合作伙伴实力的对比关系发生了变化，我国企业在联盟中的地位和作用也发生了一些变化。由于中国经济的不断发展，中国企业的规模和质量在不断地壮大提升，涌现出像华为、联想等一批有实力的大型企业，它们在与跨国公司合作的时候，不再唯跨国公司是从，而是更具主动性，对知识创新的追求也更明显。在联盟内部集中于知识和技术的创新，并在设计、制造等方面获得与共享新的技术，但在其他方面，可以与跨国公司保持竞争对手的关系。目前我国已经出现了华为、联想这样与跨国公司建立高层次联盟的企业，虽然数量不多，但它们的出现代表了一种新的趋势。和跨国公司联盟会遇到很多困难，我国企业需要做到知己知彼，注意发现问题，扬长避短，趋利避害。

2. 我国企业在联盟跨国公司时面临的问题

尽管我国企业与跨国公司战略联盟取得了一定的进展，但与发达国家跨国公司间的战略联盟相比，无论在规模、范围、层次和理念上都存在较大的差距。对于我国企业来说，与跨国公司的战略联盟基本上还是被动参与，与国外同行相比，许多中国企业家还没学会将战略联盟作为一个基本工具来使用，也没有主动将战略联盟作为关键性的战略予以考虑，这使得我国企业在战略联盟的组建和运作上都存在很多问题。这些问题如果不能得到有效的解决，必将大大限制战略联盟作用的发挥，不利于我国企业的长远发展。

(1) 伙伴选择问题

虽然改革开放已有二十多年，但传统计划体制的影响并没有完全消退，当前我国扩大对外开放、吸引外商投资的推动力仍主要源于政府，而不是以追求利润为目的的经济主体——企业，这种招商方式往往造成我国企业与跨国公司之间的"拉郎配"。另一方面，我国企业急于做大做强，希望实现跨越式成长，在急功近利的思维下往往变得"短视"，进行战略联盟时注重数量与规模，却缺乏长远的筹划。这样一来，我们在联盟对象的选择上把关不够严，经常忽视企业与跨国公司的技术、管理的对接以及产品、销售的关联，忽视双方的能力及文化的兼容，忽视国内企业战略发展的要求。这只能算是以牺牲国内利益为代价追求外资的粗放式经营，通过这种方式选择的跨国公司合作伙伴很多情况下与国内环境"水土不服"，与中方企业协同不起来，最终导致联盟效果不尽如人意。

(2) 组织形式问题

当前，我国企业与跨国公司的联盟形式大部分仍是股权合资，其他形式采用得还很少。当然，股权合资联盟是双方经营和研发能力不对等条件下的必然产物，有其合理性和互利性。不过，从长远来看，联盟合作长期停留在知识、资本要素的单向流动这一低层次形式上，对我国经济的发展是相当不利的。国内企业主要凭借劳动力、土地资源以及本国市场换取外方资金、技术和管理经验，而这些要素资源又绝非国内企业所能永远控制的。当跨国公司能以较低成本获得自己赖以经营的各项要素时，双方的联盟就岌岌可危了。曾有人形象地比喻说，中外合资就是母鸡和猪的合作，中方用猪肉换对方的鸡蛋，鸡蛋可以不断地下，可肉割完了，其下场可想而知! 短期之内，和跨国公司合资联盟是必要的，但不能完全依赖于此，否则短期的"馅饼"会演变成长期的"陷阱"。

(3) 合作关系问题

据西方学者研究，战略联盟失败的概率有70%，而在失败的原因之中，联盟伙伴的关系问题又占到70%，所以，联盟双方的关系的和谐融洽事关重大。而我国企业与跨国公司的联盟伙伴关系却不容乐观。中外双方由于资源能力、战略目标、运行模式以及文化背景等方面都存在着差异，沟通和协调起来存在困难，因此在联盟的时候经常会产生矛盾分歧，甚至是激烈的冲突。而且，由于我国市场经济起步较晚，社会信用体系尚不完备，外企与中方结盟时戒心较重，这也导致双方的关系紧张，不能很好地融合在一起。

(4) 学习创新问题

与跨国公司合作能够增加我国企业进行技术学习的机会，但是，技术引进并不等于中国企业的技术学习本身，因为学习的机会只是学习的条件而不是学习本身。要吸收、消化外来技术并使之转化为自主的知识资产和组织能力，中国的工业和创新体系就必须进行自主开发，就必须保持自主开发和进行技术学习的工作平台。没有积极的学习和使学习能够持续的组织平台和产品平台，市场开放和技术引进不但不会导致本土技术能力的发展，反而可能导致中国工业的毁灭、本土技术能力的沦丧和持续的贫困。

企业学习意识缺乏、目标不明确以及吸收能力不足都会造成学习上的障碍，而这些问题恰恰是我国企业的通病。急功近利和谨小慎微的心态是我国企业在联盟时最常见的，而明确的广为接受的学习目标又是我们最缺少的，这自然会阻碍学习的有效进行。当然，更大的障碍来自我国企业吸收能力的严重不足，我国企业由于相关知识的规模小、存量少以及多样化程度低，不能准确地评估潜在的技术机会和商业潜力，认识不到自身的知识差距，因而加重了学习的负荷；而且，我国企业还未能建立起完备的内部知识传递和处理体系，对新知识尤其是隐性知识无法及时消化、吸收和扩散，这都限制了知识学习的速度和质量。

3. 国内企业的跨国联盟发展策略

(1) 正确认识企业跨国经营中竞争与合作的关系

科学技术的日益发展，信息技术和通信技术的普及化，缩短了各个国家企业在空间和时间上的距离，为世界各国企业的联盟合作提供了充分的技术条件。在经济全球化和各地资源分配不均的背景下，多国合作可以促进产品，尤其是一个高新复杂产品的研发和生产。在当今世界上，一个能够长期持续发展的企业不仅仅在于其内部积累，也在于能获得外部资源。而企业对于外部资源的依赖使得其需要收购兼并国内外于自己有用资源的企业，或与国内外有资源优势的企业联盟合作。因此，充分认识到跨国战略联盟这种发展的必然趋势，需要的不仅是把国外企业引进来，而且应主动走出去，和有利于自己发展的企业合作。

我们还要注意，国际战略联盟也不是把企业做强、做好的唯一形式。企业之间的竞争与合作是企业成长的一把"双刃剑"，它的实质是更高层次的竞争。更为重要的是，之所以有的企业能够结成联盟，都是为了自己利益的最大化。企业之间隐藏的利益冲突，可能会影响企业的发展。我国的企业必须学会这种有联合又有竞争的本领。企业之间竞争策略的相互攻击性是必然存在的，但是这种攻击性主要体现在产品质量、发明、创新和服务上，而不是攻击竞争对手本身。

（2）以灵活多样的方式进入国际市场

我国企业经过改革开放20多年来已出现海尔、联想等一些进入海外经营的大企业，它们已跨越了直接出口产品与建立海外生产基地的阶段。在条件成熟时，完全可以与国外企业建立各具特色的战略联盟。至于其他一些企业也要依据自身的情况选择不同的联盟方式，既不可盲目跟进、急于求成，也不要失去机遇，应主动出击。

（3）扶持与培育跨国企业集团联盟的优势

世界上企业之间的战略联盟大多数都是在一些跨国公司之间进行的，多为强强联合。我国的海外企业大多是势单力薄，单兵独进，难以在国际市场处于有利地位，缺乏与国外企业结成战略联盟的强大优势。因此，我国的企业可以先以国内联合的方式而对外联合，增强我国跨国经营的综合实力，形成国内战略联盟，再与国外跨国公司、跨国企业集团合作。对于国内众多的中小企业来说，更可以从保持和强化竞争优势出发，建立国内战略联盟，共同开发新产品、新技术，共同联手开拓海外市场，或与国外企业联盟，以降低成本，减少经营风险。同时国家应为企业对外结盟创造良好的环境和政策支持。

（4）加强战略联盟内部管理的协调与整合

企业大量的联盟实践证明，联盟的失败都和管理问题有关。当然，对于不同的联盟形式，应有不同的管理方式。但不管何种形式，都要考虑到以下三个管理因素：一是需要建立并运行一个恰当的管理系统；二是要确定没有冲突的目标；三是各方都应采取一种适当的态度。而成功的联盟一般都要有三个管理准则：一是要为联盟确定早期的目标；二是在联盟伙伴之间建立一种个人基础之上的密切关系;三是保持一种良好的、能跨越职能的信息沟通渠道。

第五节 案例分析:联想集团国际化战略

新型的国际分工模式催生了全球生产网络的形成与发展,中国企业的国际化经营过程是通过国际化生产模块化等方式对世界各地的生产性资源进行整合。

联想集团于1984年在北京成立,到今天已经发展成为全球领先的PC企业之一。自创立以来,联想集团随着新国际分工体系的深化和全球价值链的延伸,积极通过推进商业模式创新和技术创新不断适应全球竞争环境,从一个20万元投入的小公司,逐步成长为产品遍布世界各地的全球第二大PC厂商。2012年,联想集团营业额达到340亿美元,跻身于世界500强排行榜中第370位,成为一家具有全球竞争力和影响力的跨国公司。联想的国际化无疑是中国乃至世界的典型例子。下文将结合联想公司从中国企业到国际化企业的经历和战略选择,对联想公司采取的国际化重点战略——投资战略、品牌战略进行大量取证和细致的研究,分析联想公司国际化战略所产生的效果,以及联想的国际化战略给中国企业带来的启示。

一、联想的国际化战略重点

1. 投资战略

联想的投资战略主要是以并购的方式进行海外投资,并将新联想总部设在海外地区。国际化无外乎是两条路,一条是自我发展;一条是并购。

联想集团采用并购的方式进行其国际化投资战略。联想收购了IBM的个人电脑事业部,组建了世界第三大PC厂商,此次收购的交易总额约为17.5亿美元。收购完成后的新联想集团,全球总部设立在纽约,主要运营中心设立在北京和罗利(位于美国北卡罗来纳州)。实施投资战略两年后,联想已在全球60个国家设立了分支机构,遍及全球160个国家的销售网络。联想拥有了领先的商用笔记本产品、领先的研发和产品差异化能力,更强大的创新能力和更丰富的产品组合。联想和IBM结成长期战略联盟,IBM成为联想的首选服务和客户融资提供商,联想成为IBM首选的PC供应商,这样IBM就可以为其企业客户提供各种个人电脑解决方案。在联想完成对IBM个人电脑部门的并购后,三家海外私人投资机构又以3.5亿美元投资入股新联想。至此,联想不仅在产品、营销网络等方面实现了国际化,还在股权结构、融资渠道等方面实现了国际化。

联想在并购过程中还有诸多有特色的地方。

(1)整合和利用全球资源,保障国际化战略的实施

充分利用和整合全球资源来实现国际化战略是联想的一个特点。无论是早期的中外合资还是后期的跨国并购,无不体现了这一点。尤其是通过海外并购来提升国际化的阶段,这一特点更为突出。众所周知,海外并购的成功率之所以非常低,是因为跨国并购是一项复杂的投资活动,不仅涉及跨文化管理的种种问题,而且并购过程涉及方方面面的专业知识,因此,仅靠并购企业单枪匹马是难以完成的。并购企业需要中介机构提供服务,如麦肯锡、高盛、普华永道等著名机构协助调研与谈判等。

联想收购IBM的PC业务时就聘请了多家咨询公司,包括战略咨询公司、律师事务所、投资银行、人力资源顾问公司、会计师事务所,等等。所有咨询机构在国际上均享有极高的声誉,共同特点是:熟知市场化运作惯例,具有丰富的国际操作经验,精通国际并购游戏规则。这些机构组成了一个强有力的智囊团,辅佐联想实现其并购计划,至少帮助联想在遵循基本规则方面不会出现重大的失误。这些咨询机构所提供的服务,大到战略制定,小到英语培训,从并购过程中大量法律文件的起草和审阅,到各种专业数据的计算、预测,都是联想急需而又力所不能及的。这些工作体现了专业人员的重要性,弥补了中国企业在并购交易方面知识和能力的不足。联想集团并购IBM个人电脑业务的过程中,充分发挥了这些中介机构的桥梁和辅助作用,因而顺利实现了一个业内称为"蛇吞象"的跨国并购。懂得和善于利用、整合全球资源实施国际化战略,是联想并购的一个重要特点,对国内企业的国际化发展也有重要的参考意义。

（2）凭借出色的跨文化管理消除国际化中文化差异的阻碍

联想较为成功地进行了并购后的跨文化管理和融合，是其国际化发展中另一个较为突出的特点。很多企业都不可避免地遇到了经营和管理中的跨文化管理和整合的问题，尤其是对正在向跨国公司转化的中国企业更是如此。新联想在这方面则做得较为成功。新联想在文化整合上提出"尊重、信任、整合"的方针，在具体的经营管理中，联想提出了"大原则必须坚持，小问题因地制宜地适当妥协"的原则。在并购后的国际化经营阶段，联想坚持了取长补短、相互学习的文化管理策略，而不是单纯地以某一方面的文化为强势文化进行强势整合。如，新联想的高层领导班子共8位成员，中国和西方背景的管理人员各占一半，确保了东西方文化的平衡。在实际管理运行中，联想并没有完全僵化地沿用老联想的管理风格和办法，而是充分考虑到了西方国家民主、法治的背景，采用了民主集中的原则：所有的重大事项都要在董事会会议上讨论，所有不同的看法也要在董事会会议上统一。但是联想并不是一味追求妥协，在沟通上的耐心是以不妨碍决策和执行的效率为前提的。联想这种以中西方文化融合为契机、取长补短地进行跨文化的管理也是我国企业跨国并购整合值得借鉴的。

2. 品牌战略

联想的品牌战略是实行从中国品牌到国际品牌的整合。联想在中国的品牌知名度已经达到了一个高峰，如何才能让企业的品牌成为一个国际品牌是联想的又一战略。

联想的品牌战略定位是为客户提供超值的产品，然后配以卓越的服务。在2005年发布的由世界品牌实验室（World Brand Lab）独家编制的《世界品牌500强》排行榜中，联想榜上有名。同年，在全球享有盛誉的财经媒体——英国《金融时报》发布"中国十大国际品牌榜"评选中，联想排在第二位；在当前中国企业的国际领先品牌排名中，联想仍然位列第二。在对IBM的PC进行并购时在品牌战略的推广上，联想首先是使用双品牌战略。联想LENOVO在国外知名度比较低，但THINK在国外是非常知名的产品。所以说，在国外LENOVO的品牌战略是提升知名度，借助IBM品牌开创国际市场，而THINK品牌建设的中心是提高美誉度。然后联想开始试图淡化IBM商标，在全球打响LENOVO品牌是联想的最终目标，淡化IBM商标是迟早的事情。

此外联想还依靠体育营销,实现了从中国品牌向国际品牌的跨越。首先选择成为奥运会的赞助商。因为成为奥委会的合作伙伴,特别是顶级赞助商,可以在全球关注的奥运会上通过各种方式、在多种场合,更加便利地实现品牌推广。国际奥委会顶级赞助商的全球合作伙伴共11家,联想成为跻身其中的第一家中国企业。都灵冬奥会上,联想小试锋芒,迈出品牌国际化的重要一步。冬奥会上,联想策划了一系列品牌推广活动。一方面是产品的推广;另一方面是整体上的品牌营销。通过赞助冬奥会,联想全方位地展示了自己的实力,也得到更多的认可。

另外,联想通过国际运动明星代言以及同著名赛事的合作开拓世界市场。2006年世界杯,联想签约巴西球星小罗作为新产品代言人。此后,在一些新兴市场如印度,小罗所代言的LENOVO3000笔记本的销量的增长几乎是100%。从这些数据看,小罗的代言对联想品牌的影响力以及市场销售都带来了实质性的突破。同年,联想与NBA签署了一项为期数年的全球营销合作协议,双方将在中美两国的市场营销方面进行合作,联想将有权在自己的产品上使用NBA的LOGO、球星形象,还可借助NBA明星来华、NBA中国赛等活动进行营销。经过这一系列的体育营销,对提升联想的品牌形象、拉动业务增长、提升员工士气的影响都是巨大的。

二、联想国际化的成就和经验

1. 联想国际化的成绩

通过国际化,联想获得了巨大的收益,主要表现在以下几个方面。

(1) 卓越的业绩和全球PC市场的领导地位

2011财年第一季度,联想创下12.2%的全球市场份额新高。连续7个季度在全球主要PC厂商中保持最快增速,并连续9个季度增长超越大市。2011年7月,凭借出色的业绩,联想重返《财富》全球500强,比起2008年的第499位,一举提升了50个位次。联想已经超越宏碁成为全球第三大PC厂商,与前两名的差距日益缩小。

(2) 国际化的人才

在国际化过程中,联想已经锻造出一支团结一致、战略清晰、中西合璧的领导团队(LEC：联想执委会)。LEC包括CEO、CFO、区域市场、HR、产品研发等各个部门的最高领导人；他们精诚团结、集体议事，把战略和执行统筹考虑，既保证了战略对头，又能高效执行。此外，以杨元庆、刘军、绍鹏为代表的一大批中国籍高管，从中国走向全球，在联想国际化中历练，成长为拥有卓越的国际化管理能力的人才。

联想还注重国际化高管的输出和引进。联想前COO RoryRead出任AMD总裁兼首席执行官，这表明了业界对联想的人才和业绩的高度认可。联想招募了全球顶级的人才，比如曾在苹果、惠普担任要职的David Roman，任联想CMO时，领导着联想在全球范围塑造一个更强大的品牌。

联想用"走出去、请进来"的机制大规模培养国际化人才。走出去指的是，联想从中国区向海外输送管理人才，将联想在中国市场长期积累的营销经验和业务模式带到海外市场。比如，原中国区人才担任俄罗斯市场的总经理；原中国区商用事业部人才掌管联想在中国香港、中国台湾和韩国的业务等。请进来主要是指联想定期组织海外市场的外籍管理人员来中国考察，学习联想在中国发展渠道体系、营销拓展的成功经验，将先进高效的"双业务模式"复制到海外。

(3)以全球化视野把握产业趋势

联想国际化让联想拥有了更加宽广、长远的视野，着眼于中长期的发展战略，因此早在2005年联想就开始了移动互联业务的精心布局，在产业浪潮来临时率先发布了移动互联战略，成功推出以乐Phone、乐Pad为代表的创新产品，迅速建立了竞争优势。

(4)全球化的产业布局

联想拥有全球创新三角研发体系。联想在全球范围内构建起以中国北京、美国罗利和日本大和三地为支点的全球创新三角研发体系，2012年，联想已拥有遍布全球的46个世界一流的实验室，掌握6 000多项全球发明专利，这些专利基本涵盖了PC发展历史中的所有核心专利；联想因此能够24小时不间断地进行产品技术研发。《商业周刊》评选联想为"全球50家最具创新精神的企业"。

联想还建立了全球供应链体系。联想在中国的北京、上海、惠阳、成都及深圳，印度的庞帝其利(Pondicherry)，墨西哥的蒙特雷(Monterrey)，阿根廷的乌斯怀亚及美国的格林斯博罗（Greensboro）设有个人电脑制造和物流基地，并于全球采用合同制造及OEM。成本控制达到世界一流水平，在大规模增加投入的情况下，费用率仍屡创新低，实现了高效的全球资源配置。

（5）全球化的品牌

联想正在全球实施一项名为"Lenovo For Those Who Do"的品牌营销战略，旨在在全球范围内塑造更加强大的联想品牌。在第一波攻势中，联想重点在成熟市场的美国、日本和德国，以及新兴市场的印度、俄罗斯、墨西哥和印度尼西亚展开了这场战役，品牌营销成效显著。在2010年度（第七届）"世界品牌500强"排行榜上，联想入选由世界品牌实验室独家编制的"世界品牌500强"，综合排名139位。2011年，联想集团入选《福布斯》全球最具声望百强企业，在国内上榜企业中排名第一。

（6）文化融合

联想拥有深厚的根文化，核心是企业利益第一、求实进取和以人为本。以联想根文化为基础，结合联想集团的特点和国际化环境的需求，联想进一步发展出了被称为"4P"的价值观，它的口号是"联想之道——说到做到，尽心尽力"。首先是说到做到，强调想清楚再承诺，承诺了就要兑现；其次是尽心尽力，要永远把公司利益放在第一位，不断进取，要每一年每一天都在进步。联想从上至下，在各个团队中，通过领导力的传承，让4P文化扎根在每一位员工心中，支持全球战略的实施，并为持续发展提供动力。

2. 联想集团的国际化经验

随着中国经济技术发展水平的提高和中国加入WTO，中国企业国际化战略是以中国的公司为主导，服务于中国公司战略的一种跨国整合模式。在中国经济发展到一定阶段后，无论从开拓市场空间，优化产业结构，获取经济资源，争取技术来源，还是突破贸易保护壁垒，培育中国具有国际竞争力的大型跨国公司，国际化都是一种必然选择。另外，中国加入WTO之后，无论从国家发展战略、改善国际关系的需要，还是从中国的外汇储备、部分企业的经济、技术和管理实力来看，都具备了实施国际化战略的基本条件。中国企业需要继续繁荣，就必须采取国际化战略转向国际化；

而最终能通过国际化战略走向国际化的中国企业,也必将成为中国最成功的企业。

从联想的国际化的案例中,可以发现中国企业国际化需要尊重一些基本的原则。

(1)立足中国市场原则。联想企业在进军国际市场之前已经连续多年占据中国IT业务龙头的位置,在它的产品质量和技术以及品牌得到多年的认证和考验后,联想公司才选择进入国际的浪潮中一展身手。此时的联想进可攻、退可守,如果联想公司的国际化战略效果不好,联想公司可以选择暂时固守中国本土市场而不至于一败涂地。但是很多中国企业在中国市场都还没有发展起来,就雄心勃勃地走向国际市场,结果惨败而归,有的甚至一蹶不振。联想公司没有在占据中国第一位置的第一年就选择执行国际化战略就是因为它想牢牢地抓住中国市场,为它以后的发展打下坚实的基础。

(2)战略突破原则。战略突破就是企业发展到一定的阶段,选择一个正确的转型道路。联想在国内市场成功以后,就以国际市场作为战略突破点,实施国际化战略。对中国的一些在中国市场上已经有很好优势的企业来说,目前已经到了需要做战略突破的时候了。是否能够真正地做到这样的战略突破是企业评估其国际化最重要的原则之一。

(3)立足企业能力的原则。企业国际化问题是个很复杂的战略问题,其最核心的问题是要做到任何的国际化行动都要以形成自己的战略能力为目标。联想的国际化战略是出于要形成其更加庞大的市场能力的考虑,而不是体现在为了提高或获得中国企业所缺乏的技术和产品上。只有自己企业的能力达到了国际化水平,在开展国际化战略时才游刃有余。但并不是所有企业都具有国际化的能力,每个企业必须在客观把握本身生产能力和经营管理水平,以及生产资料供应能力和科研开发能力的基础上,具体选择扩大市场的方式。

第五章 跨国公司组织行为：双层网络结构

第一节 跨国组织的双层结构

如果从20世纪初开始计算，现代的跨国公司发展超过100年历史。虽然不同行业、不同企业差别很大，企业的战略、历史、模式、业务、风格、领导人等诸多因素，都直接影响到这些跨国公司对自己组织结构的选择。但是，我们仍旧可以通过这段发展的历程来总结跨国公司的组织结构变化规律和一些新的组织行为特点。

从21世纪跨国公司的组织发展趋势反映的特点来看，我们认为跨国公司目前的组织行为，可以用构建"双层网络结构"来总结。示意图如图5-1。

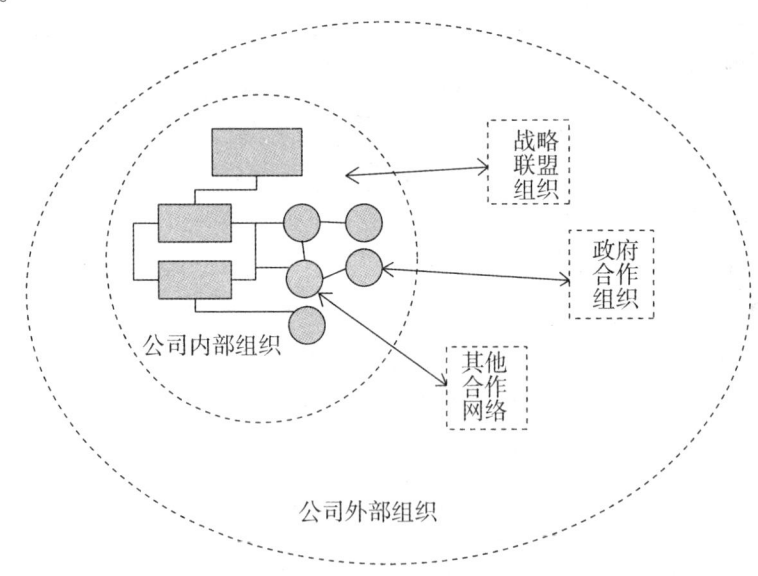

图5-1 跨国公司组织的双层网络结构

资料来源：作者整理。

双层网络结构,包括跨国公司内部组织结构和外部网络结构两个部分。跨国公司的内部组织结构,在长达一个世纪的演变和升级过程中,发生了众多的变化,从一国内部的组织体系,到产生国际业务的组织部门,再到反映多国战略和全球战略的产品事业部、国别公司、区域总部、混合和矩阵组织等,充分体现了伴随全球业务的发展,跨国公司组织体系的不断复杂化,跨国公司的组织成长状态也不断变化。

而随着这样的内部组织不断在全球范围内发展,跨国公司越来越多地和外部的其他跨国公司、本土公司、政府组织等进行业务合作、信息交流乃至资源的流动。一些大型跨国公司认识到包括战略联盟在内的广泛合作和建构在契约基础上的合作网络可以帮助自己降低风险,提高效率,并长期建立全球的竞争能力。因而,近二十年来,跨国公司的组织发展,已经不仅关注自己内部组织的适应性调整,同时强调外部网络体系的建立和维护。

构建和优化这样的"双层网络结构",是新世纪跨国公司组织行为的一个重要特点,而跨国公司的组织竞争能力,也和其双层网络组织体系直接关联。某种程度上,可以说,跨国公司之间的竞争,已经不是它们直接的个体竞争,而是其整体网络的竞争。

第二节 跨国公司内部组织演变

跨国公司是按照一定的宗旨和系统建立起来的组织形式。对企业而言,组织的实质是公司内权利、责任、控制和协调关系。因此跨国公司的组织结构,可以理解为以企业经营宗旨为导向、以企业经营战略为基础、为实现跨国经营目标而形成的企业内部的权力、责任、控制与协调关系的特定形式。

一、跨国公司内部组织演变的阶段与组织形态

跨国公司的组织结构有多种形式,它们随着跨国公司的发展和国际环境的变迁,而在不同程度上被人重视和采用。我们认为,总体来看,到21世

纪的现在,跨国公司组织结构的演变主要经历了以下四大阶段和几种较为典型的组织形态(见图5-2)。

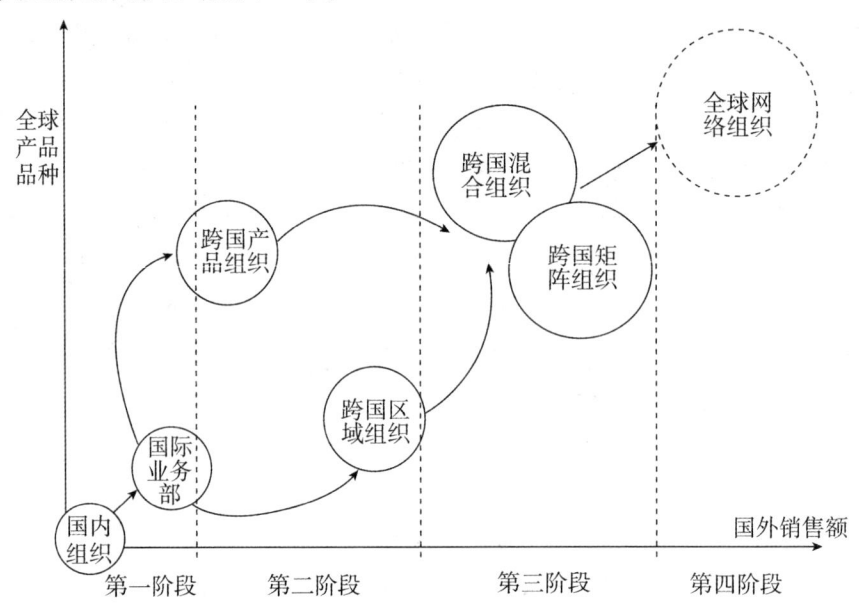

图5-2 跨国公司组织结构演变路径

资料来源:作者整理。

1. 阶段一:建立国际业务部门

绝大多数情况下,任何一家公司,从母国开始进行跨国业务,都是从业务体系的局部开始,逐渐深入。而在这样的阶段,成立以出口部或者国际业务部为代表的国际业务部门,或者是海外具有自主权的子公司都是直接的选择。这样就构成了跨国组织的第一个阶段。

(1)出口部。早期的跨国公司在国外活动的规模比较小,又以商品输出为主,通常采取在总公司下设立一个出口部的组织形式,以全面负责管理国外业务。由于国外业务在整个企业的经营活动中占的比重不大,因此,母公司与子公司之间的关系比较松散,主要限于审批子公司的投资计划,子公司的责任仅是每年按控股额向母公司支付股东红利,母公司实际只起控股公司的作用,子公司的独立性很大。

(2)国际业务部。随着跨国公司业务范围的扩大,国外子公司数目增多,公司内部单位之间的利益矛盾日渐显露。母公司需加强对子公司的控制，出口部的组织形式已不能适应。继而，许多公司采取在总部下面设立国际业务部的组织形式。国际业务部总管商品输出和对外投资，监督国外子公司的建立和经营活动。其作用包括：为跨国公司筹划国外业务的政策和战略设计；为子公司从国际市场取得低息贷款；为子公司提供情报，提供更好的合作、配合和协调；可通过转移定价政策减轻或逃避纳税负担；为子公司之间划分国外市场，以免自相竞争。

（3）拥有海外公司自主权的自主子公司结构。它能使海外公司根据所在国的经营环境的特点来灵活地开展经营活动，并且由于母公司总经理可以直接参与每个海外子公司的战略决策，从而使母公司与海外公司之间在战略目标和经营策略上能够得到协调发展。

2. 阶段二：建立跨国组织

跨国公司海外机构的不断增加，也是跨国公司从所谓多国战略向全球战略转换的过程，从20世纪60年代开始，很多跨国公司开始倾向于建立一个相对统一的跨国组织。那么，这样的组织如何分工更为高效率？在实践中，产生了几种不同的做法，从而产生了全球产品组织结构和全球区域组织结构两种重要的组织形式，全球型的组织开始真正形成。

（1）全球产品结构，是按照公司的产品大类进行划分。跨国公司按产品种类或产品设立总部，只要同一类产品，都统归有关的产品线总部领导。这种组织形式适合于产品系列复杂、市场分布广泛、技术要求较高的跨国公司。产品线总部形式的优点是把国内和国外的业务活动统一起来，同时使销售和利润的增长与投资的增长更接近同步。不足之处是产品线总部之间缺乏联系，使产品知识分散化，图5-3所示为产品线总部构成。

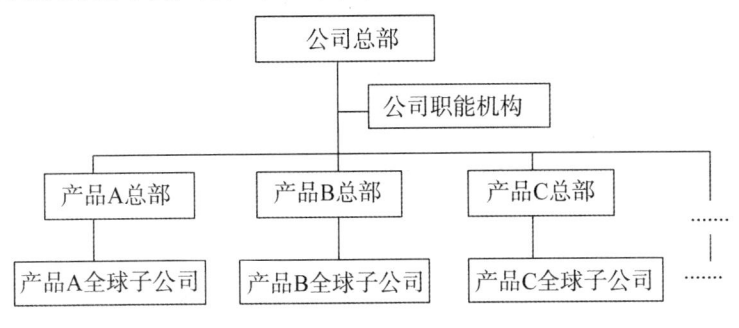

图5-3 全球产品结构

（2）全球区域结构。跨国公司按地区设立总部，负责协调和支持一个地区所有分支机构的所有活动。在这种组织形式下，由母国总部及所属职能部门进行全球性经营决策，地区总部只负责该地区的经营责任，控制和协调该地区内的所有职能，图5-4所示为地区总部构成。

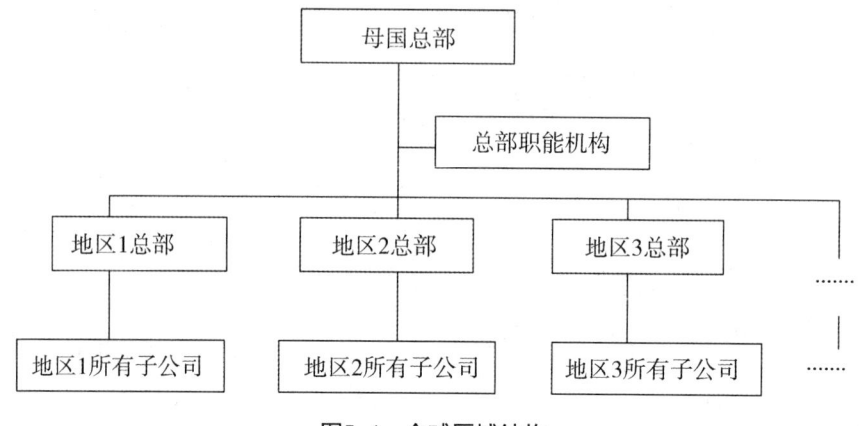

图5-4 全球区域结构

3. 阶段三：建立全球组织

跨国公司的发展，伴随着其业务种类的不断增多，全球市场的深化，那些建立了数十种产品系列，覆盖几十个不同国家的跨国公司，需要从一个更加系统的角度来管理组织。这时，一些跨国公司开始选择更加复杂的全球组织模式，以全球矩阵或混合型组织为代表的组织形式在某种程度上满足了跨国公司这样的需求。

职能总部、产品线总部、地区总部三种组织形式虽然加强了总部的集中控制，把国内和国外业务统一起来，但是这些形式是一个部门（总部）负责一方面业务的专门负责制，不能解决和协调各职能、各地区、各产品部门之间的相互联系，特别是单渠道信息传递，不利于竞争。为了解决这一问题，不少巨型跨国公司将职能、产品线、地区三者结合起来，设立矩阵式的组织结构，图5-5所示为矩阵结构组织形式。

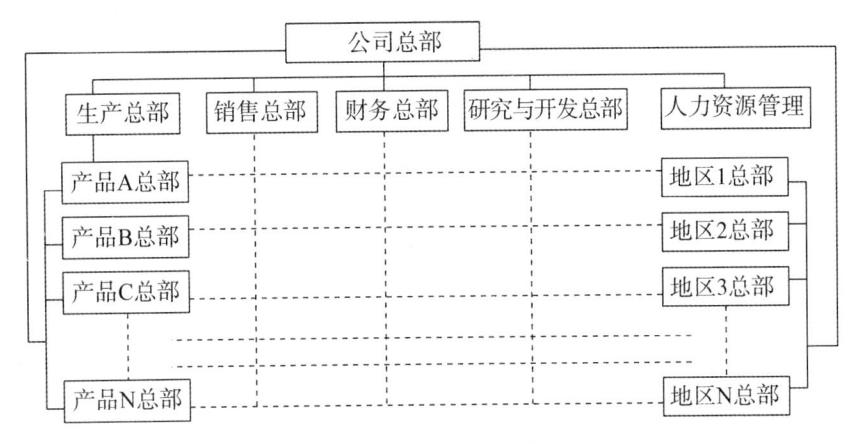

图5-5　全球矩阵结构

4. 阶段四：发展全球网络

20世纪80年代以前的西方跨国公司的组织形式多是强调纵向分工和命令控制，总部权力集中。80年代中后期以来，信息革命、经济全球化引发了组织结构形式的调整，大幅度减少了管理层次，使跨国公司的组织结构形式从金字塔式的等级制不断向网络型的模式转变，由此应运而生了网络管理体制。在网络管理体制下，跨国公司采取了全球一体化的经营方式，将研发、生产和销售等环节根据不同的区位优势分布于全球各地，把所有分支机构联结成一体化经营网络，这样使分散于世界各地的研发、生产、销售等活动能够服务于企业的全球发展战略。

从科斯到威廉姆森的传统企业组织理论发展中，阐述了这样一种思想：企业是根据内部组织成本和外部市场交易成本的比较来确定企业边界的。然而在实际情况中，交易成本的难以量化以及建立在技术创新基础上的交易方式不断改变，使企业在确定边界时并不是十分清晰的。

正因为如此，许多跨国公司在内部实行多个利润中心制度，实现组织内部制度的市场化；或多个跨国公司形成联盟，实现外部市场的内部制度化。

跨国公司的网络化，是为了实现自身的全球发展战略目标而在研发、生产或销售等领域进行合作形成的企业网络组织，这种网络组织具有以下特征。

（1）稳定性。跨国公司之间的这种合作关系可以是长期的，也可以是短期的，这主要取决于跨国公司自身的经营战略和环境变化。就目前情况看,大多数跨国公司网络组织是比较稳定的长期性组织。究其缘由,我们认为这归因于信用平行创造的问题,即每一次成功的合作都是为网络组织成员间建立最终的多边信任添加砝码。随着合作次数的递增,信用程度不断提高,同时又促进了成员间的再度合作。如此良性地循环下去,网络组织中的成员间就越趋向于稳定的、有固定伙伴的合作。与已有的跨国公司合作形式相比,这种以信用为基础的合作形式,风险较小,交易成本较低,合作渠道更加畅通。

(2)互补性。依"战略缺口"(Strategic Gap)假说,跨国公司网络组织的成员都拥有各自的核心优势,同时又缺乏进一步发展的其他资源优势。这样,每一个成员的核心优势距离自己的战略目标就存在着一个战略缺口。不同的跨国公司形成网络组织的凝聚点就在于这些核心优势的互补上。此时,公司的规模大小及地域差别已不是加入网络组织的基础。核心优势的具备与否以及这种核心优势能不能在网络中为其他成员所利用,更重要的是自身缺乏的资源优势可否在网络成员那里得到弥补,这一系列问题成为跨国公司网络组织合作的主要动机和基础。

(3)平等性和灵活性。网络组织中的各成员是独立的法人实体,并不存在层级关系。也就是说,网络中成员地位是平等的,是建立在信用基础上的优势互补。当然,在网络中也有可能存在以某一个公司为中心的情况,但这只是分工不同引起的,并不代表地位上的差别。另外,直接的契约关系可以作为网络组织中成员确立合作关系的方式,但并不是必须具备的,即允许一部分成员通过间接方式(隐性契约)而不是直接方式连接。区域化、一体化、全球化是世界经济发展的大趋势,为适应这种形势,跨国公司之间缔结了战略联盟,这也是跨国组织网络化的一种表现。

二、跨国公司内部结构的新变革

20世纪90年代以来,以信息技术产业为代表的"新经济"凸现和经济全球化潮流的迅猛发展成为世界经济的两大趋势。伴随着这两大趋势,以跨国公司为代表的发达国家的大企业为在全球竞争环境中保持领先优势,率先进行了一场意义深刻的企业制度与组织改革,从企业制度安排、企业内外部组织形式、企业规模等方面进行了广泛的调整、重组和创新。

1. 跨国公司组织结构向扁平化、柔性化方向发展

由于信息技术的飞速发展,企业内部信息交流突破了时间和地理障碍,因而跨国公司组织中形形色色的纵向结构正在拆除,中间管理层被迅速削减,管理跨度扩大,组织结构呈扁平化趋势。扁平化的组织结构彻底改变了原来由上而下的纵向信息传递方式,大大加强了横向联系,使组织更具弹性和灵活性,可以根据实际情况随时调整组织结构,因而呈现柔性化趋势。伴随着组织结构重构的进程,现代跨国公司的母子关系也在发生变化,主要表现为两种倾向:一是母公司与子公司关系更加密切,已形成统一的战略系统;二是跨国公司倾向于只紧密控制关键的功能公司,如研发与销售机构。

具体而言,所谓组织结构扁平化,是指通过减少管理层次和裁减冗员而建立起来的一种紧凑的扁平型组织结构,它能使组织变得灵活、敏捷,从而提高组织效率和效能。企业组织结构扁平化是当今组织结构变革的一大趋势。现代信息技术的发展为跨国公司组织结构扁平化提供了物质技术基础和手段。信息技术的进步,通过计算机参与决策的管理,加快了信息的收集、传递和处理,缩短了组织结构的高层与基层之间的信息传递距离,提高了决策的速度,传统的组织结构正在变"扁"变"平"。变"扁"是指形形色色的纵向结构正在拆除,中间管理阶层被迅速削减。变平是指组织部门横向压缩,将原来企业单元中的服务辅助部门抽出来,组成单独的服务公司,使各企业能够从法律事务、文书等各种后勤服务工作中解脱出来。同时,扁平化企业通过对员工充分授权,可激发员工工作动力,培养员工自主工作与协调能力,由此管理者也不再充当发号施令的角色,而是与基层管理者及基层员工之间建立起一种新型的服务关系。

组织结构的柔性化主要是指职权结构的合理化,合理化的标志是其适应内外部环境变化的应变能力,主要体现为集权化和分权化的合理统一,即在进行分权化的同时,要实行必要的权力集中;在实行集权化的同时,要给予最灵活的和最大限度的分权。传统层级制组织模式中权力过度集中于中高层管理者手中,基层管理者及员工几乎没有任何自主决策权,这种刚性化的权力关系使企业越来越不能适应外部环境的变化。这是因为:一是顾客需求呈现出日益多样化的特点,使得当今一大批跨国公司由以追求规模经济为目的的一元化经营转变为向纵深和横向发展的、以追求范围经济或全球

化经济为目的的多元化经营,企业生产方式也相应由依靠单一品种的大批量生产转变为以多品种中小批量和按订单组织生产为主的柔性化生产方式。作为服从战略转变的企业组织结构,其职权关系也不得不加以重新审视和调整才能适应上述经营思想和生产方式的变化。二是当今企业基层员工直接面向顾客的机会越来越多,为使他们充分了解和把握市场动态,授予基层员工合理的决策自主权是非常必要的。因此,建立能适应内外部环境变化的柔性化组织结构是现代企业组织结构调整的又一基本方向。通过权限结构的调整,适当下放中高层管理人员的权力,充分授予基层员工应付突发性事件的自主权力,以提高决策的实效性。例如起源于日本丰田的准时生产制,为确保产品质量,授予一线员工发现质量隐患或问题时有自动停机的权力,这种权力的下放能够确保将质量隐患消灭在产品制造过程中。

2. 跨国公司地区总部制度日益盛行

所谓地区总部制度是指,在总部制定的全球经营战略的框架下,从区域级层面上对区域内数个国家的子公司各项活动(生产、销售、物流、研发等)进行统筹管理和协调,并负责制定公司区域性经营战略的组织形式。随着跨国公司经营向全球化发展,其组织形式也发生了重大变革,引入地区总部制度并在世界主要投资区域设立地区总部成了这一变革的主流。

跨国公司地区总部作为联系公司总部与海外子公司和分支机构的中间组织形式,在公司全球网络体系中居于重要地位。一方面,跨国公司以各地区总部为单位制定地区性战略,并构筑地区性网络,以促进地区内经营资源的合理流动;另一方面,又将公司的地区性网络相互联结起来,构筑区域间网络,以谋求经营资源在全球尺度上的高效率利用。地区总部的核心职能是促进公司各种经营资源(人力资源、物质资源、资金资源等有形资产及技术、经营管理经验和诀窍等无形资产)在区域内的有机联系和相互利用,并提高公司决策效率。

然而跨国公司设立地区总部还和当地的政治、经济、文化等相关。换句话说,并不是任意一个地区就可以设立总部。地区总部的选址可能直接影响跨国公司的经营战略实施,进一步影响经营绩效。跨国公司地区总部的选址主要是依据其职能要求进行的,影响地区总部选址的主要因素有以下几个方面。

①政治环境。跨国公司地区总部作为跨国公司管理地区内子公司经营管理的核心机构，聚集了该地区优秀的管理人才、大量的资金、重要的研发机构，这些都使得地区总部成为极其敏感的部门。"经济学人情报组"对1 100家来自北美、欧洲和日本的跨国公司进行的调查报告显示，跨国公司在选择地区总部时，最看重的基本因素是该地的政局是否稳定。

②设施条件。调查结果显示，基础设施条件是跨国公司地区总部选址时考虑的仅次于政治稳定性的第二重要因素。地区总部作为跨国公司设在国外的重要决策和管理部门，为减少决策和管理过程中存在的不确定因素，需要掌握大量的国内外经济、政治形势及其变化趋势，且与公司总部和地区内子公司保持沟通。这些信息不仅交换量大，而且又多为跨国公司的国际交换，因而对信息通信基础设施如同轴电缆、光缆、交换机系统、传输装置、卫星天线等的要求很高。同时，地区总部的业务活动，需要一系列与人员流动、业务交流相关的基础设施作保障，因而对国际航空港、高速公路网、国际饭店设施、国际会议展览中心等设施有较高要求。当母公司选派常驻人员时，还会对生活环境及子女教育提出较高要求。

③区位条件。地区总部的主要使命是管理域内子公司，为其提供经营支援服务，并协调和调整相互间关系，因此地区总部在选址时格外重视地区的中心性。此外，地区市场的规模及潜力也是决定跨国公司设立地区总部的重要因素。

④政策环境。跨国公司地区总部在东道国的投资实体能否得到法律保护，直接关系到其生存和发展；东道国对跨国公司营运的相关政策和法规直接关系到其职能能否快速有效实施。因而东道国的相关法律体系与政策环境及政府公共服务水平便成了跨国公司地区总部十分关心的问题。其具体内容包括以下几个方面：较低的市场准入壁垒；宽松的外汇进出限制；自由灵活的资金调度；便利的人员出入境、货物进出口；一定的税收优惠；完善的法律、司法体系；高效率的政府服务等。

⑤服务业集聚水平。地区总部业务的顺利开展需要现代服务业的支持。现代服务业的集聚可以使地区总部享受外部经济效应。因此，地区总部总是倾向于建立在中心城市的中心商务区（CBD）。这样，区域内的金融、证券、保险业、房地产业、广告业、市场调查、会计、法律事务以及信息

服务业的发育状况等为跨国公司所关注。

⑥人力资源条件。地区总部的核心职能是促进公司各项经营资源之间的整合与创新，这必然要求地区总部拥有最出色的经营管理人才。因此，所选城市必须要有大量符合现代市场竞争要求的高素质人才供应。

3. 收购兼并成了规模扩张的主要方式

现代企业兼并浪潮经久不衰，特别是近十年，随着全球经济一体化的发展，国际竞争也日趋白热化，以美国为首的西方国家跨国公司的并购活动更是愈演愈烈，其规模之巨大、涉及金额之多、波及产业范围之广，使跨国并购成为跨国公司对外直接投资的主要手段。

跨国并购方式可以降低企业机会成本，从而有利于跨国公司在全球范围内进行组织结构调整。许多跨国并购事例表明，通过跨国并购可以优化组织结构，实现组织的静态和动态协同效应，进而提高跨国公司的组织效率，保持并提高跨国公司的竞争优势，因此跨国并购是从跨国公司组织结构演变的趋势出发进行的可行性选择，也是跨国公司在经济全球化背景下的规模扩张的主要方式。

4. 虚拟化成为跨国公司组织结构的新趋势

虚拟组织是指两个以上的独立实体，为迅速向市场提供产品和服务，在IT网络技术的支持下，在一定时间内结成的动态联盟。企业的虚拟组织是介于"市场"和"企业"间的一种交易形式，其组织结构不是以实体结构存在，也不一定是一个法人实体，多数是由一些独立的经济实体基于某种共同目标而临时组织起来的一种联盟。在该组织形式下，它们依靠计算机网络、软件、虚拟现实技术等将彼此联系起来。企业可以在资源共享的情况下，精心挑选自己最合适的合作伙伴，从而形成企业具有竞争优势的价值链，进而促进企业组织发展。

随着世界经济全球化和现代科学技术的爆炸性发展，最近几年以来，跨国公司组织结构模式呈现出虚拟化趋势。愈来愈多的企业不再保留技术创新组织的实体形态，只是根据市场机会组成虚拟的创新公司或创新联合体，共担创新风险，共享创新利益，当既定的创新目标实现时，创新联盟即随之解散。通过组织结构虚拟化，各个企业可以充分利用合作伙伴的已有资源加速自己的发展，并且虚拟化组织结构一旦形成，企业便可凭借其强大的规模优势加大对市场的影响力,从而提高自己的竞争能力。例如:著名的耐克公司不用一台生产设备,其总公司缔造了一个遍及全球的帝国。为了实施虚拟化生产,耐克公司将设计图纸交给处于世界各地的生产厂家,让他们严格按图纸式样进行生产,随后由耐克公司进行贴牌,并通过公司的行销网络将产品销售出去。这种模式充分实现了优势互补的作用。耐克公司的这一战略,不仅充分利用了当地廉价的劳动力,极大地节约了人工费用,而且节约了大量的生产投资以及设备购置费用,从而能保证耐克公司最大限度地整合各地的资源,这也是耐克运动鞋之所以能以较低的价格与其他名牌产品竞争的一个重要原因。

面对着世界经济一体化以及信息经济新时代的到来,世界经济发展竞争日益激烈,中国企业在走向全球市场开展跨国经营活动的同时,应学习和借鉴现代跨国企业组织结构的成功经验,尽快调整组织结构以应对市场全球化的压力。当然,各种跨国公司组织结构都有其利弊,企业在设计其组织结构时要综合考虑自身条件以及外部因素,制定出具体的适合自己的发展模式。同时,我国企业也要严格把握跨国公司组织结构变革与发展趋势,学习和借鉴现代跨国公司组织结构、经营机制和经验方案,顺应企业国际化的趋势,逐步制定与国际化相统一的法案条例,形成与国际化经营相关的一系列重要机制,这将有利于我国企业在跨国经营过程中逐步适应和有效应对复杂的全球环境,从而促进其更好地保持竞争优势。

综上所述,随着信息技术的高速发展和经济全球化的加速,跨国公司组织结构的变化趋势从内部主要表现为网络化、扁平化、柔性化、虚拟化的趋势;从外观上主要表现为地区总部盛行、战略联盟、并购浪潮及研究与开发的全球化趋势。

第三节 跨国公司外部网络

回顾前人对国际化的研究,主要的视角还是集中于跨国公司国际化过程或跨国公司的内部结构和管理流程上。从20世纪90年代开始,学术界和企业界开始广泛关注跨国公司间的竞争与合作的关系问题。随着信息时代的来临，技术创新和制度变革促进了组织之间的交流合作。资源在各部门间的流动和重新配置，以及企业组织形态的转变，也随之发生。跨国公司——作为对外投资和技术扩展的主要载体，也在不断发展和国内外各类组织的合作。在新世纪，如何看待及发展跨国公司间新型的合作形式，实现跨国公司在新时期的战略目标，已成为跨国公司理论研究的重点问题之一。本节从企业组织理论出发，分析跨国公司的外部网络，了解跨国公司间、跨国公司和其他组织间的合作关系。

一、跨国公司外部合作的演变

根据对企业国际化过程的研究，一般认为会经历几个阶段：对外贸易活动，技术和知识的转移，对外直接投资和建立国际化经营体系。当企业开始进行国际组织间的合作时，就进入了国际化经营体系建立的阶段。而在不同时期，跨国公司的合作也会选择不同的形式。20世纪90年代后，跨国公司开始进入全球化时代，各个组织国际间的合作也开始更加多样化，和早期的合作有很大的区别。

早期的跨国公司合作主要出现在发达国家和发展中国家之间，双方的实力相差大，合作地位不平等。在较早时期，实现国际化的企业一般都来自于欧美国家等发达市场。大型的跨国公司在进入发展中国家时，面对巨大的市场，必须开发出符合当地需求的产品或服务。而发达国家和发展中国家之间巨大的制度距离，给跨国公司开拓市场带来了困难。此外，发展中国家的大量资源，需要其通过和当地的企业、政府的合作来获取。发达国家在发展中国家设立合资企业，主要目的是获取廉价的劳动力和自然资源。早期的跨国公司之间的合作当然也存在于发达国家的跨国公司之间，不过这些跨国公司合作的主要目的是追求规模经济，垄断原有的市场。

20世纪90年代以后，发达国家之间的跨国公司合作逐渐增多，全球范围的跨国公司战略联盟不断形成。双方建立在平等基础上的战略伙伴关系，保证了战略目标的共同实现。这一时期，合作的形式多样，合作领域也扩展到高新技术等知识密集型行业。进入90年代中后期，信息技术迅猛发展，计算机网络覆盖全球，深刻地影响着人们的生活方式，也大大改变了跨国公司的经营方式和合作关系。跨国公司间的战略联盟逐步发展为范围更广、形式更灵活、时代特征更鲜明的跨国公司网络组织。世界各发达国家中出现了众多企业为实现某一既定目标，凭借自身的优势，迅速联合在一起的现象。它们互补长短，无论规模大小或地域差异，都聚集在同一个相互联系和交织的"网络"中。据统计资料显示，这种跨国公司网络化的趋势还在继续发展。此外，发展中国家的跨国公司也在不断发展壮大，并且也加强了彼此之间的合作，实现资源和能力的互补。

总之，早期的跨国公司间合作与20世纪90年代以后的全球范围内的跨国公司合作，在合作参与双方、动机、形式及领域等方面都存在着很大区别。盛震波和刘海云两位学者对跨国公司合作的形式及变迁进行了分析总结，如表5-1所示。

表5-1 跨国公司合作形式比较

	合作参与双方	合作动机	合作形式	合作领域
早期的跨国公司合作	·发展中国家与发达国家 ·实力悬殊	·获取廉价资源 ·追求规模经济 ·抢占市场	·股权形式（合资企业）	·劳动力密集型行业 ·一般经营领域
20世纪90年代以后的跨国公司合作	·发达国家之间 ·战略伙伴	·自身战略发展高度 ·以组织学习为意图 ·双方知识和信息的互通	·股权形式为主 ·非股权形式迅速发展	·高新技术等知识密集型行业

资料来源：盛震波和刘海云，《跨国公司网络组织》，《管理科学》，14卷第5期。

二、跨国公司的外部网络组织

跨国公司网络组织可以根据其战略目标的不同而采用不同的结合形式。已有的研究中，大部分是从合作目的、产业的前后关联、竞争程度等角度出发，对跨国公司网络组织进行分类。本书第四章对战略联盟类型的探讨，是从上述几个角度进行分析，已经阐述了部分外部网络的类型。有学者则根据价值链的角度，更加详细地分析跨国公司外部网络合作形式的具体环节。他们把价值链的活动划分为研究开发、生产经营和市场销售三个环节，不同环节之间的合作，会形成不同的网络类型。

1. 研究开发型的外部网络

该类型的网络组织指的是跨国公司主要注重研究开发的合作，不同成员间的研究开发环节相连接。此时，跨国公司主要利用网络成员在自身价值链上的研究与开发方面具有不同的核心优势，并把这些优势结合起来。这种类型是许多跨国公司在研究新技术、新产品时采用较多的形式。主要目的是集中研究资源，节省研究成本，缩短研究周期。例如，通用电器、日立、东芝和西门子公司为了改进热水反应技术，相互合作，形成了核工业研究领域中重要的网络组织。

2. 成果转化型的外部网络

该类型的外部网络，是指合作双方一个负责研发，另一方负责生产。此时，网络不同成员间更多的是研究开发环节与生产经营环节相连接。若某一些跨国公司具有某产品或项目的研究与开发能力，另一些跨国公司可以更好地把这些研发转化成实际商品，那么该类合作协议就容易达成。这种类型的合作可以促进技术成果迅速转化成产品，在许多高科技领域，如电子通信、生物制药等行业出现最多。例如一些具有高等院校研究背景的公司凭借其强大的科研实力，与缺乏研究实力却拥有较强的生产能力的公司相结合，形成了科技成果转化为生产力的合作关系。

3. 制造生产型外部网络

在该类型网络中，不同成员间将各自的生产经营环节相连接。跨国公司在某产品的生产上都具有较高水平，但生产规模都不大或者只在产品某一部分的生产上具有优势。二者如果形成合作就能够扩大生产规模，节约生产成本，提高产品整体水平及国际地位。因此，该类的合作主要是为了追求规模经济，获得垄断地位。这种类型主要出现在大型机械设备、运输工具等制造领域。例如法国空中客车公司生产的A300和A310宽体客机，其机身的各个组成部分分别由德国、英国、西班牙制造，最后在法国进行总装。

4. 开拓市场型外部网络

此时，跨国公司注重把生产经营和市场销售相连接，做到中游和下游的合作。在该类合作中，一家或几家跨国公司虽然在某产品的生产方面拥有较强实力，但其市场销售部门的业务拓展有限，导致产品不能有效地进入市场。这时，可以借助其他跨国公司强大的市场销售实力，迅速实现对目标市场的占有，从而缩短产品面市时间，疏通营销渠道，提高市场占有率。前者是为了进入后者的市场，而后者是为了利用前者的技术、品牌和管理等资源优势。例如，为了发展我国的乙烯工业，中国石化与美国埃克森、沙特阿美等公司就形成了这种网络组织。他们的合作类似于制造生产型外部网络和联合销售型外部网络，从而提高各自的效率。

5. 联合销售型外部网络

该网络的成员都进行市场销售，由于所拥有的市场不同，从而可以使得这类合作发生。其中某成员在某产品的市场销售方面具有丰富的经验，为了拓宽此产品的销售渠道而与其他成员携手合作。这种类型在商业领域出现较多，最有代表性的是特许经营形式。又或者生产不同质产品的跨国公司，利用彼此的销售网络，开拓其他公司所在地的市场。

在实际的跨国公司网络组织中，并不仅仅限于两个成员间的价值链上某两个环节的连接，更多的情况是多个成员的价值链上的多个环节通过这五种基本类型相互连接，从而形成一张彼此联系、交叉重叠的"网"，形成跨国公司的外部网络。

第四节　跨国公司组织选择和组织控制

跨国公司与其他社会组织一样，是一个开放的系统，具有四个特征，即集合性、相关性、目的性和环境适应性。跨国公司这种集合性和相关性，是指它具有从事跨国经营活动所必需的各种生产要素的相互结合和运转。环境适应性则表现为公司内部环境随着外部环境的变更而做的适应性调整。跨国公司要对其内部活动进行管理控制，才可以保证其对环境的灵活适应。而除了内部的组织机构形式外，如何在组织内部进行协调、控制，也是跨国公司内部管理的关键。

一、组织选择的二维变量

在跨国公司的组织中,结构集中了不同的职能、产品、市场等责任各异的单位,它说明哪些工作需要哪些部门来做,划清了总部、地区总部、地区公司等之间的责任界限,决定了职能、产品、市场之间的横向联系,促进了技术创新在各部之间的转移与扩散。在当今,跨国公司组织的一般原则是平衡全球一体化和地区多样化之间的矛盾,提高组织的效率和有效性。

纵观跨国公司组织结构的演变历程,可发现组织结构形式多样。且在同一时期,不同类型的企业会采用不同的组织形式。而影响跨国公司组织结构选择的,主要包括企业内部能力和外部环境等因素。

1. 内部能力:经营战略和活动

著名管理学家钱德勒(Chamdler, 1966)认为,战略决定结构。对跨国公司的战略而言,亦如此。实行不同跨国战略的跨国公司,其采用的组织结构一般不同。根据战略特点和组织结构的优缺点,跨国经营战略和组织结构的对应关系一般如下:实行国际战略的跨国公司(即国际公司)多采用国际业务部组织结构;实行多国战略的跨国公司(即多国公司)多采用地区组织结构;实行全球战略的跨国公司一般会选择产品组织结构作为其内部组织形式;实行跨国战略的跨国公司则更多选择混合组织结构或矩阵组织结构。

此外,也有学者分析了企业跨国经营程度对跨国公司组织结构选择的影响。跨国经营程度可以由国外销售占销售总额的百分比和跨国经营的产品品种数量来衡量。具体而言,当跨国经营程度较低时,国际业务部组织结构较为适合,因为其有助于提高企业的外部市场份额,并且易于掌控。随着国外销售占总销售额比重的上升,跨国企业进入的国家数量一般也随之增多。为此,更多企业开始采用地区组织结构。若跨国经营的产品种类数增多,则产品组织结构成为跨国公司较好的选择。当进入本土之外的国家或地区数量和经营的产品种类数量都增加时,跨国公司更需要灵活、动态、创新能力更强的组织结构形式。此时,混合组织结构和矩阵组织结构就受到了该类跨国公司的青睐。

2. 外部环境的变动

除了企业内部资源能力会影响企业的组织结构选择,跨国公司所处的国际竞争环境的变化也是跨国公司组织结构变迁的重要影响因素。

外部环境的变动包括宏观环境变动和微观环境变动。其中，宏观环境的变动是指由于科技的发展、政治与法律的变革、经济体制的改革及社会文化和自然环境的变迁等，导致一种类型的环境演进到另一种环境或者同种类型环境程度的变化。这种变动对所有跨国公司的组织结构都有影响，从而导致不同类型组织结构的实质性变迁。而微观环境变动，是指那些直接影响企业从事跨国经营活动能力正常发挥和生产经营活动正常运行的有关因素的变动。由于跨国公司经营战略和业务范围的调整，公司会面临着新的环境。这种变动只是对特定公司组织结构有影响。

随着科技进步和经济全球化程度的提高，跨国公司的经营环境发生了重大的变化。互联网技术的提升、电子商务的发展，以及交通工具的更加便利，使企业经营克服国家边界变得更加容易。许多行业经营环境的全球性和跨国性特征更加突出。此外，跨国公司的跨国经营是一个动态的过程，包括天生全球化企业。该动态过程一般都经历了由小到大、由少到多、由简单到复杂。一旦公司发现新的国际市场机会，便会做出新的战略选择，从而面对新的环境、新的竞争。随着公司跨国经营活动及活动多样化程度的不断提高，公司面对的环境会更为复杂多变。

有学者采用经济当地化和经济全球化程度作为环境的代表性指标，来分析环境变动和跨国公司结构变迁的关系。随着现代经济全球化程度的提高，以及不同国家和地区需求特色而导致的当地化程度的增强，国际经营环境越来越趋近于跨国化环境。环境的动态性决定了组织结构的动态性。跨国公司为适应这种动态的环境，会逐步建立和形成一体化的多样性组织结构。环境越不确定，组织结构就越应该更具灵活性和适应性。具体而言，由于对海外直接投资不确定性的规避，以及早期海外经营活动比重较低，大多数美国公司利用出口部或国际分部来支持其早期的国际化，而欧洲公司开始时较多地采用母子公司结构。到了20世纪70年代早期，多数又转向了多国际部结构。继而，随着全球化更加全面和企业国际化更加复杂，公司为了从当地化和国际化的协调中获益，逐渐发展到全球地区结构或全球产品结构阶段。特别是欧洲和加拿大的跨国公司，这一调整过程更明显与迅速。而全球职能结构则较少出现，因为这一结构只是较适合产品线窄而高度集成的公司。此后,由于当地调整的压力与全球化的双重需要,许多公司为了更好地协调职能、地区和产品间不断增强的"相互依赖关系(inter-dependence)",转向混合结构或矩阵结构。这两种结构吸收了职能、地区和产品结构的优点,具有很强的灵活性和决策平衡能力。而部分跨国公司所处微观环境的复杂性,要求组织结构更加灵活,有较好的协调性和较高的决策效率。因此,全球的网络结构成为跨国公司新的选择趋势。

二、组织控制的三种取向

一个组织的管理控制,包括其组织形式,不仅受到其所在行业(外在任务要求)的影响,而且受到其内在的历史管理文化的影响。这些管理文化因素包括:每个公司过去的成长道路(组织的历史)、价值观、企业规范和管理实践。管理文化的差异,可以导致企业主要竞争力的不同。不同的管理文化会导致跨国公司采用不同的组织形式和国际化战略,即使这些跨国公司同属于一个行业。纵观跨国公司的发展,可总结出三种发展道路:典型的欧洲跨国公司、典型的美国跨国公司和日本跨国公司。三类跨国公司的发展是三种管理文化的代表:分散联合体(Decentralized Federation)、协调联合体(Coordinated Federation)和集中管理(Centralized Hub)。

1. 分散联合体

分散联合体是欧洲跨国公司在国际化扩张时,采用的内部管理模式。欧洲跨国公司的主要国际扩张时期是在20世纪20—30年代之间。当时国际化环境为关税开始增长,各地的歧视性法律法规大量存在。此时,欧洲跨国公司必须设立工厂以便更加有效地与当地企业竞争。

在当地设立工厂可以更好地满足当地市场对产品的需求,执行符合当地市场的营销手段。而由于交通和信息传递的不便,公司总部对分散在各地的分公司、子公司的管理能力有限,使得各地分公司、子公司的权限增大,独立性增强。因此欧洲跨国公司的管理文化是"资产分散、责任下放"的管理传统。而这种管理方式,以及所有者在公司决策中的重要作用,使这些跨国公司更注重人际关系式管理而非正式结构控制的内部管理文化。这种文化和管理传统,使跨国公司总部更趋向于把更多运作、决策的权力给予子公司。因此,这些子公司成为松散的、简单控制的联合体。它们的战略决策分散化,也即这些公司更偏向于采用多国战略。

2. 协调联合体

协调联合体是在20世纪50—60年代,许多美国跨国公司快速进行国际化扩张时期发展起来的。它的产生背景和欧美跨国公司的发展环境完全不同。当时的环境下,先进的技术和管理流程逐步发展。相应地,这些美国跨国公司就在技术先进、资本富足、市场快速发展的背景下发展起来。技术、资本是美国跨国公司进行国际化竞争的优势点。

这种优势使大多数美国公司的内部管理文化为职业管理。这时,职业经理人机制快速发展。大多数美国公司的管理流程是建立在愿意分权、同时又相对集中控制的基础上。他们在分权的基础上,还保留着复杂的管理体系和专家进行整体控制管理。这种体系提供了日常管理运营、信息流动的渠道,并有高层管理者协调控制。这种控制方式导致子公司相比于母公司,处于相对劣势地位,容易受牵制于母公司的发展。即使子公司的管理层对海外市场的认识高于母公司,子公司得到很多决策权力,但其往往仍是母公司的附属机构,一般是为了公司整体的发展。总之,协调管理方式下的子公司可以根据当地市场情况自由地改进产品和当地的发展战略,然而它们对母公司的产品、程序、文化的依赖程度仍然较高,更容易受到母公司的协调和控制。总公司和子公司的正式系统较为复杂和具体,也促进了这种协调控制的发生。一般而言,这类跨国公司采用的是国际战略。

3. 集中管理

集中式管理,是日本跨国公司在20世纪70年代时,为了应对快速发展、动态变化的外部环境,所采用的完全不同的内部管理规范和控制体系。由于日本跨国公司进行海外开拓的历史非常短,过去的经验有限,它们只有靠单纯的技术和产品进行国际扩张。此时,国际市场的贸易壁垒日益降低,而日本的跨国公司拥有高效、规模密集型的工厂。为此,它们在价值链上游进行生产加工可以获得竞争优势。这些公司的竞争战略强调成本优势,在产品开发、生产时需要采用统一的标准。换言之,这一竞争优势要求跨国公司在产品开发、采购和制造时实行严格的集中控制。此时,日本跨国公司就形成了集中管理的内部管理文化。

该管理文化强调公司的集中决策和控制,其管理规范和标准详细、具体。它的内部文化和日本文化契合,强调团体行为和民族文化规范。因此正式制度的管理和文化管理常常相结合。此外,国际出口的不断增长,使得日本跨国公司采取全球的战略。

上述三种管理文化传统,反映了不同跨国公司的不同内部管理逻辑。它们的管理权限和管理基础均存在较大的差异,具体如表5-2所示。

表5-2 三种管理文化的差异

	分散联合体	协调联合体	集中管理
战略手段	多国	国际	全球
主要战略能力	各国市场反应能力	母国创新的全球转移	全球规模效率
资产和能力结构	分散和各国自给自足	核心竞争力集中,其他方面则分散	集中的和全球规模化
海外经营行为	把握和利用当地机会	调整和灵活运用母公司的竞争力	实施母公司战略
知识的发展和扩散	知识在每个单位开发并保留	知识在总部发展并被转移到海外分部	知识在总部发展并保留

资料来源:克里斯托弗·巴特利特、休曼特拉·戈歇尔、朱利安·伯金绍:《跨国管理:理论、案例分析与阅读材料》。

第五节 案例:海尔与三洋的战略联盟

自20世纪80年代以来,跨国公司在全球化经营中普遍运用联盟战略广结伙伴,开展更高层次的竞争与合作。战略联盟作为现代企业从事国际化经营、提升其国际竞争力的一种方式而被广泛地关注。海尔、TCL、康佳等中国家电企业自进入21世纪以来,纷纷采用国际战略同盟的方式,积极开展国际化经营,不断地提高其品牌的世界知名度与国际竞争力。

2002年1月8日海尔与三洋在大阪宣布:两个企业成为21世纪战略伙伴

关系。其合作内容主要包括四点：第一，三洋充分利用海尔的销售网络，在中国销售三洋品牌产品；第二，在日本大阪，海尔与三洋合资成立"三洋海尔股份有限公司"，帮助海尔冰箱和洗衣机等家电产品进入日本市场；第三，推进双方在生产基地方面的相互合作；第四，扩大三洋零部件向海尔的供应及技术协作。海尔与三洋的合作并没有被限制在某个领域，而是把对方作为自己的战略伙伴，围绕着怎样为消费者提供满意产品而展开竞争与合作。

一、外部合作的原因和动机

1. 销售渠道的整合利用

根据三洋发布的协议，三洋将通过海尔的42家直销店、9 000个销售网点和1.19万家售后服务站在中国销售三洋家电，海尔则借助三洋在日本的营销网络进入日本市场。为此，双方于2002年2月份在大阪成立一个合资公司，海尔的杨绵绵担任合资公司副社长，负责输入海尔产品和这些产品在大型电器店的销售。至于地方电器店、物流和售后服务等方面，海尔则委托三洋子公司办理。"日本的家电厂商设立工厂专销中国品牌，是日本家电业首次进行的积极尝试"。同时，三洋也在青岛建立工厂，为海尔家电提供尖端零部件。

（1）三洋看中海尔在中国的销售渠道

三洋产品在中国的市场销售与所有跨国家电企业一样，面临品牌优势不突出、销售业绩不佳的困惑。销售"硬件"是渠道，而中国流通领域长期未得到开放，业态发展缓慢，基本上没有覆盖全国的大型零售企业，中国市场渠道形态正处于从制造企业自建销售渠道过渡到社会专业渠道的阶段。制造企业的自建渠道仍占主导地位，尤其在中国二、三级市场更为明显。一般来说，外国企业的大部分品牌的渠道覆盖仅局限在大中城市，二、三级市场的覆盖率很低。由于跨国企业对中国的市场环境适应比较慢，缺乏有针对性的渠道建设与管理，所以中国家电市场的销售渠道制约着所有跨国家电企业在中国市场的发展。

海尔是中国家电市场最强大的品牌，同时也拥有覆盖全中国市场的销售网络，2002年海尔在全国拥有42个工贸公司，9 000多个销售据点，

12 000个售后服务网点。支持网络的背后是BBP（电子采购）、BPR（企业内部流程优化再造）、DRP（分销物流）、CRM（客户管理系统）组成的快速采购、制造、客户管理系统，它们有机地链接，构成完整的信息流、资金流与物流，三流合一的电子商务系统。三洋正是看中了海尔覆盖全国的销售网络与营销能力而决定与其携手，结成战略同盟。

（2）海尔看中日本的市场

海尔从1998年开始进入国际化经营阶段，采取先难后易的战术，已经在欧洲与北美市场站稳，只剩下日本市场还没有进入。日本是世界家电强国，对产品要求异常苛刻，同时又由于文化等原因，非日本家电产品很难被该国消费者接受。海尔产品2000年就进入了日本，还有一个叫"海尔日本"的公司，但在销售上遇到了不少困难。驻日经商处一位专家指出，以前海尔产品进入日本是小打小闹，通过与三洋联手将可大张旗鼓了。

张瑞敏表示："单枪匹马进入日本市场比较困难。"而海尔通过与三洋合作，有利于迅速进入日本市场，获得市场亲和力。日本市场是全球家电市场中最难啃的一块骨头，海尔人认为其品牌一旦被日本消费者认可，定能在世界通用，海尔产品可以在世界流通。借助三洋的资源进入日本市场，实现海尔国际化战略，创世界品牌是海尔选择日本企业的最初动机。

海尔产品进入日本市场要有销售渠道的支持，在日本自建海尔销售渠道需要大量资金且风险太多。通过与三洋结成战略同盟可以借用三洋的销售渠道，在日本销售海尔产品。而事实亦如此，通过三洋的牵线搭桥，海尔产品进入日本大型连锁店（JMS、Jasko、伊藤商社）、量贩店（Ymada山田、Kozima小岛、Best电器等）、照相机店（Yodohanbasi照相机、Bic照相机）等。

2. 技术和研发的合作

（1）三洋看中海尔的产品设计与开发能力、生产规模

海尔的冰箱与洗衣机、空调等产品进入世界前5位。技术人员能熟练地运用最新的三维CAD技术从事产品设计，拥有世界上最先进的模具加工工厂，而且模具制造的交货期比日本同类企业短一半，价格却是日本同类企业的四分之一。

（2）海尔看好三洋的关键零部件技术

三洋在手机电池、计算机电池、数码技术、抢拍速度、TFT液晶等电子技术方面处于世界领先水平,比如三洋的手机电池,待机时间堪称世界之最。海尔发展手机、笔记本电脑、等离子彩电等电子产品离不开手机电池、TFT液晶显示屏等关键零部件的支持。海尔生产冰箱、洗衣机等产品时,需要外购冰箱压缩机、洗衣机马达与调控器等零部件,而三洋在冰箱压缩机、调控器等零部件方面具有比较优势。

综上所述,可知海尔和三洋合作所构成的外部网络同属于联合销售型和生产制造型外部网络。这说明跨国公司之间的合作不是基于一个战略目标的,且它们形成的网络是一个综合的、复杂的组织形式。

二、海尔外部组织网络的管理

1. 经营理念的相互认同

经营理念代表了两个企业的企业文化。经营理念的整合,是外部合作能够建立的基础。对一个企业而言,高管的经营理念在一定程度上代表了企业的管理文化。

海尔的文化核心是创新,用创新的产品全力满足消费者的需求,并以不断创新精神和令客户意想不到的速度,迅速满足客户对产品的改进意见,在消费者心中获得极高的美誉度。三洋口号是"热爱地球和人类",将人类生活的"舒适""温暖""美好"作为企业发展的远大理想。三洋是指太平洋、大西洋、印度洋,包含了三洋将以人类、技术、服务等三根支柱为依托,三大洋相连的全世界人民共同发展的寓意。三洋把"共存"作为21世纪发展的核心,其中包括"经济发展与地球环境的共存""与世界各国的共存""企业与劳动者的共存"。

据井植敏说,2001年9月25日第一次访问海尔后,感觉到与张瑞敏有着共同的世界观和价值观。随后张瑞敏对日本三洋回访时,两位领导者陆续进行了十几个小时的交流。在交流中,双方对彼此的企业哲学非常赞同,尤其对所谓企业就是满足消费者需求这一理念,看法惊人一致。两个跨国公司领导人对经营理念的相互认同,更促进了外部网络的形成。

2. 网络内部的组织学习

海尔和三洋的外部网络把两者的很多优势都显示出来，也给了彼此学习的机会。

（1）海尔管理模式的传播

海尔的管理模式对三洋形成了冲击。首先，海尔"马上行动"的标语也出现在三洋。三洋的井植敏认为：所谓马上行动就是致力于一件事情时，用走路的速度，而不是骑马速度，就不可能在世界竞争中取胜。比如在日本企业中，管理目标和计划以半年为时间单位，定出一年目标，再按计划执行。而海尔以一个月作为单位进行目标管理，颇有一种速度感。因此，三洋也开始追求速度，学习到以往在日本企业中难以学习到的管理理念。此外，海尔实行"合同工"制，即员工个人对公司市场贡献与获得报酬直接关联。这点给井植敏带来了冲击，开始在三洋废除固定年薪制和定期升迁制度。三洋通过与海尔的合作，学习海尔迅速反应、马上行动的作风，改革企业内部组织与人员管理。

（2）海尔学习三洋的技术

除了三洋向海尔学习，海尔也通过与三洋合作学习日本企业的产品开发、生产工艺等。包括三洋在内的所有在华的跨国家电企业最大的竞争优势是技术与产品开发。此外，三洋为海尔产品提供全方位售后服务，有利于日本消费者放心地购买海尔产品。而海尔也学习到了三洋的售后服务，反过来改善国内的相关板块。

（3）两者的合作创立了新的标准

20世纪90年代，在移动电话、电脑等领域，一直是以欧美企业为中心制定"行业标准"，日本企业委身其下。在"网络家电"领域，三洋、海尔以及三星电子进行通力合作，共建亚洲标准。三家公司于2003年7月在中国上海建立了筹备中心，开发以大屏幕液晶背投彩电为中心的网络家电，并统一其标准。

三、海尔的其他外部网络分析

企业可以被看作是一系列价值链的耦合，且每一组价值链上都存在着"投入与产出"的绩效衡量，企业只有在每一组价值链上都实现了单位产出成本的降低,才能够提高其整体效益。海尔在国际化的道路上,主要是通过借助具有比较优势的第三方,来实现价值链上单位产出成本的降低,即采取战略联盟模式。

1. 海尔的研发技术联盟

从最初的电冰箱、电冰柜到后来的空调、洗衣机和电脑的技术研发来看,海尔非常重视与这些产业范围内的领先厂商保持合作关系。研发战略联盟的形成对海尔产生了两方面的积极影响。一方面,对于前沿技术的掌握和应用,增加了海尔产品的附加值,帮助海尔在市场上树立了高品质产品的形象,进而推动了海尔销售收入的增加,降低了海尔进入相关市场的门槛。另一方面,对于生产技术的开发,有利于帮助海尔降低其单位产品的生产成本。

但有两点需要特别关注:第一,海尔在技术开发上的联盟伙伴,都是各领域掌握了最为核心技术的厂商。这与海尔的"品牌战略"和"全球化战略"是相一致的。第二,海尔在与技术联盟展开合作的同时,也比较注重学习技术联盟厂商的先进经验。这点保证了海尔产品后续的生命力,同时可以避免被合作伙伴套牢,沦为对方的加工厂。

2. 海尔的营销联盟

海尔在进入德国市场时,先后与德国著名的家电连锁渠道MSH、Metro、SATURN等建立了营销战略联盟;在美国,先后与沃尔玛、BESTBUY等著名的连锁店建立了密切的合作关系;2002年,海尔开始在日本市场构建自己的销售网络。2002年2月,海尔与三洋电机株式会社合营成立了三洋海尔株式会社。海尔先后与日本知名的家电批发商、零售商KS、BEST、BIC、AOEN等建立了营销联盟。2004年7月,海尔开始进入法国市场,先后与法国最大的家电超市集团达尔蒂、欧尚特大超市和高档百货店BHV建立了营销联盟。

从海尔在发达国家的营销过程可以发现:①海尔偏好于与当地的经销商形成战略联盟。这主要是因为海尔在刚进入这些国家的家电市场时,由于其产品知名度与该区域内同种品牌相比具有较大的差距,如果建立自己的专卖店,其营销成本可能更高,而借助于战略联盟,与当地的经销商合作有利于降低其营销成本。②海尔在选择战略联盟伙伴时,往往偏好于该区域内最为著名的销售商。这种策略的选择是与海尔的"品牌战略"和"先难后易"战略相一致的。这些著名的销售商在选择供应商时异常严格,海尔直接与这些销售商建立联系,将向市场传递其产品质量好的信息,有利于海尔产品在国外的销售与推广,也可以大大降低海尔在后续销售环节的营销成本。

综上,海尔通过战略联盟的方式,大大增强了其在研发上的实力,使得其单位收入的成本持续降低,并低于行业平均水平,从而有利于海尔保持在行业内的竞争优势。

第六章 跨国公司创新行为：走向全球研发

随着世界统一市场的形成与经济全球化进程的不断加快，跨国公司正在加紧实行全球研发与创新战略，这一趋势已成为全球经济发展的重要现象之一。全球化战略的深入与国际扩张的需求促使跨国公司大大增加研发与创新的投入，20世纪90年代以来跨国公司进入了真正意义上的研发全球化阶段，不仅发达国家跨国公司用于海外研发及创新的投资数量维持在较高水平，发展中国家及地区的研发投资规模也在快速增长。

第一节 全球研发四大趋势

一、地理上的集中

根据联合国贸发会议统计，1991—1996年期间，全球研发支出由4 380亿美元增加到5 760亿美元，年均增长4.4%。自20世纪90年代后期开始，研发支出增长势头不减，到2002年达到6 770亿美元，相当于自1996年以来年均增长2.8%。全球研发趋势之一是研发支出在地理上是集中的。1996年和2002年研发支出最多的10个国家的支出占世界研发总支出的86%以上，在此时期这些国家所占的份额在微量增长。其中八个是发达国家，两个是发展中国家（中国和韩国）。全球研发支出增长在一定程度上是由研发支出最多国家的支出增加带来的。1996—2002年期间，美国研发支出每年增长5.8%，是世界平均增长率的两倍。

发达国家之外的研发支出高度集中并且集中程度还在上升，如发展中国家、东南欧和独联体国家的研发支出在全球研发支出中所占的份额总和在上升。1991年它们的研发支出只占世界总量的2.5%，到1996年已经达到

7.7%，2002年又进一步增加到8.4%。增长主要集中在南亚、东亚和东南亚地区，这些地区的研发支出在除发达国家之外的世界研发总支出中所占的份额占有优势地位，并且其份额还在增长，2002年其份额已超过2/3。作为对南亚、东亚和东南亚地区富有活力的反映，支出最多的10个经济体有6个来自这些次区域。在此期间，这些经济体大多数的研发支出增长很快，如中国、印度和墨西哥拥有两位数的年增长率。

目前，企业（包括私营企业和国有企业在内）占有全球研发支出的绝大部分。1991年企业的研发支出为2 920亿美元，1996年增加到3 760亿美元，2002年达到4 500亿美元。换而言之，这些年中企业每年的研发支出占全球总支出的2/3，剩余的1/3是由政府、高等教育机构以及非营利私人机构承担的。其中工商企业在研发总支出中的份额在各地区和国家之间存在很大差异。2002年，三极即日本、美国和欧盟企业研发支出所占的份额超过了60%。1996—2002年期间，日本和欧盟的这一份额上升了，但美国没有增加。在亚洲发展中国家和地区，这一时期企业所占的份额迅速增加，到2002年已达到与欧盟大致相同的水平，为62%。与此相反，拉丁美洲和加勒比地区企业所占的份额较低，1996—2002年甚至下降了。正如研发支出总额一样，企业部门的研发支出也是集中的。在1996年和2002年期间，商业性研发支出最多的10个国家大约占世界总量的90%，这一份额在此期间略有增长。商业性研发支出最多的10个国家的名单与研发支出总量最多的国家名单是一致的，只是排序有所不同。

发展中国家、东南欧和独联体国家在全球商业性研发支出中的份额低于其在研发支出总额中的份额，这反映出这些国家和地区对政府研发存在更大的依赖。这些国家和地区在全球商业性研发支出中的份额在1996年仅为5.4%，在2002年为7.1%。就商业性研发支出而言，发展中国家、东南欧和独联体国家中的前10名中的6个来自南亚、东亚和东南亚地区。商业性研发支出最多的发展中国家的排名还有另一个特征，即在地理上高度集中，即2002年商业性研发支出最多的10个国家占所有发展中国家研发支出总额的99%。

以产出为基础对全球创新活动进行的估算证实了上述模式。2003年发达国家在所有向美国专利商标局提出专利申请的国家中仍占83%，而发展中国家、东南欧和独联体国家的份额增长特别迅速。在1991—1993年和2001—2003年期间，这一份额由7%猛增至17%，这些国家的年均申请数量从5 000份左右增加到近26 000份。南亚、东亚及东南亚国家的增长尤为强劲，东南亚和独联体国家紧随其后。中国台湾和韩国占其总数的4/5，遥遥领先于印度、中国内地、新加坡、中国香港、俄罗斯和巴西。在来自发展中国家、东南欧和独联体国家，并由美国授予的专利权接受者中，亚洲国家占95%以上。另一方面，在上述时期拉丁美洲和非洲地区国家在专利申请数量中的份额仍在已经很低的水平上下降。

二、产业上的集中

长期以来，发达国家的制造业公司承担着企业部门研发的主要部分，如2001年美国制造业公司占公司资助的研发的60%，而采矿和采掘业仅占0.5%，运输业为0.9%，公用事业和建筑业为0.3%。然而服务业也做出很大贡献，贸易和其他服务业占38%。在制造业内部，不同产业的研发密集度存在很大差异，如OECD将产业分为4组，即高技术产业、中高技术产业、中低技术产业和低技术产业。

服务业的研发在文献中历来是被忽略的，这可能由于人们假设服务业不进行创新或主要利用制造业的创新。从广义上来讲，无论是过程还是产品，服务业确实进行了创新，但其创新多数并不涉及正规的研发。因此，有关这方面的数据很少，难以进行经验分析。然而，由于新的信息和通信技术在服务业中的应用不断增加，这种状况也许正在改变。电信和计算机服务业长期以来一直投资于研发，并且一个新的、在合约基础上向制造商提供研发服务的产业正方兴未艾。

有关服务业研发的数据还有待完善，已公布的数据来源仅包括2000年以前的一些新兴工业化国家。尽管如此，这些数据仍表明在大多数国家和地区服务业的研发正在增加，只是其在研发支出总额中的份额存在很大差异。自20世纪80年代初期到90年代后期，有几个国家服务业的研发大幅增加，如法国和意大利服务业在公司资助的研发中的份额上升约5%，加拿大和英国上升13%。美国在服务业研发方面走在了工业化国家的前列。有趣的是，服务业的研发密集度（研发占销售额的百分比）要比制造业高，尽管其在不同活动中存在很大差异。

三、不同领域研发的能力要求以及收益是不同的

掌握、调试和创造技术所需的努力和能力是不同的，因而进行研发所需的努力和能力也是不同的。就产业而言，服装制造业所需要的技术技能和信息的范围和深度都不如制造半导体那样复杂。在一些复杂的产业内部，技术流程因技术变革速度可能会存在差异，为创造新一代的技术所需的努力也不同。比如，当前钢铁产业技术就比电子产业稳定，其产品创新要求也比电子产业低。另外，任何产业内部都会存在因产品不同而带来的差异，例如在纺织业中，资本和规模密集的纺纱活动比服装制作需要更为先进的技术技能。最后，任何给定的产品都有职能的差异，对服装而言，缝纫要比设计新款产品以及管理国际供应链容易。

服务业也有着相似的技术复杂层次，不过服务业可能要比制造业更难以确认。一些服务业目前正在进行较大规模的研发，一些服务业虽然没有太多的正规研发活动，但在产品开发和管理方法方面仍有创新。从广义上来说，服务业的活动和职能可以根据其所需技能水平加以排序，这些排序可以是正规的，也可以是非正规的，前者如教育水平，后者如员工培训。例如，在出口导向型的服务业中，其低端可能包括呼叫中心，而高端则以高级研发活动为代表。

不同类型的研发也会产生不同的收益，这些收益可以用附加值、知识、技能创造、劳动生产率的提高和对其他活动的益处等标准来衡量。复杂研发活动通常要比简单研发活动需要更高级的技能和知识，产生更高的附加值。与技术迅速进步相联系的活动较之其他活动，将会改善未来劳动生产率增长的前景，并享有更快的增长。在某项技术内部，像设计和开发等高级的职能将会提供较高的附加值，并提供较高的工资。随着创新进入更高的职能，国家创新体系本身发展得更加强大，从而能够在范围更加多样化的活动中进行规模更大的创新。

产业结构从简单到复杂，创新从简单职能到高级职能的深化，是经济发展的自然结果，但加速和促进这一过程却需要制定积极的政策。这一点不仅适用于制造业，也适用于初级产品的生产以及基础设施和服务业，尤

其是那些正在经历迅速离岸化的以信息技术为基础的服务业。上述制造业部门的研发层次很好地反映了工业化过程。大多数发展中国家都是从技术最简单的现代制造业，如纺织、服装、食品加工和木制品等起步的。一些国家逐步提升到重型加工业以及金属产品，并提供中间产品。一些国家发展成为"中高级"技术的使用者，生产出较高级的中间产品和资本品。甚至有极少数国家在诸如航天、微电子和制药等高技术行业已具备了竞争力。

生产的"分拆"，即跨国公司利用生产和通信成本以及技能的差异在不同国家进行工序和职能的重新布局，使得一些不具备很强研发基础的国家可以进行像电子等高技术产业的生产。虽然发展中国家一般是从技术复杂性最低的业务如最终组装开始，但它们有可能沿着电子产业中的创新阶梯向上提升，承担要求较高的职能，操作更高级的设备，并制造更复杂的产品。一些国家（例如发展中国家中的新加坡、发达国家中的爱尔兰）迅速地完成了这种提升，中国也紧随其后。换言之，如果发展中国家具备吸收能力并且拥有适当的政策和制度，它们就可以利用上述生产分拆，在不同生产活动之间以及在某些活动内部，沿着技术阶梯向上提升。随着通信成本由于新的信息和通信技术而急剧下降，一些服务业中的职能分拆发展得更加迅速。不过，利用生产分拆的潜力需要这些国家创造知识并建立当地能力。正如下文所述的那样，各国创新能力的差距非常大。

四、国家创新能力的差异

为了衡量不同国家通过研发等活动而产生的创新能力，联合国贸发会议（UNCTAD）提出了一个"创新能力指数"的概念。该指数由技术活动指数和人力资本指数的加权平均数构成。国家被分为高、中、低三组。其中高能力组包括所有发达国家（包括欧盟新成员国）、四个发展中国家和地区以及四个东南欧和独联体国家（全部来自欧洲）。四个发展中国家和地区有三个来自东南亚和东亚，第四个（阿根廷）来自拉丁美洲。亚洲国家和地区将很强的技术绩效和技能绩效结合在一起，转型国家被列入高能力组主要是因为它们的技能基础，而它们的技术绩效都相对较弱。"中等"能力组包括其他东南欧和独联体国家、大多数资源丰富的国家和新兴工业经济体（其中包括中国，以及两个撒哈拉以南的非洲国家：南非和毛里求斯）。"低"能力组包括所有南亚国家、一个东南亚国家（印度尼西亚）、大多数撒哈拉以南的非洲国家、其余的拉丁美洲国家以及西亚和北非国家。

UNCTAD创新能力指数显示虽然发达国家的平均得分稍有下降，但它们仍处于领先位置。这并不表示它们对技能或创新的投资减少了，而是其他国家的支出相对更多。欧盟新成员国的得分在考察期内提高了，已接近发达国家水平。东南亚和东亚次区域是发展中地区明显的领先者，它们加总后的平均分一直在随着时间而提高。西亚和北非次区域的业绩也提高了，并且已超过了在1995—2001年期间成绩下降的拉丁美洲和加勒比地区。南亚的成绩也随着时间而降低，这主要是因为巴基斯坦技术绩效较弱，以及斯里兰卡人力资本绩效降低。撒哈拉以南的非洲国家勉强提高了平均得分，但仍落后于其他地区。

以上指数都与收入高度有关，技术活动、技能和收入是相互加强的。三者之间的因果联系非常复杂，例如技术活动增长导致收入提高，收入提高使国家能够增加对创新的投资。然而主要的因果联系很可能是从创新活动和技能传递到收入，并且创新活动需要更为高级的技能。尽管如此，这些指数并没有随收入水平均匀提高。

总之，在技术活动和人力资本方面各国之间存在很大的差距。差距不仅存在于发达国家和发展中国家之间，也存在于发展中国家和转型国家之间。在发展中国家和地区，创新能力是高度不对称的。东南亚和东亚水平较高，而撒哈拉以南的非洲国家水平较低。在东南亚和东亚，三个领先经济体（韩国、中国台湾和新加坡）远远领先于其他经济体。转型国家经济相对于其收入拥有很可观的技能储备，但技术能力较落后。

该指数的数据表明：各国之间创新能力差别很大，并在考察期内是非常稳定的。处于底端的国家要随着时间而提高其位置是非常困难的。先发优势的积累加强了领先国家优势的扩大。因此，底端国家要实现重大的变化需要花费很长时间。

然而，一些国家已经提高了其排序。因此，虽然发达国家在UNICI的高创新能力组中占据着支配地位，但该组也包括四个发展中经济体和四个转型国家。

三个领先的发展中经济体已富有活力地加入了全球分工和创新体系，但各自在此过程中都使用了不同的方法以获得技术并建立起本国能力。它们都大量投资于教育和技能开发，这是因为可持续进步都需要高度熟练的人力资本。从根本上来说，获得全球范围内的技术和国外市场对于可持续增长和提升是极为关键的。

转型国家，特别是那些欧洲转型国家，其主要实力在于它们所拥有的人力资本而不是技术活动，这表明它们尚有利用前者提高后者的空间。

南亚和撒哈拉以南的非洲国家在创新，特别是在人力资本形成方面较为落后。

发展中国家能够在多大程度上和全球学习与知识创造网络建立联系，取决于其本身的创新实力。这些实力存在很大差异，联合国贸发会议（UNCTAD）创新能力指数表明，各国之间的差距趋向于持续很长的时期。虽然在发展的早期阶段必须培育公共部门和私人部门的创新能力，但是跨国公司在增强国家创新系统的实力方面可以有所作为。外国分支机构在东道国并非一直进行高水平的技术活动，在很多发展中国家的资源开采、制造业和服务业中，FDI长期存在，但是外国分支机构并没有进行研发活动。一个新的现象是，越来越多的跨国公司把研发扩散到发展中国家的趋势正在以从未见过的程度和方式进行。

第二节　跨国公司的全球研发

一、从母国研发走向全球研发

研发一直是跨国公司价值链中国际化程度最低的环节，而生产、营销以及其他职能早已迅速转移到了国外。从某种形式上讲，研发国际化可以追溯到对外直接投资的最初时日。跨国公司常需要使技术适应东道国的销售，因此为了实现这一目的，国外研发也成为必要。此外，还有一些基础研究国际化的案例。例如，孟山都化学公司（美国）在"二战"后一段时间内扩大其设在英国新港的基础研究中心；埃索石油公司（美国）设在英国的实验室也从事基础研究，除了其他发明以外，该实验室还率先研制出适用于高速喷气式飞机的新型合成润滑剂。一些来自于经济发达的小国公司也在其他发达国家从事创新型研发，以便接近其他创新中心并克服本国经济的约束。尽管研发国际化滞后于其他经营活动，但国外研发所占的比重却一直在稳步上升。

国家间研发的联系可以采取多种方式，其中涉及双向流动和几类行为主体。通过对外直接投资，跨国公司可以建立新的国外子公司或收购东道国现有的正在从事研发活动的公司。与收购当地具有研发能力的公司相比，新建投资方式是更为普遍的，当然，在当地公司实力雄厚的国家存在着一些例外。跨国公司也可以利用合约方式将研发发包给东道国的服务供应商而无须收购其股权，例如印度的软件或制药业，跨国公司与当地企业或研究实验室签订市场合约的方式越来越普遍。研发国际化也可以采取位于不同国家的两个非跨国公司之间的合约方式。最后，两个或更多国家的企业可以建立联盟，从事联合研发。

以德国为例，德国跨国公司在国外建立或收购的一些分支机构其研发作为首要或次要的业务，这类分支机构的数目虽然不多，却在增长，其对外直接投资存量也在增长。在1995年到2003年期间，这类存量从4 300万美元增加到89 100万美元，同一时期这些机构的雇员从2 000人上升到11 000人。在1995年到2001年这6年期间，德国跨国公司的国外研发支出增加了130%，达到120亿美元。

2003年，在德国跨国公司中，仅西门子公司的研发支出就超过了60亿美元，大约占公司销售额的7%。2004年，该公司45 000名研发雇员中就有49%在德国以外的其他国家工作。公司在发展中国家的研发雇员人数从1994年的800名增加到了2004年的2 700名，他们主要分布于6个国家：巴西、中国、印度、马来西亚、墨西哥和南非。

2000年进行的一项对德国49家跨国公司的调查表明，这些公司占德国私人资助研发支出的2/3，调查结果显示德国的研发国际化是"20世纪90年代的现象"，在20世纪90年代建立的国外研发场所的数量等于过去50年的总和。2000年接受调查的德国跨国公司在国外已经拥有134个研发实验室。

二、跨国公司国外研发的比重在增加

在英国、美国以及一些规模较小的欧洲国家，跨国公司自20世纪80年代就开始大规模地实施研发国际化，在20世纪90年代，这种趋势就已经开始加速。在1994年到2002年期间，美国跨国公司拥有多数股权的国外子公司的研发支出每年都在增加，并于2002年创下210亿美元的纪录。这些跨国公司国外研发支出占其研发支出总额的比例从1994年的11.5%上升到2002年的13.3%。在雇员方面，美国国外子公司研发雇员占公司雇员的比例从1994年的14%提高到1999年的16%。追随着这种国际趋势，瑞典的跨国公司也及时地扩张其国外研发活动，从1995年到2003年，瑞典最大的跨国公司的研发支出从51亿美元缓慢增加到58亿美元，但其国外研发所占比重却从22%猛增到了43%。

在其他国家，如法国、德国、意大利、日本和西班牙，研发国际化的起步相对较晚，并且还主要集中于许可证方式，而不是对外直接投资。在1995年至2002年期间日本跨国公司的国外研发支出从19亿美元上升到33亿美元，占日本研发支出总额的比重从2%增加至4%。其他一些国家的数据尽管不是很全面，但也显示出了研发国际化的增长。其他一些研究也显示，来自三极地区尤其是欧洲跨国公司的国外研发支出存在增长的趋势。

2004年11月到2005年3月UNCTAD对世界最大的研发投资公司的一项调查结果显示，研发国际化的步伐正在加快。2003年UNCTAD所调查的公司国外研发支出占研发支出总预算的平均水平为28%，其中包括国外子公司内部支出以及利用合同发包给其他国家的额外研发支出。国外研发雇员在研发雇员总数中的比例是类似的。从全球来看，不同来源国研发国际化的程度存在显著差异，其中日本和韩国跨国公司的研发国际化程度最低；北美的跨国公司的研发国际化程度也低于平均水平。相反，欧洲跨国公司则具有高水平的研发国际化，在西欧，来自法国、荷兰、瑞典和英国的公司研发国际化程度最高。

由于UNCTAD调查的公司样本极小，因此在产业差异方面只能得到一些尝试性结论：化学和制药产业的研发国际化程度最高；电子和电气产业的研发国际化水平相对较低。有趣的是，IT硬件产业的研发国际化程度突出地表现在其国外雇员方面，而不是在研发支出方面，这表明该产业国外研发的主要目的在于降低劳动力成本。汽车产业情况则相反，这表明在汽车产业中国外研发寻求市场的动机更为重要。

三、外国子公司在研发中的作用不断增强

跨国公司研发国际化的增长还表现在外国子公司在许多国家研发活动中的作用不断增强。1993年，外国子公司在世界各东道国的研发支出大约290亿美元，即为全球工商企业研发支出的10%，截止到2002年，这一支出已达到了670亿美元，占全球商业研发支出的16%，10年内增加了一倍以上。该增长速度是企业全球研发支出增长速度的两倍以上。

外国子公司在东道国研发活动中所占的份额因国家而异。2003年，爱尔兰、匈牙利和新加坡的这一份额超过了50%，在其他五个国家（依次为巴西、捷克、瑞典、英国和澳大利亚）超过40%，而在韩国、日本、印度、智利和希腊则不足10%。

外国子公司在发达国家商业研发中所占的比重接近世界平均水平并且一直在逐步增长，从1996年的11%增加到2002年的16%。在可获得相关数据的欧盟四个新成员国，外国子公司所占比重在1996年就已超过世界平均水平并进一步提高，在2002年达到41%。在可获得相关数据的30个国家中，1995年以后有2/3的国家中外国子公司占商业研发的比重出现了增长，并且在发展中国家的增长速度更快。在欧盟新成员国以及在瑞典和英国，由于外国跨国公司收购了当地高技术企业以及新的研发机构落户到这些国家，外国子公司的这一比重也迅速提高。在欧盟新成员国，外国子公司拥有很高的比重不仅反映了外国跨国公司的进入程度在提高，也反映了这些国家国内研发能力的低下。

以研发作为主要活动的多数股权外国子公司数量如此之多，反映了跨国公司在其母国之外所从事研发活动的扩张。这些外国子公司将近70%集中在三极地区（见图6-1），但是其分布图也反映出这些研发活动分布在不同的发展中国家和地区，尤其在亚洲。

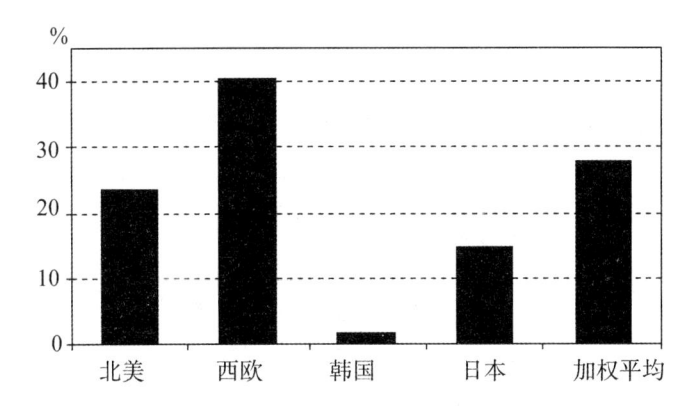

图6-1 2004—2005年若干地区或国家的研发国际化程度

资料来源：UNCTAD调查。

四、战略联盟式研发日益重要

另一项反映研发国际化增长的指标是研发领域，诸如战略联盟等合作安排的增长。数据显示，自20世纪80年代以来公司就不断寻求通过合作来开展研发活动。在上述时间的初期，这类活动的增长趋于平稳，但80年代以后开始加速增长。尽管研发领域的合作活动并非新事物，经济单位之间的合作已有几十年历史，但其的确在向直接战略应用方向发展。在上述同一时期，战略联盟安排中非股权伙伴关系所占的比重增长很快；在战略联盟的地理分布中占据主要地位的是北美地区的伙伴关系，其次是欧盟与北美之间以及欧盟内部的联盟。

从1991年到2001年，新的国际技术联盟增长将近一倍，从339个增加到602个，并且在联盟内部非股权安排方式所占的主导地位还在日益提高。非股权联盟数量从1991年的265个增加到2001年的545个，同时以股份为基础的联盟从74个减少到57个。绝大部分战略联盟中始终都有美国公司参与，尽管其在战略联盟总数中所占比重从1991年的80%下降到2001年的73%；而同期非三级地区公司的参与从4%增加到14%。

1992—2001年，联盟的产业结构也发生了重大变化，从信息技术产业转向医药和生物技术产业。在后一产业中，跨国公司具有很强的动因与该产业的其他公司以及学术研究机构建立战略联盟，因为任何一家公司都无法在开发新药所需的所有研究领域都做得非常出色。

五、发展中国家成为跨国公司的研发场所

发达国家目前仍是跨国公司国外研发活动的主要东道区位,但跨国公司将国外研发活动更多地转移到了发展中国家和地区、东南欧和独联体。可获得的国家统计数据以及公司调查、案例研究都可证实这一趋势的存在。跨国公司在发展中国家所从事的研发类型也在发生变化。虽然这些研发在传统上主要涉及产品与工艺的调试,以适应当地市场的需求,但其发展表明,一些发展中国家、东南欧和独联体市场正在成为跨国公司全球研发体系的重要节点。与此同时,发展中国家参与这些体系的程度存在较大差异,并且多数发展中国家仍然未能与这些体系建立联系。

来自美国的有关国外研发资料显示,一些发达国家所占比重呈下降趋势。1994年,在美国跨国公司的国外研发支出中发达国家占92%,但到2002年,该比重已下降了8个百分点,这主要是由于欧盟和日本所占比重大幅下滑。当然不是所有的发达国家都是如此,加拿大与以色列依然保持着较快的增长,瑞士也有所提高。

发达国家所失去的份额转移到了发展中国家,几乎全部集中到亚洲发展中国家或地区。其中中国内地、新加坡、中国香港、马来西亚和韩国成为吸引跨国公司研发活动的主要国家和地区。因此,发展中国家作为一个整体,其跨国公司国外研发支出所占比重从7.6%提高到了13.5%。美国跨国公司在发展中国家子公司的研发支出主要集中在五个国家,依次为中国、新加坡、巴西、墨西哥和韩国。这些国家占美国跨国公司2002年在发展中国家研发支出总额的70%。相比之下,中国台湾和印度所吸收的研发支出份额相对较小。根据截止到2002年的官方数据,作为近些年国外研发的主要场所,印度占美国跨国公司研发支出的份额虽然有所上升,但仍然较小。在拉丁美洲和加勒比地区,巴西和墨西哥占美国跨国公司自1994年以来在该地区的研发支出总额的80%左右。但从绝对数字来看,同亚洲一些主要的经济体相比,其增长不是很快,并且拉丁美洲和加勒比地区在美国跨国公司研发方面的相对重要性已经下降。委内瑞拉是美国跨国公司研发比较集中的东道国,并且主要集中在石油业。美国跨国公司同期在非洲的研发几

乎全部集中在南非。

发展中国家和地区在美国跨国公司研发雇员中所占比重的增长同样显著，1994—1999年，这一比重的增长甚至快于发达国家，尽管欧盟在这方面仍占据主导地位。特别是亚洲发展中国家或地区研发雇员所占的比重增加了一倍，从1994年的4.1%提高到1999年的8.1%。有关研发支出的数据显示，1999—2002年间，亚洲发展中国家或地区研发雇员所占的比重进一步提高。1999年，美国跨国公司研发所雇用的全职科学家与工程师达770 300人。其中有大约123 500人（16%）的科学家和工程师在这些跨国公司拥有多数股权的国外子公司工作。其中又有将近16%的雇员在发展中国家工作。与发达国家相比，发展中国家雇员的研发密集度仍较低。在发展中国家中只有新加坡和韩国达到了与发达国家相近的研发密集度。1999年美国跨国公司国外子公司的人均研发支出达到了146 915美元，该数据比1994年增长了26%。1994—1999年期间，除拉丁美洲之外的所有发展中东道国或地区的人均研发支出都以两位数字增长。

欧洲选择发展中国家作为研发区位同样具有强烈的势头。在瑞士跨国公司的国外研发活动中，发展中国家和转型国家所占比重增长较快，从1995年的2.7%上升到2003年的7.2%。据德国商会的下属组织德国工商会在2005年进行的一项对1 554家德国企业的调查发现，这些公司的国外研发主要集中在其他欧盟国家，约1/3的被调查企业在欧盟新成员国、东南欧和独联体从事研发活动，另有28%的企业在亚洲进行研发。

在日本，日本国际合作银行的调查证实了日本公司正在改变研发战略以提高其国际化水平的趋势。2000—2004年期间，这些被调查公司所建立的"研发基地"总数增长了70%，达到310个；设在发展中国家的研发基地总数增长了2倍以上，达到134个。这种增长在中国表现得最为突出，在中国设立的研发基地占全部研发单位的比重从2000年的7%上升到2004年的22%。

根据2004年的一项调查显示，70%的被调查公司表示他们已经在国外从事研发活动，并且近年来已将更多的研发活动转移到发达国家以外的地区。与此类似，以发展中国家为目的地并且与服务有关的研发已出现高潮。在所收集的2002—2004年间世界范围内1 773项涉及研发的FDI项目中，绝大多数集中在发展中国家、东南欧和独联体。仅亚洲和大洋洲两个地区的发展中国家和地区就接近总数的一半。这些数据还表明,与研发有关的新建FDI项目所创造的绝大多数就业机会流向了发展中国家,主要是印度和中国。上述90%以上的项目是由来自发达国家的跨国公司进行的。美国是最大的来源国,占世界总量的将近一半,其次是欧盟成员国和日本。然而发展中国家和地区的跨国公司在此领域也日益活跃,在发展中国家和地区跨国公司开展的160个项目中,有151项来自亚洲,依次主要是印度、韩国、中国台湾、中国大陆和新加坡的跨国公司。

比如,英特尔公司在20多个国家内雇用了20 000多名研发人员。一些研发机构为母公司所拥有,而其他的则采取与大学合作管理或通过风险资本投资于技术密集型公司的形式。英特尔公司在发展中国家、东南欧和独联体,尤其在中国、印度和俄罗斯的研发投资比其他任何地方增长都快。这种发展的动因就是可以获得相关领域受过教育并拥有专长的熟练人力。在这些国家,英特尔拥有在多个领域进行核心研究的实验室;其也同大学签订了一系列合作协议。

英特尔中国研究中心(ICRC)作为公司设在亚太地区的第一个研究实验室于1998年在北京建立。ICRC在人工计算机界面、计算机构造、未来工作量和编译器以及运算时间等方面进行了应用性研究。2005年年初,中心拥有75名研究人员,其中绝大多数拥有中国大学的博士学位和理学硕士学位。在该中心的研究创新成果中,有ICRC与中国科学院共同开发的开放式计算机程序编译系统;音频视频语言识别系统,即一种运用计算机视频来辅助语言识别的系统;以及麦克风排列和音频信号处理技术。公司第二个中国研发实验室在上海建立,该实验室的任务就是为英特尔开发软件。

英特尔印度设计中心位于印度班加罗尔,雇用了800多名员工并主要为公司提供软件解决方案。相比之下,公司在俄罗斯联邦的尼日内诺夫哥罗德软件开发中心拥有320名专业人员和工程师,他们为英特尔公司开发软件工具。同国外大学合作是英特尔全球战略的一个重要方面。英特尔研究理事会,作为公司内部的技术专家组织,向全球范围内的大学提供关键领域项目的研究资助。英特尔全球战略的最终指导者是英特尔资本公司,即英特尔的战略投资程序。其任务就是安排和管理财务上具有吸引力的投资以支持英特尔的战略目标。它在国外的业务从1998年业务价值不足5%增长到2003年的40%。在这些国外投资中，大约一半投到亚洲的公司，其余分别投在欧洲、以色列和拉丁美洲。

第三节 跨国公司研发国际化的驱动力

在跨国公司的经营活动中，研发是最少外移的，这种区位的"黏性"存在多种原因。由于先进技术知识具有复杂性与默示性，因此需要付出很高成本才能将研发活动拆分并将其中不同的环节安排在不同的地点。研究人员常常需要当面沟通，以交流信息与思想。此外，研究技能往往是以积累的方式建立起来的，因而起步较早的研究中心经常得以维持或者强化其领先地位；历史表明，技术领域的"卓越中心"往往存续很长的时间。研发也有广泛的溢出效果，即在创新企业之间存在着思想和人员的流动，研发具有显著的协同效果，可以形成强有力的集群和聚集优势。这些因素倾向于将创新活动锁定于一个国家，其中大多数是母国的特定区位或集群。

当跨国界知识交流的成本很高时，跨国公司更喜欢将研发安排在母国。此类成本随着地理、经济、文化与语言差距的扩大而增加。而且，当跨国公司想对创新过程及其结果保持更多控制时，它们不愿把研发活动安排在国外。由于存在技术流失风险，它们也不愿把研发活动安排在知识产权保护制度薄弱的地区。

不过，最近研发的国际化趋势表明这些因素正在发生变化，并使研发活动更加分散化。虽然许多跨国公司创新者仍然把其核心创新活动保留在某一区位，但许多大型公司，特别是那些拥有多个制造地点和多样化产品的公司，已将其研发机构分散化了。那么什么因素决定跨国公司是选择在母国，还是选择在国外设置这些机构？

我们找到了以下四个理由。

1. **建立调试性研发活动**

支持国外生产活动的调适性研发活动以使技术适应当地市场一直是

国外研发活动的主要方式。

当地调试仍然是目前跨国公司在国外从事研发活动的最主要类型。当地调适性研发活动只有在特定条件下才是划算的：东道国经济与母国经济必须存在足够大的差异，从而使进行重大的调适性研发活动成为必要；经营活动的规模必须足够大；东道国还必须拥有所需的人力资源与制度框架。来自发展中国家的跨国公司也在国外从事调适性研发活动，例如中国的华为公司在印度班加罗尔建立了大型研发机构，从事软件设计活动；印度的软件公司，如Infosys与Satyam也已在中国建立了开发中心，以便使其产品适应当地市场的需求。

2. 进行技术获取或追踪

技术获取或追踪正成为跨国公司在一些拥有卓越中心地区设立研发机构愈发重要的理由。在这些地区设立的机构可作为起监控作用的前哨阵地，以跟踪最新技术的发展。此类研发国际化旨在增加母公司的技术资产，正如许多电子与信息技术企业在硅谷建立研发机构，制药公司在波士顿周围建立医药研发集群。技术获取与追踪也成为发展中国家企业研发国际化的重要驱动力量。

一项对美国、欧洲和日本200多家跨国公司的研究识别了研发国际化的九种原因。对于样本企业，三个最重要的动因是：使国外技术适应当地市场、获得熟练的研究人员、了解国外领先市场与顾客。四个中等重要的动因分别是：利用外国公司开发的技术、与国外技术保持同步、向当地生产活动提供技术支持、遵守和应对当地市场进入的管理规则与压力。两个重要程度最小的动因是：利用东道国的公共研究计划和规避母国不适宜的研发环境。

3. 考虑研究人员的可获得性和成本

研发活动在三极地区之外的扩展说明了一些新的驱动力量，如研究人员的可得性与成本越来越重要。研发开支的上升，连同削减成本以及迅速将产品投向市场的压力，迫使跨国公司寻找新的途径，以便更迅速地进行研究活动，将非核心业务外包，并把研发活动安排到拥有低成本且拥有众多科技人员的国家。特别在一些以科学为基础的研究活动中，当企业无法在本国获得足够数量的熟练专业研究人员时，这就变得更加重要。许多公司认为，在所有其他条件相同的情况下，研究人员的成本与可得性目前已成为研发国际化的重要驱动因素，特别是在那些依赖新技术的产业。一项有关外国公司在印度的研发活动的调查指出，对于传统技术产业的企业来说，接近制造基地或印度市场是它们在印度开展研发活动的两个主要动因。相反，对于新技术产业，获得研发人才和低研发成本则位于前列。一些其他调查报告与媒体报道证实了降低日益增长的成本的意义和进入国外人才库的重要性。

一项对德国的调查发现，国外较低成本的研发人才是仅次于支持当地生产活动的、重要性排在第二位的推动企业在国外建立研发机构的原因。

对104位高管人员的一项调查指出，"在一些产业，高技术创新活动的持续发展对企业的生存是至关重要的，企业必须奔赴各地，以获得高端研发人才。有70%的高管人员认为，能够利用国外熟练劳动力是非常重要的，或对研发活动全球化具有至关重要的意义，并使之成为比成本控制或加速创新周期的愿望更为重要的驱动因素"。而且，有半数以上的受访者认为较低的成本对研发活动全球化具有重要的利益。这种成本收益来自较便宜的劳动力与较低的地价与办公室租金，也来自优惠的税收制度。

降低成本被认为是跨国公司在中国扩大研发活动的主要驱动因素之一。

一项调查考察了印度威普罗技术公司在加利福尼亚建立的产品设计公司，其结果显示，外包最重要的原因是缩短由产品开发到销售的时间与降低总体的研发成本。

降低成本的需要也一直是芯片设计离岸转移到亚洲的重要驱动因素。

虽然成本很重要，但创新性研发机构在亚洲的发展还受到各种供给导向因素的驱使。该地区许多国家一致做出的努力，增加了专门人才与技能的供给，这在科学与工程领域特别明显。在某些情况下，散居国外的研究人员、工程师和管理人才回归故土，带来了新的资本、技能、网络以及他们拥有的声誉。政策干预包括促进研发的新激励措施、更有效的知识产权保护制度、改善公共研究活动以及建立科技园区等。诸如电子等产业，制造活动已在全球范围内组织起来，这使得研发活动在国际上分散化较为容易，有时甚至是必须的。东亚与东南亚处于此类产品出口竞争力的优胜者之列，跨国公司也扩大了它们在该地区同一产业领域的研发工作规模。

4. 技术水平和组织模式的发展

最后，一些技术与组织方面的进展也是值得考虑的重要因素，这些进展降低了对跨国知识交流的约束，并推动企业实施研发活动的国际化。第一，自由化和技术进步使得竞争更加激烈，促使跨国公司进行更多的研发投资，并避免成本不受控制地盘旋上升。没有成功控制开发成本的公司，往往难以在股票市场上获得回报。因此，它们寻求更经济的方式来推动创新。第二，通信技术的进步使得远程信息交流变得更加迅速、便宜和更加密集。第三，"新技术"产业在地理上靠近基础科学研究，使得一些拥有大量科学家与工程技术人员供给的国家即使缺乏产业经验，但仍有可能吸引跨国公司的研发活动。第四，某些类型的研发"模块化"，或者研发过程更为精细地针对分离的活动，使得企业能够拆分产品和服务的开发工序，以提高效率并降低成本。

总之，大多数研发国际化是由使产品和工艺适应当地市场的需要驱动的。当然，利用国外卓越中心的优势与获得国外技术的重要性正在提高，特别是对于设在发达国家的研发机构来说更是如此。但是，要理解创新性研发机构在发展中国家的发展，必须考虑包括需求因素、供给因素与各种能动因素在内的各种驱动因素的复杂组合。对于跨国公司，特别是新技术产业的跨国公司来说，发展中经济体提供了新的机会促使跨国公司降低成本，使其获得在母国不能拥有的充足的、较低成本的技术人才，并加快其新产品与服务开发的速度。

第四节　跨国公司全球研发网络

一、全球研发网络的特点

不同企业做出的区位决策是会有很大差别的，必须把企业的战略、企业的组织结构和它的区位联系起来。在全球化背景下，跨国公司日益成为推动世界经济发展的强大力量，在世界技术开发中也扮演了领导和先驱的角色，对全球创新和世界经济结构产生了深远影响。研发活动的全球化在跨国公司的推动下，显示出迅速发展的态势，正在由过去的集中研发实验室转向全球化的网络模式。跨国公司研发组织形态的不断调整，也会在地域上表现为不同的空间形态，在空间层面表现为跨国公司研发全球化的空间组织的形成。这种单个跨国公司研发组织结构在全球的地理分布和空间表现，就构成了全球研发网络的基本骨架。这个网络呈现出两个特点，一是研发活动的分散化，二是研发组织的分散化。

1. 研发活动分散化

随着经济全球化进程的加速和国际竞争的日趋白热化，跨国公司开始改变其传统的强烈的国内指向型战略，着眼于世界范围内人才、科技实力与科研基础设施的比较优势，寻找研发配置的最佳区位，从而促使跨国公司的研发活动日益朝着全球化方向发展。Pearce(1989)将影响跨国公司建立海外研发分支机构的作用力分为离心力（促使研发机构分散化的因素）和向心力（促使研发机构集中化的因素）；Granstrand(1999)将影响跨国公司研发对外直接投资的因素分为驱动与阻止因素。驱动因素是一种离心力，推动企业的研发机构趋于分散化，包括：支持当地化生产，满足当地消费者的生产需求，获得国外先进科学技术，降低研发人力成本，东道国政府政策影响及重要的国外收购行为。阻止因素是一种向心力，吸引跨国公司的研究机构趋于集中与聚合，包括：严格控制与监督研发活动，降低技术信息泄露风险，接近国内市场，研发具有规模经济，降低协调及通信成本，母国政策影响。跨国公司在制定研发战略时会对两种因素进行平衡。

研发活动的分散化包括研究分散和开发分散。Zedrivitz和Gassm将跨国公司的研发国际化活动分为四种情形：国内研究和国内开发（国家财富研发）、分散研究和国内开发（技术驱动研发）、国内研究和分散开发（市场驱动研发）、分散研究和分散开发（全球性研发）。一般来说，研究和开发具有不同的分散倾向，跨国公司的开发从国内趋向分散化是跟随着生产、技术服务和贸易的国际化展开的，而因为研究涉及公司的核心技术和专有技术，因此研究的国际化往往落后于开发活动的国际化，但它有着跟随技术秘诀和开发活动转移的特性，也不可避免会出现分散化态势。总而言之，研究和开发均存在着由国内向国外分散的趋势，最终会形成分散研究和分散开发的全球研发网络。

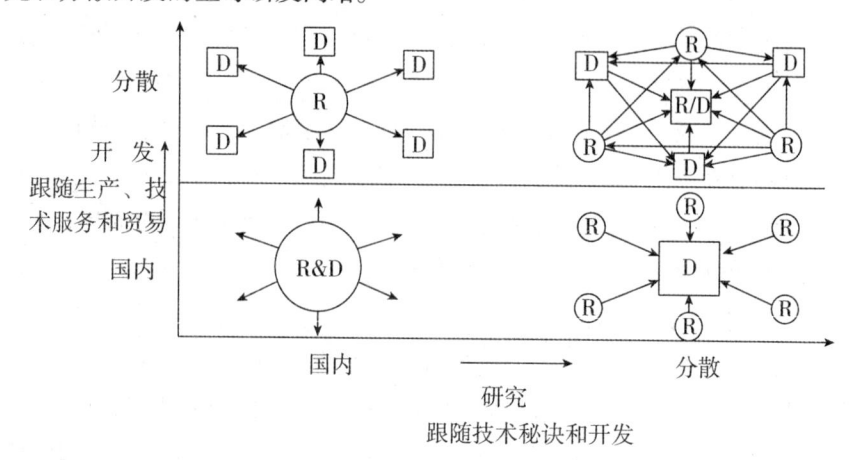

图6-2 研发国际化的四种结构类型

资料来源：Market vesus technology drive in R&D internationalization: Four different patterns of managing research and development, Research Policy 31, (2002), 575.

2. 研发组织分散化

研发组织的分散化包括横向分化和纵向分化。前者主要包括一些研发业务因为子公司地理位置或其他原因，而从现有研究机构中独立出来。英国壳牌石油公司原来是按照地理位置设立研发机构，后来其组织结构有了很大改动，取消了洲际总公司，按照勘探开采、石油产品、化工等五大业务平台重新建立了五个子公司。相应地，其研发管理结构也按照专业进行了调整。而按照研究成果阶段性，即基础研究、应用研究、产品开发、中试等不同阶段，进行机构整合可以被视为纵向分化。过去这些活动完全由集团技术中心按大而全的管理模式一包到底。现在这些活动不仅按研究过程的上下游分散在集团总部、事业部、子公司、关联企业等各级组织中，而且还有相当一部分工作被外包，以提高集团研究开发的整体效率。如松下电器集团下属的先锋公司就曾经把自己开发出来的影碟机技术转移给其他企业进行下一步工艺开发，并取得了很好的效果。

尽管相对于生产和销售来说，研究与发展的国际化程度要低得多，但是在过去的二十年间已经有了显著的提高（OECD，1998）。跨国公司研发活动随着自身发展战略的变化和组织结构的调整出现了明显的分散化倾向；许多带有中心集权的研究开发公司正努力适应国际化的环境，不断地开放。在汽车产业，这种对外国市场敏感性的培养尤其强烈。当本公司的竞争力不如外国对手时，许多公司开始在技术前沿国家建立技术前哨，以获得外国的技术和知识。现今日本公司在欧洲和美国都建立了许多基础性的研究实验室，目的就在此。如日立公司在柏林建立了一个信息科学中心，在剑桥建立了一个微电子中心。由于分散化的研究开发部门重要性在增加，各公司正使自己的各个研究开发站点具有更大的自由性和自主性。在公司兼并不断加强的情况下，许多力量很强的当地研究开发机构正转化为自主的研究开发部门。由此将导致研究开发核心竞争力的重组。如通用汽车正在为每一个部件集团建立竞争力中心。

二、全球研发网络的区位模式

不同跨国公司研发区位决策活动存在着一定的相似性和重复性，将跨国公司海外研发区位选择的倾向性和共同点进行抽象、描述及规范，可归纳出跨国公司研发全球化的区位模式。每一种区位模式都是跨国公司结合自身发展的战略要求，对东道国种种区位因素对比取舍的结果，代表着在跨国公司海外研发投资区位决策过程中相对关键的决定性力量。因此，跨国公司研发全球化区位模式的构建必须由首位区位因素和最显著的区位因素所决定。降低成本和利益最大化始终是跨国公司海外研发活动的根本目的，在前述区位因素中，法律政策环境与地缘文化要素虽然对跨国公司研发投资的区位选择产生一定正向影响，但是不足以成为首要区位因素和决定性力量，因此将之归为外部影响因素，不作为区位模式类型；同时，鉴于集聚规模因素在跨国公司海外研发活动中占有日益重要的地位，而将其纳入跨国公司研发全球化区位模式的分析框架，从而将跨国公司研发全球化的区位模式归纳为以下六种：生产支撑模式、市场寻求模式、资源导向模式、技术提升模式、行业引聚模式、全球战略模式。

三、生产支撑模式

跨国公司研发全球化的生产支撑型区位模式是指跨国公司以生产支撑为主导取向的海外研发投资区位决定模式，亦即跨国公司在东道国进行研发活动和设立研发机构的出发点和归宿点是出于支撑当地生产的战略动机，立足于为当地的生产活动提供技术支持或服务，这种区位模式多表现为与跨国公司海外生产基地的重合。一般来说，跨国公司海外生产的最初阶段，研发业务多数是属于生产性工厂的内部职能部门，没有新产品开发的职责，仅为当地的生产提供技术性指导，解决具体技术问题，并改进生产工艺，但海外生产规模的不断扩大将迫使独立的研发机构转移到当地，进行一些基础研究和应用性开发，致力于产品本地化改造和针对当地市场的技术创新。因此，跨国公司生产支撑型的研发投资区位大体上重叠于跨国公司的全球生产网络。比如，中国正在成为世界的"制造中心"，这已经成为不争的事实。据统计，我国居世界第一的产品已经有数百种，贸易份额或市场占有率占世界第一位的也有相当可观的数量。2004年6月索尼爱立信在确立中国为其全球生产基地的同时，也将全球研发基地设在中国，索尼爱立信全球研发中心——中国是由索尼爱立信中国研发中心升级而成，该研发中心立足全球市场进行产品研发，并进行3G方面的准备。从丰田的全球生产和全球研发的布局体系来看，截至2004年5月，丰田汽车在全球26个国家和地区设立了51个海外生产制造公司，这些机构分布于亚洲（26）、北美洲（10）、欧洲（7）、南美洲（5）、非洲（2）和大洋洲（1），丰田的汽车市场通过它的全球网络包含了160多个进口商、分销商和多不胜数的使用者，而丰田的海外研发机构区位呈现出明显的跟随生产密集区域布局的特点，除日本本土的五家研发中心外，丰田在亚太地区有三家技术中心，分别在中国、泰国和澳大利亚；在北美有两家技术中心，分别位于美国的东西两岸；在欧洲有三家技术中心，其中TMEM技术中心分设在比利时、英国和德国，另外两家在法国和德国。

四、市场寻求模式

市场寻求型的跨国公司研发投资区位模式中，跨国公司在当地进行研发投资的首要动因是保持并拓展市场份额。庞大的市场规模和市场发展潜力与跨国公司的利润息息相关，出于对利润最大化的追求，跨国公司对东道国的市场容量非常重视，如果东道国可以提供较大的市场需求，跨国公司则会相应地提高投资、扩大生产，并设立研发机构，开发符合当地市场的产品,进行及时的信息反馈,提供技术服务和技术保障。跨国公司在市场规模较大、市场特殊性明显的国家建立研发机构,可以直接了解当地市场的需求特点,从而有针对性地研究开发相关产品,以支持其产品的先进性和在技术行业的垄断地位,占领更多市场份额,并拓展当地市场甚至世界市场。特别是那些进入当地时间较长、业务量较大的跨国公司,为配合本地生产和技术进一步发展的需要,急需建立各自的研发机构。例如,近些年来,我国互联网发展迅速,网民数量每年成倍增长,已成为全球第一大互联网市场。对这个充满诱惑力的市场,各大跨国公司都垂涎三尺。朗讯公司在上海和北京设立贝尔实验室瞄准的就是中国的通信网络市场。2000年3月,美国国家半导体公司和联想集团在北京联合宣布,成立国内第一家合资信息家电产品(Information Appliance,简称IA)实验室——"联想—国半联合实验室",美国国家半导体公司总裁布莱恩赫拉先生在致辞中毫不掩饰地说:"我相信,中国将成为新世纪技术应用潮流的领导者,同时也将成为信息电器的最大市场,我们对与联想一起拓展中国信息电器市场充满信心。"在食品饮料工业,新口味配方研制以及快速推向市场的能力直接决定着市场占有率和消费者偏好,中国拥有巨大的市场和消费群体,多样化产品开发成为占领市场的关键,因此,可口可乐公司2001年在中国组建了亚太区研发总部和检测中心,以平均每年233个新配方的速度将各种产品输送到亚太地区的各个市场,在中国碳酸饮料市场的占有率达到50%以上,在非酒精饮料市场的占有率也在10%以上。

五、资源导向模式

资源导向的跨国公司研发全球化区位模式是指跨国公司因在母国面临研发人力紧张、研发成本高昂,或是因国内研发设施不足、规模过小,而走出国门,在研发资源丰富尤其是研发人才富集且低廉的国家或地区进行研发活动,利用当地的科技基础设施,从而实现研发资源的全球共享,降低研发成本。研发资源可以分为研发人力资源和研发基础设施两类,其中,跨国公司在发达国家的研发活动多是重于对其研发基础设施的利用,而在发展中国家的研发投资选择则是基于充足、高质、廉价的研发人力资源的寻求。欧洲一些小国的跨国公司全球化程度高,且集中在欧美发达国家,就是由于发达国家的科技设施先进、研究成果充裕,在当地建立研发机构不仅可以利用东道国的大型科研设施,而且能够分享仅对本国研发机构开放的基础研究成果。而发达国家跨国公司在中国、印度等地的研发投资区位选择与当地的科技人才数量和质量有很大关系,英特尔(中国)软件实验室主任王文汉曾大发感慨:"英特尔在中国设立的软件实验室,是英特尔在亚洲最大规模的软件研究机构,百余位工程师中有70人为硕士、15人为博士,其余15人为学士,全是中国本土的软件人才。"IBM、微软、英特尔、思科等跨国企业早已对中国的优秀人才垂涎欲滴,甚至来自印度的软件公司也把目光投向了我国。而印度依靠其低成本、高素质的人力资源,成为备受瞩目的跨国公司研发投资区位。

六、技术提升模式

跨国公司以技术提升为目的做出的海外研发投资区位决策,同时包含了技术跟踪和技术获取两个方面的含义,其一是跟踪同行技术,以求改进优化;其二是搜寻他国技术,以求创新创造。不管是技术跟踪还是技术获取,均立意于自身技术的进一步提升和技术竞争优势的进一步扩大,因此统归为技术提升区位模式。这种区位模式在20世纪80年代和90年代出现并发展,起因于跨国公司对监控和学习全球新趋势与多重搜寻技术投入资源的需求日渐强烈。知识的扩散在某种范围内受到地理范围的限制,因此跨国公司在海外设置研发机构即是为了克服地理边界而进行的技术搜寻行为,从而实现先进知识和技术通过海外研发分支机构向母国的流动。美国就是一个跨国公司因技术搜寻而在当地大量投资设立研发机构的典型国家。例如,外资在美国加利福尼亚投资的首要动机就是接近知识库和大量可获得的技能,来自技术水平千差万别的国家跨国公司纷纷在那里建立研发机构,以利用知识环境,提升技术能力。

Griffth、Harrison和Reenen利用专利数据研究发现,对英国跨国公司来说,在美国设立海外研发机构进行技术搜寻比依靠美国本土研发的知识扩散获益要大,并通过对生产力产出的观测得到证据。技术提升型的研发区位集中在世界性的科技发达地区,绝大多数位于发达国家,因此基于技术搜寻和技术提升的跨国公司研发投资多是发达国家对发达国家的"平行流"或发展中国家对发达国家的"上行流",其流向均是世界技术卓越中心(center of excellence)。比如美国加利福尼亚硅谷地区拥有全球最先进的计算机及软件、半导体和生物技术,因而吸引了这些行业的大量研究实验室集聚于此。这类全球技术领先区位还有美国麻省波士顿地区、北卡罗来纳研究三角园区等技术开发中心以及日本东京(电子技术)和德国莱茵河—美茵河区域(化工行业)、英国爱丁堡(生物技术)等欧洲其他国家的生物医药、计算机和办公自动化行业技术中心等。英国是仅次于美国的最具活力的生物技术工业基地,位于剑桥的桑格研究院是世界上最重要的生物技术研发中心之一,美国生物技术公司沃泰克斯(Vertex)资助了葛兰素史克(Glaxo Smith Kine)药物研究机构,在牛津(Oxford)、剑桥(Cambridge)设立了研发机构;马萨诸塞(Massachusetts)公司在夏沃西儿(Haverhill)经营着欧洲最大的生物技术制造工厂。瑞典把高达6.5%的GDP投入到科学研发上,在生物学研究方面有超越美国成为世界高地之势,在创造力国家的排名中(2014年"全球最具创造力的国家"排名榜,美国卡内基-梅隆大学发布)位居第一,其技术高地效应也吸引了不少跨国公司尤其是欧盟内部国家跨国公司研发机构的落户。后发展国家对发达国家的研发投资多表现出技术搜寻的特征,韩国在美国的研发机构集中在半导体、计算机和其他电子工业上,多位于硅谷地区;土耳其的Protekila公司在英国贝尔法斯特(Belfast)设立了研发中心,从事智能卡技术的专门研究。

七、行业引聚模式

行业引聚模式是基于跨国公司研发区位选择对产业基础和同行集聚的要求提出的,这种区位模式的决定过程中,东道国的同类产业的发展基础和实力以及同行竞争对手入驻的数量被重点考察。20世纪90年代美国著名经济学家迈克尔·波特提出了国家竞争优势理论,以竞争环境的差异来解释不同国家和地区之间产业竞争能力和生产力水平的差距,认为国家与产业竞争力的关系也正是国家如何刺激产业改善和创新的关系。可以说,某一个国家或区域的优势产业之所以领先于竞争对手是因为该国家或区域可以提供适合于该产业发展的环境和生存的土壤。大多数OECD

国家的集群研究都认定成功的产业集群在那些拥有强大竞争优势的国家，这些集群代表了国家的产业优势以及全球同行业公司的集聚规模。选择同一产业优势明显的国家或区域建立研发机构，可以充分利用当地该产业的坚实基础、集群效应和密切的产业关联，享受当地完善的产业服务以及为推进这一产业提供的优良环境。一般而言，如果东道国优势产业是知识密集或技术密集型的产业，且具有相当的产业集聚规模，则更容易吸引跨国公司进驻开展海外研发活动。从2004年中国对外投资导向目录中可以看出，适于研发投资的国家均拥有较大科技含量的制造业产业部门，其中生物医药产业居多，还包括汽车产业、计算机产业和仪器设备制造等。比如，英国的制药工业在世界上居于领先地位，是世界药品主要的出口国和药品研发重要中心，许多世界顶级的制药集团，诸如辉瑞（Pfizer）、诺华（Novartis）、礼来公司（Eli Lilly）、莫克（Merck）等，均在英国设立了研发中心和生产基地，美国的西尼克斯欧洲公司在伦敦剑桥生命科学走廊中部的菲尔德商务研究科技园开设了一家高度自动化的药物发明研发中心；世界上最早的汽车产业集群产生于美国底特律，通用、福特、克莱斯勒三大集团全部聚集于此，汽车产量约占美国的25%，日本汽车公司也纷纷在这里设置生产机构和研发中心；印度在政府的大力扶持下IT产业已具有一定优势，软件产业集群已然成形，而我国台湾在信息半导体等领域也形成具有国际竞争力的产业规模，因此这两地也吸引了众多跨国公司研发机构的入驻。另外，一些跨国企业会关注同业竞争对手是否入驻，以此来决定自己的研发投资取向，一方面是为了节约考察当地市场和资源状况的信息成本，另一方面也是和竞争对手进行市场竞争和技术竞争的需要，如果东道国存在两个或多个技术能力相当的同业跨国公司或国内企业，则在战略竞争和集聚效应的作用下，跨国公司会争相在东道国设立研发机构。Doh等（2002）将跨国公司竞争要素作为东道国影响外资研发的四大区位环境因素之一，指出跨国公司在当地建立研发机构是对竞争对手研发机构迁入的回应。发达国家对发展中国家技术中心的研发投资表现出明显的跟随先行者导向，即跨国公司在决定投资或考虑投资的过程中会受到先行者选择的影响，例如微软就宣称其选择印度海德拉巴作为开发中心的设立位置是从其他几个美国软件公司那里产生的兴趣。在我国，这一现象也非常明显,例如1993年摩托罗拉在中国设立第一家研发中心之后,诺基亚、西门子、松下、索尼—爱立信、飞利浦、NEC等移动通信企业纷纷跟进。

八、全球战略模式

全球战略是指跨国公司从全球角度出发,合理安排有限资源,抓住全球性机遇,进行全球性选择和部署,确定全球性战略目标。决策者不受民族、国家的限制,考虑在全球范围内实行资源的最优化配置,取得最佳的长期总体效益。换言之,它是跨国公司在变动的国际经营环境中,为求得长期生存和发展而做出的总体的长远谋略,而不是孤立地考虑一个国家的市场和资源。全球战略要求在多国基础上取得最大经济收益,而不是斤斤计较于国际业务活动中一时一地的损失。从历史角度看,全球战略是跨国公司大发展阶段的产物。随着在母国以及海外研究开发机构的不断发展,跨国公司便逐步将全球的研究开发网络整合起来,服务于跨国公司的全球战略。在跨国公司全球战略下,管理研究开发网络的趋势是全球性协调,而不是地区性管理。因此全球战略区位模式主要关心的是长远业务发展空间的拓展,其区位主要选址于在全球具有重要战略意义的国家或地区,以抢占全球市场和技术的制高点。20世纪90年代以来,世界政治经济格局发生了巨大变化,具有全球战略意义的地区不再局限于传统的世界三极区域,发达国家市场的日渐饱和与新兴工业化国家的飞速崛起,使发达国家捕捉到了新的全球战略契机,20世纪90年代以来,新加坡、以色列、中国大陆和中国台湾、印度等国家和地区吸引了大量跨国公司研发机构的进驻,进入21世纪之后,不少跨国公司开始对其分布在东道国内的多个研发机构进行整合,提升功能,扩大业务范围,企图打造亚太地区甚至全球的研发基地。这种趋势在中国表现得尤其明朗。1999年,摩托罗拉整合其在中国各地的18个研究机构成立摩托罗拉中国研究院,其使命是通过技术开发及创新,保证摩托罗拉在中国的长期成功。2008年该研究院是在华跨国公司中最大的研发机构,在中国拥有19家研发中心和1 600名研发人员,具有向全球提供从系统集成到芯片研制,以及应用开发的整体技术解决方案的优势与实力,成为摩托罗拉持续保持在世界通信领域的领先地位的动力源泉。2001年10月,上海贝尔阿尔卡特的建立使阿尔卡特成为第一家在中国把所有业务整合到单一公司内的国际电信供应商,阿尔卡特承诺将把新的上海贝尔阿尔卡特建成其亚太区业务中心,并将阿尔卡特中国区业务与其合并,使其成为阿尔卡特的世界主要研发中心之一。2001年11月1日,微软公司宣布将1998年在北京成立的微软中国研究院正式更名为微软亚洲研究院,该院是微软公司在海外开设的第二家基础科研机构,也是在亚洲地区唯一的基础研究机构。这一战略投资显示了微软公司对中国及整个亚太地区经济发展潜力的巨大信心。2002年5月,爱立信中国研发总院在北京正式成立并投入运行,对爱立信分布在中国的研发机构和项目资源进行了全面有效的整合,形成了面向全球及中国国内市场的研发战略平台,在爱立信全球研发网络中起着核心作用。据时任爱立信总裁兼首席执行官思文凯介绍,"在爱立信全球发展进程中,中国充当着一个非常重要的角色:中国不仅是爱立信最重要的一个市场,更是爱立信全球的供应中枢和研发基地。"2003年9月NEC中国研究院成立,这是NEC公司在全球范围内设立的第四个同级别研究机构,完善了NEC研究院在世界的布局,作为NEC全球研发体系的重要组成部分,NEC中国研究院将在资源、技术和成果方面与NEC的其他研究机构展开充分合作,同年"NEC移动终端开发中心"投入运营,中国国内的五个研究所的规模也得到扩大。

第五节 案例:IBM的全球研发网络

IBM,即国际商业机器公司,1914年创立于美国,是世界上最大的信息工业跨国公司,在过去的将近一个世纪里,世界经济不断发展,现代科学日新月异,IBM始终以超前的技术、出色的管理和独树一帜的产品领导着全球信息工业的发展,保证了世界范围内几乎所有行业用户对信息处理的全方位需求,业务遍及160多个国家和地区。2000年,IBM公司的全球营业收入达到880多亿美元。

IBM拥有全世界规模最大的信息科技研究网络,它比竞争者拥有更多的突破性创新成果,在通信芯片设计、生物信息以及铜、硅、锗芯片等新兴技术领域,扮演领先创新的角色。IBM 2001年的研究预算约为55亿美元,其中65%来自公司的自有资金,其余35%来自合作伙伴与政府等的外部研究资源,不过对外技术授权方面的收益也高达19亿美元。IBM共拥有八个主要的研究中心,分布在美国东岸的纽约、西岸的阿莫顿、南部的奥斯汀,以及瑞士苏黎世、以色列海法、中国北京、印度新德里、日本东京,聘雇超过3 400位高素质研究人员。IBM全球各研发中心均具有自主创新的地位,每个中心由一位研究事业部副总裁负责领导,并依总公司的研发政策,分别在服务应用与解决方案、计算机系统与软件、电信技术、储存技术、系统技术与材料科学等五大策略性研发领域,形成分工与合作的研究网络。

一、空间表现

IBM的全球研发网络是基于两大主体构建起来的:基础研究所(主要进行知识和技术创新)和应用研究所(主要进行新产品开发)。基础研究所指IBM的八大研究中心,布局较为分散;应用研究所较为集中,主要布局于美国、西欧和日本。IBM第一家海外研究中心,也是IBM第一家独立的研发机构,1956年在瑞士的苏黎世成立。之所以选择欧洲作为海外研发区位,一是因为当地先进的技术和设施,二是因为欧美之间的历史联系和文化传承,三也受到瑞士中立国身份的吸引。这是20世纪50年代,IBM建立的唯一一家独立研发中心。60年代,IBM转向国内,在东海岸的纽约(有接近欧洲研发中心的考虑)设立了作为研究总部的沃森研究中心,旨在推动自身核心技术的创新发展,保持行业技术优势。70年代,IBM的研发国际化向更大范围展开,目光从欧洲转向中东,在以色列的海法建设了自己的第三家独立研究中心,以色列虽然国小人少、资源贫乏,但以科技立国,经济发达,农业、工业、电子、通信、军工和医疗工业水平较高,而海法是以色列重要的港口城市,位于地中海沿岸,承担着以色列大部分进出口任务,也是以色列北部的行政、工业中心和国际贸易、商业中心,并建有著名的以色列科技大学、海法大学,环境优美。80年代,IBM进一步加强了国内的研发力量,90年代,IBM的海外研发正式进入了全球化时期,设立了四家独立海外研发中心和多家研究实验室。其研发全球布局开始倾向亚洲地区,尤其重视对发展中国家的研发投资。1993年,在另一个世界技术高地——日本建立了IBM在亚洲第一家独立研究中心;1995年,设立国内专业研发中心,集中技术力量,专门研发微处理器;同年,在北京成立中国研究中心,这是IBM首次在发展中国家成立研究中心,主要是适应市场需要,进行产品改进和应用型技术的开发;1998年,成立印度研发中心,原因在于印度软件业的迅速崛起、印度高端研发人才充裕以及同行业竞争对手的进入。IBM全球研发网的八大研究中心横跨全球,除了从事策略性核心领域的科技研究外,运用全球研发资源与进占各主要区域市场,也是全球布局的主要考虑。

除分布在三极区域的应用研究所外,IBM在美国与惠普合作发展Linux作业平台,并计划在世界各地推动Linux平台的应用研发,以试图成为引领Linux平台标准发展的领导厂商。根据计划,IBM在日本、韩国、中国台湾、印度、澳洲以及中国的上海与北京等地分别成立Linux实验室,并与这些地区的软硬件供货商组成联盟,为相关技术订立标准。例如,IBM在中国市场,就与中国红旗公司组成共推Linux平台的紧密合作阵线。IBM也将运用八大研究中心与各地区公司旗下的Linux顾问、软硬件专家及研究人员,来支持联盟中有关技术与产品的发展。这种跨国性的Linux实验室主要发挥信息型研究中心的功能,专注于推动联盟合作与共订标准,并运用IBM全球研发网的庞大支持力量,促成IBM在Linux平台标准的主导地位。

二、战略调整

近些年来,IBM进一步对其技术市场定位进行战略性范围调整,将业务进一步向纯粹的知识密集型部门转移:重点发展全球服务业,扩大软件业,压缩硬件业,最终使全球服务业的销售额在公司总销售额中的比重超过了50%,取代硬件业务而成为公司的主力部门,软件业也由20世纪90年代初期13%的比重成长为20%。公司相应地开始调整其全球研发网络,加快由传统的IT业制造商向新型的IT业研发服务商的角色转变。其中最主要的战略选择行动就是在减少全球制造基地的基础上削减研发网络中应用研究所的数量,由20世纪80年代初期的24个调整至18个,基础研究所则由4个调整至8个。同时,基础研究所的区位选择也经历了早期的母国中心型战略到后来的发达国家中心型战略,再到向发展中国家扩张的一体化战略。

这种战略特征明显区别于20世纪80年代以前的战略。早期的IT业市场技术尚未成熟和标准化,规模经营与多元化经营可以成为市场壁垒,能够有效地阻止其他竞争对手进入，是一种竞争优势，但随着IT产业自身发展的日趋成熟，硬件制造在整个产业价值链中相对退化为弱势环节，在IT企业的核心能力中，生产能力和营销能力逐渐为研发能力所覆盖，IBM进行的战略性业务收缩，实际上恰恰反映和适应了这种环境要求，其业务收缩过程实质是一种研发业务的精细化战略。这种精细化战略并非简单的"归核化"，它既是将公司研发资源向核心业务整合的过程，也是将研发资源向IT产业更高端环节集聚的过程，这种战略不但定位于高端，且能够直接服务于世界市场——利用公司创新技术和发明所产生的解决方案为客户解决问题的系统构建及其咨询服务。

三、整合

随着企业地理分散的研发活动的增多，管理协调上的复杂性成为非常突出的问题。一般而言，由于研发分支机构和总部之间的认知偏差、信息沟通存在分歧，企业的全球研发网络内存在诸多影响运行效率的矛盾。IBM公司作为一个知识创新、技术创新和产品创新的企业，形成了一套行之有效的管理协调战略系统：在组织上，所有的基础研究所均在公司最高层——Senior VP & Technology & Manufacturing的直接管理之下，这里的研究中心直接协调各个基础研究所，既包括技术协调也包括人力资源和财务资源协调，但这些研究所之间是网络间的节点即平行协作关系，这样既保证了研发战略部门之间的协作效率，又能够在公司内对其进行统一管理和部署，还可以防止研发资源暴露；应用研究所则分别由各所在东道国的IBM公司管理，以配合这些公司满足市场需求、成本要求和技术水平标准，而各应用研究所的产品开发方针和具体计划则要求和公司整体的市场竞争战略保持一体化。因而，从IBM的整个管理协调的组织来看，基本原则是高端的，作为公司创新和竞争力源泉的研发部门直接受控于公司总部；而具体的产品开发则趋向于分散管理，各研究所之间的技术协调依赖于研发的国际网络化的整合性。

在业务内容方面，基础研究所的战略定位侧重于以新方案、新思想、新概念和新技术为核心的知识和技术创新；应用研究所则直接服务于各生产基地，面向全球市场开发新产品。基础研究所与应用研究所以及各研究所是众多相互依赖的研发机构中的一员，各地的研究所经由正式和非正式的协调机制联系在一起,从而形成一个高效运行的网络。例如,基础研究所之间虽然研究领域迥异,但由于基础性研究在深层次上存在着相当的联系和重叠,因此可以相互借鉴研究成果,通过整体协作提升整个研发网络的效率;而各应用研究所开发的产品一方面服务于本土化战略,另一方面则通过一个研究中心实现同一产品在不同国家和地区之间的设计、款式、性能的转化和互换,通过研发网络内的流转提高同一新产品的利用效率。这样,各研究所在利用东道国本地的资源进行研发活动的同时,还可以通过研发网络将东道国本地的资源转化为网络内可流转的资源。

此外,保持整合性要求全球研发网络中的各主体及成员目标一致,其间的联系——正式的和非正式的,也是必不可少的。IBM公司主要是依靠以下多种渠道实现信息沟通和交流:一是确立英语为公司共同语言,便于成员交流,也有利于从全球搜集和获得信息;二是成立专门的委员会,为研发部门的主要和特殊人员在公司内部提供跨部门、跨地区的见面交流平台,可以就某些关键问题进行讨论;三是配合研发网络建立信息技术基础设施,引进和利用Lotus Notes软件为各主体及成员提供电子邮件服务、共享数据库和远程登录技术,使全球30多万雇员能够共享电话本、图书室等公司信息库,从而大大提高了跨国研发流程的效率。

至于跨国性Linux实验室的设置,则显示IBM全球研发网在八大研发中心架构下,为了特定的策略目的,可以在全球各地与客户、供货商、伙伴厂商,弹性地从事合作研究与市场发展。而在各地所设置的Linux实验室,就是为促成Linux平台的标准规格,进而达成IBM在这一新操作系统主导地位的策略目的。显然IBM全球研发网布局除了考虑需求、技术、效率等因素外,也是IBM在全球竞争中可以弹性运用的策略性资源。

同时,IBM积极构建公司联盟来实现研发网络化战略,1985—1996年间一共和191个合作者建立了204个战略联盟。作为个人电脑和软件的开发者,苹果在ICT领域的所有联盟中都是IBM主要合作者,IBM与HP、英特尔、Novell、西门子、SUN和德州仪器的合作也非常频繁。这些高频率的伙伴关系证明了IBM全球研发的网络化能力。从长远发展考虑,IBM在多种广泛的领域内设法维持和这些合作者的关系,寻求网络化的协同效应,利用网络的灵敏性及时掌握全球各地的技术创新动态。

第七章　跨国公司垄断行为：市场集中和治理策略

第一节　跨国公司推动市场集中化

市场结构，是指一定产业的厂商之间在数量、份额、规模上的关系，以及由此决定的产业内部竞争与价格形成的市场组织特征，其核心内容是竞争与垄断的关系。经济学对市场结构的划分，根据市场竞争程度的高低，分为完全竞争市场、垄断竞争市场、寡头垄断市场（垄断寡占市场）、完全垄断市场。完全竞争和完全垄断市场是理论上存在的市场结构，现实中存在的是集中度低，更接近完全竞争结构的垄断竞争市场和集中度高、更接近完全垄断结构的垄断寡占市场结构。产业组织理论中，衡量市场结构垄断竞争程度的特征变量主要包括市场集中度、进入壁垒、规模经济特征及产品差异特征等。其中市场集中度和进入壁垒是影响最大、最主要的两个特征变量。

市场集中度，又称产业集中度，一般是用产业内最大的若干家厂商的销售额占全产业销售额的比重来衡量的。反映了市场集中状况，因此，市场集中度是市场结构最基本的度量指标。最常用的是四厂商集中度（CR4）或八厂商集中度（CR8），即市场上最大的四家（或八家）厂商的份额之和占全部份额的比率。

进入壁垒指阻止新企业从"潜在性进入"变为"现实性进入"的因素。Bain（1956）认为进入壁垒就是"和潜在进入者相比，行业内现存厂商所拥有的有利条件，这些条件是通过现存厂商可以持久地维持高于竞争水平的价格而没有导致新厂商的进入反映出来的"。Stigler（1968）则认为进入壁垒是一种生产成本，是潜在进入厂商必须承担的而在位厂商不必承担的成本。总体来说，进入壁垒就是潜在进入厂商面临的障碍。进入壁垒包括规模经济壁垒、产品差别化壁垒和绝对成本优势壁垒、必要资本量壁垒等经济性进入壁垒,还包括企业实施阻止进入的策略行为而构成的策略性壁垒以及政府行为相关的关税、非关税措施等行政性进入壁垒。

产业组织经济学家,如贝恩、植草益等根据对不同国家产业的研究,采用集中度指标对垄断寡占结构进行了界定和细分。贝恩用四厂商集中度和八厂商集中度,将美国不同产业市场结构划分为六类:寡占Ⅰ型:集中度最高,CR4>75%,称为极高集中寡占;寡占Ⅴ型:集中度最低,30%≤CR4<35%,称为低集中寡占。其余各型介于二者之间。根据这种划分,CR4≥30%,可以认为是垄断寡占市场结构。当然,这种划分是以相关国家的具体实证资料得出的,不同国家划分标准不同,但可以作为借鉴。

生产的国际化、跨国公司的国际化生产经营,特别是对外直接投资(FDI),使垄断寡占结构跨越国界,向东道国传递。分析垄断结构的跨国传递,主要通过分析FDI对东道国的市场结构效应来展开。外国直接投资进入主要包括两种方式:一种方式是新建投资,也即所谓的"绿地投资",是指外国投资者在东道国设立新的企业,新设的企业可以是独资企业,也可以是合资企业。另一种方式是跨国并购投资,即涉及不同国家的企业间的并购。二者对市场结构的影响有所不同,在此分别来研究新建投资与跨国并购投资的市场结构效应。

一、绿地投资对集中度的影响

1. 绿地投资进入时期:集中度下降

新建投资是跨国公司在东道国设立新的企业,因此跨国投资进入时,在东道国增加了厂商数量,同时,跨国公司在进入之初,往往较谨慎,不会急于采取扩张市场份额的竞争策略,因此,短期内在市场规模总量不变、竞争格局不发生大的变化的情况下,厂商数量增加,造成集中度下降。因此跨国公司新建投资进入时,市场集中度往往会趋于下降。

2. 绿地投资正常运营时期:集中度上升

邓宁(Dunning, 1974)在分析对外直接投资的动机时,提出关于国际直接投资的生产折中理论,指出进行海外直接投资的跨国公司在所有权、区位、内部化方面都具有特定优势。进行海外投资的跨国公司往往在母国市场上已经具有充分的市场力量,实现了规模经济效应,跨国公司自身在资金、专有技术、成本方面拥有的竞争优势即为跨国公司的所有权优势。并且，跨国公司在海外投资时，可以利用东道国特定的资源（如廉价劳动力、营销网络等）来降低成本，形成区位优势。同时，跨国公司FDI的形成被认为是对外部市场进行替代的内部化行为，可以获得对交易成本的节约，从而形成内部化优势。综合三种优势，跨国公司可以获得比单国厂商更大的成本优势。对于发展中东道国，这种竞争优势尤其明显，促使跨国公司反应曲线向右上方移动，形成新的均衡点，跨国公司的均衡产量提高，东道国本土企业的产量下降，跨国公司占有的市场份额扩大，在市场容量等其他因素不变的情况下，集中度得以提高。

3. 其他因素

从跨国厂商投资动机分析，寻求廉价劳动力动机和开拓市场动机是跨国公司在发展中东道国投资的主要动机。跨国公司通过自身垄断优势与东道国廉价劳动力结合，使其成本降低余地更大。而开拓市场型投资促进了其份额增长，促进了集中度上升。从东道国市场容量分析，发展中东道国受经济发展水平影响，人均收入低，消费偏好不同，市场需求容量较低，限制了跨国公司规模的扩张与市场的集中。但是另一方面，发展中国家的需求增长率较高，同时跨国公司进入后，会通过培养消费者需求偏好来增强需求，因此潜在的市场需求会较高，从而促进了市场的集中。从东道国初始市场看，发展中东道国市场集中度普遍较低、较分散，厂商规模小，跨国公司进入后，会促使市场集中，一定程度上提高了生产效率。

在对外直接投资的市场结构集中效应研究方面，根据现有研究，FDI新建投资对发达东道国的集中度影响不确定，可能出现多种结果。但对发展中东道国，跨国公司FDI进入会促进东道国市场结构集中度提升的这一观点被经济学家们普遍接受。一些相关研究证实了这一观点：统计研究表明，在吸收外资较早的发展中国家，如墨西哥、巴西、智利等国，直接投资与东道国市场集中度之间存在一定的正相关关系。如根据康纳（Connor）对巴西与墨西哥的研究，外资股权比例与市场集中度和另两项衡量市场不完全程度的指标（产品差异与相对市场份额）间存在显著的正相关关系。又如，在智利，由外资企业占支配的行业中，有2/3的行业，最大的四家厂商（当然也包括一些当地企业）控制着整个行业95%~100%的经济活动。另外,一些经济学家应用计量回归模型也证明了发展中国家外商投资与市场集中度间的正相关关系,如表7-1所示。

表7-1 跨国公司投资与集中度的相关性研究

主要研究者	研究国别	计量方法	检验结果
R. Newfarmer	巴西	跨部门计量分析	正相关关系
M. Blomstrom	墨西哥	回归分析	正相关关系
L. Willmore	巴西	回归分析	正相关关系
Lau	马来西亚	回归分析	正相关关系

资料来源:Frischtak C.R & R S.Newfamer, eds.Transnational Corporations: Market Structure and Industrial Performance, Col. 15, UNLTNC(London, Routledge, 1994)。

二、跨国并购对东道国市场集中度的影响

随着经济全球化的迅速发展和国际竞争的日益加剧,近年来,跨国并购迅速发展,并逐渐取代新建投资,成为跨国公司直接投资的主要方式。

从抽样统计情况来看,20世纪50年代至70年代,跨国直接投资中新建投资基本上处于主导地位。从20世纪70年代后半期开始,发达国家(日本除外)的跨国投资中,跨国并购方式开始超过新建投资方式。这与并购的实施需要较为先进的工业部门以及相对发达的资本市场等条件密切相关。20世纪90年代中后期以来,跨国并购逐渐增多,1995年全球跨国并购以2 290亿美元之巨首次超过了新建投资,成为外国直接投资的主要方式。1999年全球跨国并购总额达7 200亿美元,占国际直接投资的83.2%,2000年跨国公司并购总额达11 430亿美元,占全球国际直接投资的87.9%。2001—2003年,1995年以来的这次并购热潮有所回落,并购数额下降。2005—2007年,又掀起了新一轮跨国并购热潮,2005年并购额比2004年增长了近90%。2005—2007年三年的跨国并购交易额分别为7 160亿美元、8 800亿美元和1.64万亿美元,占当年FDI总流量的比例分别为76%、67%和91%。综上,20世纪90年代以来,跨国并购投资成为对外直接投资的主要方式。

1. 跨国并购进入时期：复杂影响

新建投资进入时，由于市场上厂商数量增加，因此集中度下降。跨国并购进入则不同，是企业所有权的转移，不增加东道国行业中的竞争者，所以一般短期内跨国并购进入时市场集中度不变。

但由于跨国并购的复杂性，在下述情况下，短期内仍会造成集中度的变化。当跨国并购出现以下类型时，会促使集中度的提高：

（1）进行收购的企业在收购东道国市场上的一家竞争性企业前，对该市场已有大规模的出口。

（2）在该市场已建立子公司的外国企业又收购了一家企业，从而获得了占统治或垄断地位的市场份额。

（3）进行投资的跨国公司收购了一家以前和它竞争的市场领先企业。

另外，发生在其他国家的跨国并购，也会对东道国的集中度产生促进作用。

（1）设在东道国的外国子公司的母公司进行合并，并随后对子公司进行合并，从而削弱了当地的竞争。

（2）在东道国拥有子公司的一家跨国公司，收购了第三国的一家企业，这家企业是该东道国市场上进口竞争的来源。

（3）东道国两家外国子公司进行合并，尽管其母公司仍是独立的。这种合并取消了两家公司间的竞争，易使它们占据市场统治地位。

但同时，并购也有加强竞争、降低集中度的因素：有些被并购的目标企业是濒临破产的企业，并购进入能防止破产，防止企业数量的减少，短期内能防止集中度的加强。

2. 跨国并购进入后：集中度上升

跨国并购进入后对集中度的影响，其作用机制和新建投资类似，并购进入一段时期后，或并购进入对市场结构集中的长期效应，仍然主要取决于合并后的跨国公司与东道国厂商的竞争优势对比。跨国并购提升了跨国公司的竞争优势，同时，由于跨国并购直接减少了市场上的竞争对手，所以其市场集中效应比新建投资更显著。

如前所述，在全球化经济体系下，为了在国际竞争中取得竞争优势，跨国公司通过跨国并购投资，可以获得并购带来的快速资源重组效应，取得比新建投资更高的规模经济效应、生产效率与成本优势,因此,不论是发达国家,还是发展中国家,跨国并购对东道国市场都存在集中效应。

当然,由于发达国家技术与资本密集、规模经济性显著的产业一般都已经属于寡占结构,同时,发达东道国相关产业厂商本身也具有较强的竞争力,因此,对发达国家市场集中度的提升范围会比较小。

相比较而言,对发展中东道国的集中效应则很显著。跨国并购和新建投资相比,跨国并购厂商可以利用东道国目标厂商现有的规模、营销渠道等资产进行扩张,从而获得比新建投资厂商更高的竞争优势,同时,跨国并购直接减少了市场上的竞争对手。所以,跨国并购对发展中东道国能够带来比新建投资更迅速、程度更高的市场集中效应。

市场结构的集中为跨国公司获得垄断势力与实施垄断行为提供了市场结构基础,因此在发展中东道国,相比外资的新建投资进入,对跨国并购投资进入有较大的抵触。由于发展中国家在跨国并购中比重较少,同时对集中度等数据资料的统计较缺乏,所以,在此运用一些跨国公司并购后在东道国市场上的份额来大概说明跨国并购对东道国市场集中度的促进作用。

例如在印度,联合利华的印度子公司——兴都斯坦利华有限公司收购了它的主要当地竞争对手塔塔炼油公司,从而获得香皂市场75%的份额和洗涤剂市场30%的市场份额(Mehta, 1999)。兴都斯坦利华有限公司还收购了其他市场上的几家当地公司,如雪糕制造厂家Dollops, Kwality以及Milkfood,使该公司在雪糕市场上的份额提高到74%(Kumar, 2000)。史可必威公司向国内生产者Jagjit工业有限公司收购了两个品牌,拥有了印度保健饮料市场64%的份额。在墨西哥,一家已进入墨西哥市场的美国饮料公司安休瑟–布什公司1998年收购了墨西哥饮料市场上的领先公司——莫迪罗集团的控股股份(50.2%),导致了其市场份额的提高。

三、跨国公司推动世界市场集中化趋势

经济全球化条件下,作为世界经济主要企业组织的跨国公司,通过其以对外直接投资为主导的国际化生产经营活动,使垄断市场结构跨越投资母国的国界,向东道国传递。同时,在经济全球化不断加强的趋势下,每个

国家的市场都融入到了全球市场中,都是世界市场的一部分。从世界市场角度看,在跨国公司的国际化生产经营影响下,国内市场垄断性的增强,内在地使整个世界市场结构趋于集中,出现了全球市场垄断寡占的发展趋势。

经济全球化条件下,跨国公司的对外直接投资规模与跨国合作规模日益增长,巨型跨国公司大量涌现,成为其所在产业的主导寡头厂商。巨型跨国公司在其所在产业占有较大的市场份额,促进了世界市场的集中。

事实上,目前多个行业世界市场范围内的垄断寡占市场结构已经形成。由于世界市场范围广大,资料的收集与统计难度较大,计算世界市场集中度较有难度。一般以大型跨国公司的市场份额来说明市场集中状况。

例如,目前全球10大化学公司、10大半导体公司分别占有了各自行业90%以上的国际市场;10大轮胎企业则一直占据着世界轮胎市场80%以上的份额。在航空制造业,自麦道公司被波音公司兼并后,全世界只剩下波音公司和欧洲空中客车工业公司;在汽车领域,美国两大汽车公司外加大众、戴姆勒-克莱斯勒、丰田等少数厂商控制着全球80%以上的汽车生产和销售;在钢铁领域,10~12家大企业控制着世界钢产量的2/3;在移动通信领域,诺基亚、爱立信、摩托罗拉、松下、西门子和飞利浦手机占据了国际市场绝大部分份额。再以汽车市场为例,《2000年世界投资报告》统计了汽车产业世界市场集中度的变化,如表7-2所示。汽车产业世界市场已形成垄断寡占的市场结构。

表7-2　1996年和1999年汽车业最大10家跨国公司的市场集中度

跨国公司	1996 年	跨国公司	1999 年
通用汽车产量（10^3 辆）	8 400	通用汽车产量（10^3 辆）	8 336
福特产量（10^3 辆）	6 750	福特产量（10^3 辆）	7 220
丰田产量（10^3 辆）	4 756	丰田产量（10^3 辆）	5 401
大众产量（10^3 辆）	3 977	大众产量（10^3 辆）	4 853
克莱斯勒产量（10^3 辆）	2 861	戴姆勒-克莱斯勒产量（10^3 辆）	4 827
日产产量（10^3 辆）	2 742	雷诺产量（10^3 辆）	4 720

续表

跨国公司	1996年	跨国公司	1999年
菲亚特产量（10^3辆）	2 586	菲亚特产量（10^3辆）	2 596
本田产量（10^3辆）	2 084	PSA产量（10^3辆）	2 496
三菱汽车产量（10^3辆）	1 943	本田产量（10^3辆）	2 423
雷诺产量（10^3辆）	1 804	现代汽车产量（10^3辆）	2 081
最大5家统计产量（10^3辆）	26 744	最大5家统计产量（10^3辆）	30 637
最大5家占世界总产量（%）	49	最大5家占世界总产量（%）	54
最大10家统计产量（10^3辆）	37 903	最大10家统计产量（10^3辆）	44 955
最大10家占世界总产量（%）	69	最大10家占世界总产量（%）	80
世界总计产量（10^3辆）	55 036	世界总计产量（10^3辆）	56 286

资料来源：UNTCAD，《2000年世界投资报告》。

综上所述，在世界市场上规模经济效应显著的产业，普遍形成了垄断寡占结构。

第二节　跨国公司在东道国的跨国垄断行为

经济全球化条件下，跨国公司的国际直接投资成为经济生活中重要的内容。对于跨国公司FDI对本国经济的影响，各国特别是发展中国家都进行了较为深入而广泛的研究，其中对FDI的东道国宏观经济效应研究得最多，已经形成较为成熟的观点。如FDI对东道国的资本形成、就业效应、技术溢出效应等。

经济全球化条件下，跨国公司国际化生产经营，促进了东道国市场结构的集中和垄断结构的形成。对于大多数发展中国家，初始的市场结构过于分散，产业组织普遍存在企业规模小、规模经济效应不显著等问题，跨国公司的进入，提高了市场集中度和进入壁垒，有利于规模经济效应的发挥，有利于技术创新能力的发挥。因此，从跨国公司对东道国市场结构的集中效应方面来说，是对东道国市场结构的优化，主要表现在：

（1）跨国公司投资进入后，引入了竞争效应。跨国公司的进入，增加了市场上的竞争厂商数量。促进市场上的企业改进生产经营，淘汰掉弱势厂商。

（2）跨国公司进入后，经过一段时间的竞争循环后，提高了市场的进入壁垒，如规模进入壁垒、技术壁垒、成本壁垒等，使低效率厂商无法进入市场，提高了整个产业的竞争层次，保证了市场的适度集中。同时产业的规模经济效应、范围经济效应等得以发挥。

（3）在一些发展中东道国，存在行政垄断和市场过度分散问题，跨国公司进入后，引入竞争效应，有利于促使行政垄断向经济垄断转移，有利于促使分散结构趋于集中，因此形成了对东道国市场结构的优化。

然而，跨国公司FDI使东道国的市场结构趋于集中，从客观上促进了垄断寡占市场结构的形成。跨国公司对外投资，使东道国市场结构趋于集中，同时跨国公司凭借其优势，在市场中担当主导厂商角色。跨国公司投资的最终目的是追求利润最大化，因此，有追求市场份额扩张和追求市场支配势力的动机，东道国市场结构的集中，为跨国公司实施跨国垄断行为奠定了市场结构基础。市场集中，提高了跨国公司在市场上滥用市场势力的可能性。跨国公司实施的主要反竞争行为包括以下几种。

1. **利用知识产权进行限制竞争**

知识产权指的是人们可以就其智力创造的成果所依法享有的专有权利。作为一种专有的权利，知识产权就是一种合法的垄断权。知识产权的滥用正是不正当地行使了这种权利，滥用了其合法使用的范围。而跨国公司则利用在知识产权领域的比较优势，将知识产权作为垄断市场的手段。

2. **拒绝许可**

即知识产权人利用自己对知识产权所拥有的专有权，拒绝授予其竞争对手合理的使用许可，从而排除其他人的竞争，以巩固和加强垄断地位的行为。

例如，中国一些DVD生产企业曾质疑并且在美国起诉4C等专利权人联盟包括知识产权拒绝许可在内的知识产权滥用行为。特别是在2003年，美国思科公司与我国华为公司的知识产权纠纷中，就明显反映出思科公司涉嫌知识产权拒绝许可。2003年1月24日，美国思科系统有限公司和思科技术公司（以下简称"思科"）宣布对中国华为技术有限公司及其子公司（以下简称"华为"）就华为非法侵犯其知识产权向美国德克萨斯州东区法院提起诉讼。该案主要涉及"私有协议"问题。所谓私有协议，是指在国际或国家标准化组织为实现通信网络的互联互通而建立起相关的标准和规范之前，某企业由于先期进入该市场，形成了自己的一套标准。私有协议具有非公开性、垄断性和排他性等特点，未经授权，其他企业一般无权使用。但是，互联通信网络的迅猛发展以及思科公司在相关市场上近乎垄断的地位，使思科私有协议所设定的企业标准在事实上已经成为行业标准乃至国际标准。在这种情况下，依照国际惯例，思科应当公开其私有协议，但是它却拒绝向包括华为在内的竞争对手许可使用这种技术标准，以此来设置技术壁垒，排除竞争，达到维护其垄断地位的目的。

3. 搭售行为

搭售是将两种或两种以上产品捆绑成一种产品进行销售，以致购买者为得到其所想要的产品就必须购买其他产品的行为。

例如在美国微软垄断案中，微软在其Windows操作系统中捆绑销售IE浏览器的行为。再比如，利乐公司是全球最大的软包装供应商，控制全球75%的软包装市场份额。在中国，利乐公司控制95%的无菌纸包装市场，占绝对垄断地位。伊利、光明、三元等国内乳业巨头都使用利乐的无菌灌装生产线及相应的包装材料。那么利乐在无菌纸包装市场的垄断地位是如何取得的呢？一方面和利乐进入中国时间较早有关（20世纪70年代），由于在很长一段时间里没有一家国内企业掌握无菌包装纸的生产技术，利乐一段时间成为最主要的供应商；另一方面的原因是利乐在中国采取的销售策略。利乐不光销售包装纸，还提供包装机，制造无菌包装机需要复杂的技术，当时国内包材企业尚未有一家有能力生产此设备，凭借技术和资金上的优势，利乐是我国液态奶行业最主要的无菌包装机设备供应商，占据绝对主导地位。在中国，利乐的包装机生产线有将近1 000条，而一条生产线的价格就是上千万元。由于包装机生产线投入巨大，使用年限长，而且我国大多数液态奶生产商规模都不大，资金实力有限，无法在短时期内采用其他品牌的生产线，显然，利乐在该领域里构筑起了很高的进入壁垒，处于市场支配地位。因此，包装机设备行业的这种高集中度、高进入壁垒的市场结构,为利乐采用搭售的手段,获取垄断利润提供了可能。由于垄断性的市场结构只是垄断行为发生的一个前提而已,还需要考察利乐有没有实质性的限制竞争的行为。因为无菌包装机为一次投入、长期使用,尽管无菌包装机售出后,生产商可以从日常维修服务中继续获得利益,但是相比之下,包装材料作为无菌包装机的终生消耗品,其利润来源具有长期性和稳定性的特点。利乐的纸质材料上有一种标识密码,利乐公司罐装机上的电脑只有识别这个密码后才能工作,用其他公司的包装纸罐装机就不工作。此外,利乐公司在一些合同中还订有"客户不得在未来若干年内购买第三方包材"的排他性交易条款。利乐公司一旦发现其无菌包装机客户使用或企图使用其竞争对手的包装耗材,往往以停止为该客户提供设备维修配件和保养服务相威胁,或者制造类似内容的悬念使客户产生恐慌,从而使客户不敢轻易使用其他厂商的包装耗材。即使碍于合同义务等不得已提供上述配件和服务,利乐公司则以难以保证维修服务的及时性为难客户。由此可见,利乐凭借其在我国无菌包装机市场的垄断地位,采用搭售等方法,迫使购买了其设备的客户使用其包装材料,压制公平竞争,获取垄断利润。

4. 掠夺性定价

掠夺性定价(predatory pricing)是颇受经济理论界与法律界关注的一种滥用市场支配力量的行为。所谓掠夺性定价,也就是在市场上占据支配地位的优势企业(国外一般认为市场份额超过60%),为了排挤当前的小对手或者阻止新对手的进入而采用的一种策略性手段,即以不合理的低价迫使小对手严重亏损以至于难以为继,或者使得尝试进入者看到无法获得利润而打消进入的念头。优势企业尽管也会因低价蒙受暂时性的损失,但首先它具有足够的财力,能够承担这种损失,从而获得市场支配力方面的受益;其次在小对手退出或者新进入的威胁消失后,它可以借助市场支配力的上升,索取更高的价格从而弥补损失。

采取掠夺性定价行为的厂商本身必须承担削减价格的利润损失,甚至同中小竞争者相比,这种利润损失更大,因为优势厂商的市场份额更高。富登伯格和泰勒尔(1986)的资金借贷市场的非对称信息模型揭示,由于大厂商的破产概率较低(其具有更多的固定资产),从而其期望的破产成本也较低,不仅投资的吸引力更大,而且,大厂商较高的资信也使其可以获得优惠的银行贷款。因此,当跨国公司与国内企业面对相同的融资环境时,其"鼓鼓钱袋"效应将是明显的。

一般来说,巨型跨国公司投资的一个重要特征就是多市场投资,每一个分市场的子公司的运营战略服从于公司的全球战略。某分市场的子公司采取掠夺性定价行为也许根本是非理性的,因为长期收益无法弥补短期损失。然而,该子公司的强硬行为往往可以恐吓跨国公司在其他分市场上的潜在竞争对手,影响潜在竞争者在其他市场上的行为预期,并有效地阻止潜在进入,考虑到这一威慑作用,跨国公司仍可能以牺牲局部利益作为代价,树立一个强硬的形象。严格完全信息下的"连锁店悖论"却认为,厂商的这一形象根本不可能建立。然而,现实的情况往往是信息的不完全性,此时,虽然潜在进入者的数目有限,实际的最后潜在进入者不知道自己是最后一个进入者,任何一个其他的潜在进入者也不知道自己所处博弈链的位置,从而无法预料在位跨国公司的"纳什均衡策略"究竟是阻止进入还是容忍进入。此时,在位跨国公司在某一市场率先采取强硬策略即掠夺性定价可以在多市场树立"强硬的形象",阻止更多的市场进入。

5. 串谋

降低竞争强度的另一个主要手段是与竞争对手串谋(collusion),或称结盟,组成非公开或公开的价格同盟或人为地划分市场区域。掠夺性定价是以前期的损失换取后期的厚利。与之比较,串谋则是市场上彼此有利害冲突的厂商寻求一种和平相处的途径,使各个厂商在整个串谋期间获得尽可能高的利润,厂商不用遭受激烈竞争的损失便可以享有较理想的竞争环境。当然,与其他厂商共享利益终不如自己独霸市场,但很多时候这是降低竞争强度的唯一选择。串谋可以采取各种形式。公开的卡特尔在近几十年来随着各国反托拉斯法的建立、完善而越来越少见,但是,通过秘密的会谈达成的协议或谅解,甚至各厂商独立行动时,均为厂商间各种程度的串谋留下了相当的余地。由博弈论中著名的Folk定理,即使局中人(厂商)从不约会,每个局中人的支付都可能通过无限重复博弈得到改善,甚至达到帕累托边界(Paretofront);Axelrod(1986)证明,即使在比严格的Folk定理宽松得多的现实条件下,非合作竞争下的"合作"结果也是广泛存在的。

中国市场容量巨大,伴随着年均7%以上的GDP增速,市场需求增长稳定。特别是跨国公司集中投资的资本与知识密集型行业,市场需求旺盛,潜力更大。由于这些产业需要巨大的固定资本投入和先进的技术与管理,进入壁垒很高,国内企业基本没有能力涉足,已经形成寡头市场结构。在寡头市场结构中处于支配地位的跨国公司容易形成公开或秘密的价格卡特尔。由于中国市场的高增长性,而这种卡特尔具有其特殊性,一般不是通过限制产量来达到控制价格的目的,而是通过彼此的默契(也许存在秘密协议)来分割市场,维持高价,避免价格战,共同获取垄断利润。麦当劳与肯德基、可口可乐与百事可乐、联合利华与宝洁等在行业中都是最大的两家寡头厂商,我们几乎很难看见他们为了争夺客户而发生硝烟弥漫的促销战、广告战,也很难发现大规模的降价行为,有的只是默契地分割市场。在中国,麦当劳和肯德基很少同时在一家购物中心或超市旁开店;可口可乐和百事可乐进入中国以来,价格就几乎没有什么变动,而且其零售价几乎一致。百事可乐董事长曾言,"我们不是看12亿中国人每人喝一瓶可乐,我们希望12亿中国人每天喝一瓶"。联合利华和宝洁分别在一级市场与二级市场处于支配地位,很少入侵彼此的领地,这些都说明跨国公司决心共同主宰中国市场。

6. 纵向限制行为

纵向限制竞争行为一般发生在具有纵向关系(即上下游关系)的企业之间,比如供应商与制造商之间,以及制造商与销售商之间。纵向限制行为主要包括纵向一体化和纵向约束。前者是通过投资新建或兼并的方式建立具有产权关系的纵向内部化组织;后者主要是通过契约等手段建立较为松散的、具有一定约束力的纵向控制体系。

7. 纵向一体化

同横向兼并不同,纵向一体化的目标是上游或下游企业,即通过兼并、收购等方式控制上游或下游企业,或者直接建立工厂进行上游或下游的业务,达到整体利润最大化。比如钢材生产企业兼并铁矿石供应商或建立工厂制造钢产品。纵向一体化并不像横向一体化那样直接或很明显地导致行业或市场的集中,但有增强企业竞争力或者排除竞争对手的效果。同时,纵向一体化也有促进经济效率或者增强竞争的一面。威廉姆森(1989)提出的交易成本理论认为,一个企业要决定是否在两个或更多的生产或分配环节进行纵向一体化，取决于这样做的相对交易成本或效率。如果内部一体化后，交易费用减少，成本更低，企业就会倾向于同时从事制造、销售等多个环节的活动。这也是近年来国外反垄断领域对纵向一体化越来越宽容的原因。

我国加入WTO以后，政府对外商投资的限制大大减少，许多跨国公司在中国的投资进入迅速扩张阶段，而且投资的重点也发生变化，由生产领域迅速扩展到销售、服务等环节，而且一体化投资逐渐受到重视。摩托罗拉公司20世纪90年代初进入中国，逐步取得了移动通信市场的优势地位，1998年公司投资数亿美元在天津生产手机芯片，实现了手机生产的一体化。2000年12月，德国巴斯夫（ABFS）和中石化各出资50%建立大型合资企业扬子石化—巴斯夫公司，总投资达29亿美元。从上游的年产60万吨乙烯装置到下游的染料、助剂等制成品生产，合资企业进行了全新的一体化投资。2001年12月，英国BP公司与中石油投资34亿美元，合资组建上海赛科，同样实行一体化生产，只是规模更大，计划年产乙烯90万吨。

需要考虑的是，这种公司本身的一体化投资是否会以及在多大程度上限制竞争？在美国反托拉斯实践中，企业本身的一体化投资行为往往很少受到反托拉斯的关注，他们认为，企业的内部投资行为很少与打击、排斥竞争对手的垄断行为有关。即使一体化投资造成了其他企业的退出或过少的进入，也更多是因为其效率的提高作用。而作为跨国公司在中国投资的行为，显然与其国内投资有一定区别。对于"中外合资"而言，它既可能是设立新企业，也可能是与原有企业合并。此时，限制竞争的程度视被合资的国内厂商规模而定，若被合资的国内厂商本已占据较高市场份额，则一旦被跨国公司一体化合资，便可能造成较为严重的上游或下游的市场圈定问题，其下游或上游的竞争性厂商（国内厂商）将很可能被排斥在与该新设合资厂商的交易之外，潜在进入者也由于面临不利的竞争条件，不得不重新考虑进入的利润预期，这很可能阻止有效率的潜在进入者的进入。

8. 纵向约束

纵向约束行为是指上游厂商通过契约对下游厂商就产品价格、交易对象、交易区域等方面做出一些限制性规定。当下游厂商是上游产品的销售商时，这种纵向限制行为常可被区分为纵向价格约束与纵向非价格约束。

纵向价格约束的主要表现形式为转售价格维持（RPM），是指生产商对经销商的销售价格进行规定，包括规定最高价格和最低价格两种方式。

转售价格维持的限制竞争效果可根据两种可能的动因分别予以分析。一是由于下游销售商的压力，促使生产商制定统一的转售价格，一般认为，这种动因导致的即M行为往往具有与横向价格卡特尔类似的后果，限制正常的价格竞争，降低消费者福利。二是生产商为了实现利润最大化的目的，而要求下游销售商维持转售价格，由于遵守RPM协议会阻止销售商的秘密削价。对不同生产商而言，这有利于他们之间卡特尔协议的维持；对同一生产商而言，这将削弱不同零售商之间的产品价格竞争，实现相当于一体化垄断情形下的垄断利润。与此同时，这一价格限制也有一定的效率、效果，现实中的经销不仅需要制定吸引消费者的价格，而且需要通过经销商的努力来让消费者了解产品，并且提供相关的售前和售后服务。对于许多产品如电脑、汽车等而言，由于产品本身的知识含量较高，消费者选购时对产品的性能特征往往难以把握，而选购后在使用过程中还不时需要维修保养等服务，因而，如果这类产品完全由竞争性的销售商提供，将会出现一些问题，如销售商为了占领较大市场份额，全力开展价格竞争，忽略向消费者提供产品信息与售后服务，损害了消费者的福利。而RPM在削弱价格竞争的同时，增强了不同零售商之间的服务竞争，促使零售商努力为消费者提供优质服务，这似乎是变相的价格竞争，所不同的是，通过提供服务的竞争提高了销售商整体的销售量，无论对生产商还是消费者来说，均意味着更大的福利。

纵向非价格约束行为有限制产品的销售区域（地域专卖）与限制销售竞争性产品（产品专卖、特许经营）等。它们的限制竞争效果表现在：第一，非价格纵向限制削弱了品牌内竞争。品牌内零售商之间的竞争可以致使下游销售商的平均利润趋于零，促进零售商们改进经营管理水平，降低成本，而排他性的经营限制由于赋予了下游销售商部分垄断权力，销售商从而有一定的边际加价能力，导致较高的产品价格与较低的市场需求。第二，上游生产商通过与销售商订立排他性契约构成一种进入障碍。这类契约迫使新制造商建立自己的销售网络，而由于资本效应，以及两阶段同时进入的经验不足问题,行业的进入壁垒也被提高,导致过少的竞争者进入。

第三节　跨国公司在中国的竞争与市场集中

　　20世纪90年代以来,随着市场经济改革和我国工业化进程的逐渐深入,我国市场结构不断演变,中国工业市场集中程度有所上升。但受我国传统计划经济和经济转轨期间表现出来的特点影响,我国市场结构呈现出一些问题,主要表现在两方面:一方面,市场集中度偏低,市场结构分散,过度竞争,必要的垄断寡占市场结构形成不足;另一方面,市场机制不能充分发挥作用,形成政府干预下的行政垄断结构,在一些不该形成垄断结构或垄断集中程度不该那么高的产业、部门形成了行政垄断。因此,我国目前的市场结构是一种过度竞争与过度垄断并存的结构。

　　根据邓宁的二阶段效应理论,外商直接投资的市场集中度效应表现为先降后升的二阶段特征。改革开放初期,外商对华直接投资的方式主要是新建投资。由于我国经济结构完整,部门比较齐全,因此,外商直接投资进入增加了市场供给,从而在短期内降低了中国市场的集中度。如我国银行业对外开放以后,外资金融机构纷纷来华投资,截至2007年7月,仅北京的外资银行数量就达到了111家。外资银行的进入打破了国有商业银行和保险公司的长期垄断,加强了竞争,在短期内也降低了市场集中度。但从长期来看,由于跨国公司具有明显的竞争优势,从而产量大幅度提高,行业的平均生产规模显著上升。同时,跨国公司凭借其先进的技术和产品的质量、品牌效应,带来了一些填补国内空白的新产品,从而很快挤占了中国市场上原来由中小企业占领的市场,甚至垄断了国内某些产品的生产。一些中小企业在跨国公司强大的攻势下被淘汰、并购或破产,厂商数量随之减少,从而建立在规模优势基础上的市场集中度明显提高,如目前中国的高档轿车市场仍然被跨国公司所垄断。

　　尤其是20世纪90年代中期以后,跨国公司以并购方式进入中国市场的案例增加。跨国公司把目标主要集中在处于困境中的国有企业。在外资并购过程中,这些企业大量让渡股权,低价甚至无偿出让品牌、商业信誉、原材料、供货渠道、产品销售网络等无形资产，大大降低了外商投资的进入门槛，在极短的时间内在同行业的国内其他企业面前树起了竞争巨人。

一、跨国公司在中国的控制力

中国自改革开放以来，利用外资取得了举世瞩目的成就，实际使用FDI金额从1983年的6.36亿美元，增长到2011年的1 160.11亿美元，增长了181倍。2012年，受外部经济环境影响，中国外商直接投资总额比2011年减少3.7%，但仍然达到1 117亿美元。外商直接投资呈现稳中缓降的趋势，反映了当前我国利用外资的国际和国内环境正在发生深刻变化。

中国境内国际投资新变化对中国也产生负面影响，一方面，跨国公司为了保持在世界上的领先地位，对最先进的技术进行严密的保护，这就使我国的产业在技术上过度依赖于跨国公司，而不能进行主动创新，更无法赶超。另一方面，跨国公司生产实质上是一种垂直的全球化分工协作，每一个国家的生产都只是其生产链上的一环，这样就造成其在华的子公司与我国产业的前后关联度不高，造成我国各产业发展不均衡。我国利用外资主要集中在工业领域，自2003年以来，中国工业从总体上看，反映外资控制度的指标在20%以上，其中，市场控制度约30%，到了国际警戒线的水平；技术控制中的新产品产值控制度是最高的，约为40%。

二、外资市场控制率

利用外资市场控制率指标可以分析FDI对我国产业市场的控制程度。该指标可以反映国内产业市场外资控制企业的程度，用外资控制企业市场份额与国内产业总的市场份额之比来比较。一般情况下，外资市场控制率越高，产业安全受到的影响程度越大。在外资市场占有率方面，国际上一般把30%视为警戒线。依据前述公式，以历年《中国高技术产业统计年鉴》的三资企业和总产业的合计数据对我国部分高端制造业外资市场控制度进行计算，并绘制成图7–1。

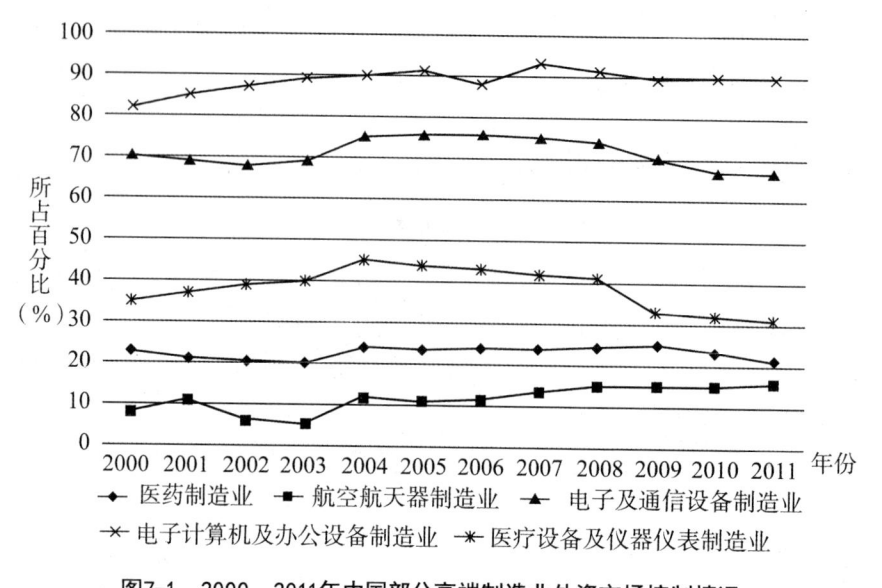

图7-1 2000—2011年中国部分高端制造业外资市场控制情况

资料来源：《中国高技术产业统计年鉴》相关计算得出（下同）。

如图7-1，在五个细分行业中，电子通信设备制造业和电子计算机及办公设备制造业是受外资控制最高的两个行业，年均市场外资控制率为72.6%和90.1%。其次为医疗设备及仪器仪表制造业，年均市场外资控制率为40.6%。这三个行业市场外资控制率都超过了国际上30%的警戒线标准，应引起注意。

三、外资技术控制率

从技术角度反映外资对国内产业控制情况的指标是外资技术控制率。外资技术控制率可以通过三个指标来衡量：外资拥有发明专利控制度、外资研发费用控制度和外资新产品产值控制度。外资拥有发明专利控制度指标可以通过部分高端制造业外资企业拥有发明专利数占全产业企业拥有发明专利数的比重来测算，该指标越高，说明外资技术控制程度越高，产业转移给我国高端制造产业带来技术进步的机会越低。2000—2011年我国部分高端制造业外资拥有发明专利控制情况见图7-2。研发费用度量的是外资企业研发费用支出占整个产业的比重。外资R&D费用控制程度越高，说明我国企业所面临的生存威胁越高，如果放任这一指标增长下去，最终会导致某产业我国企业数量越来越少，外资企业数量越来越多，对我国产业安全的威胁也越发不可收拾。2000—2011年我国部分高端制造业外资研发费用控制情况见图7-3。外资新产品产值控制度指标度量的是高端制造业三资企业新产品产值占整个产业新产品产值的比重，比重越高，越能说明三资企业在我国市场的持续生存和强大适应能力。2000—2011年我国部分高端制造业外资新产品产值控制情况见图7-4。

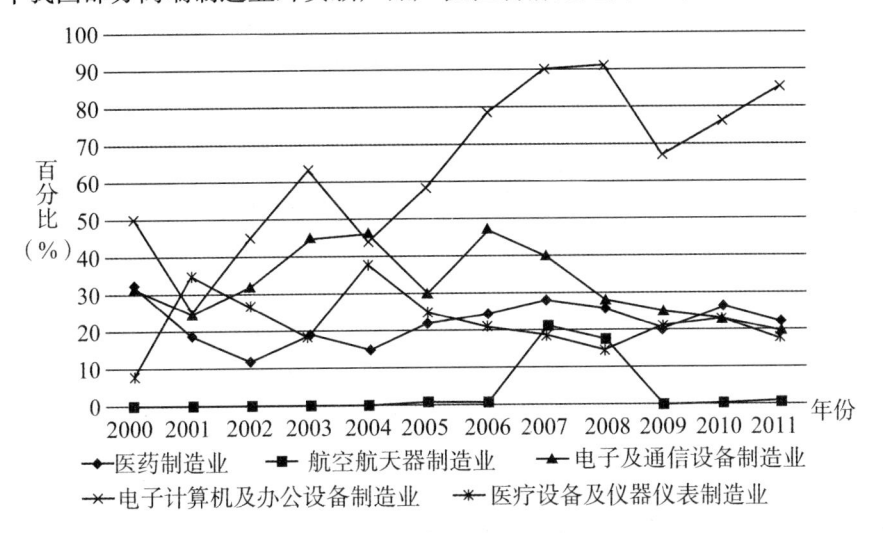

图7-2　2000—2011年中国部分高端制造业外资拥有发明专利控制情况

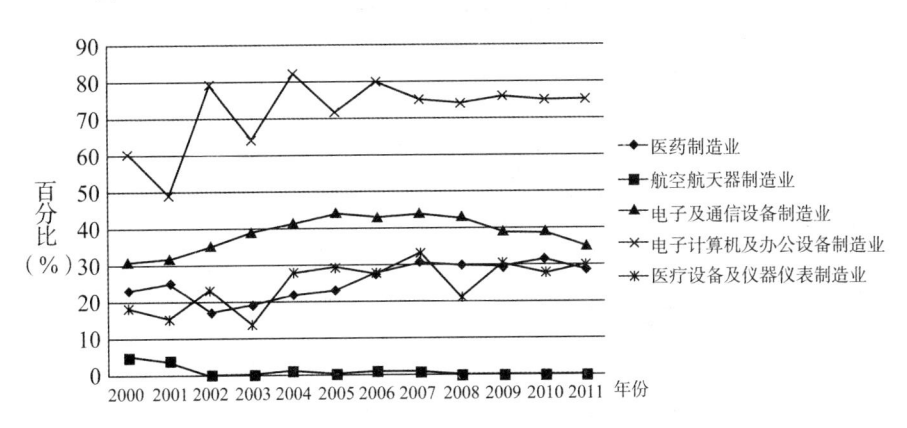

图7-3　2000—2011年中国部分高端制造业外资研发费用控制情况

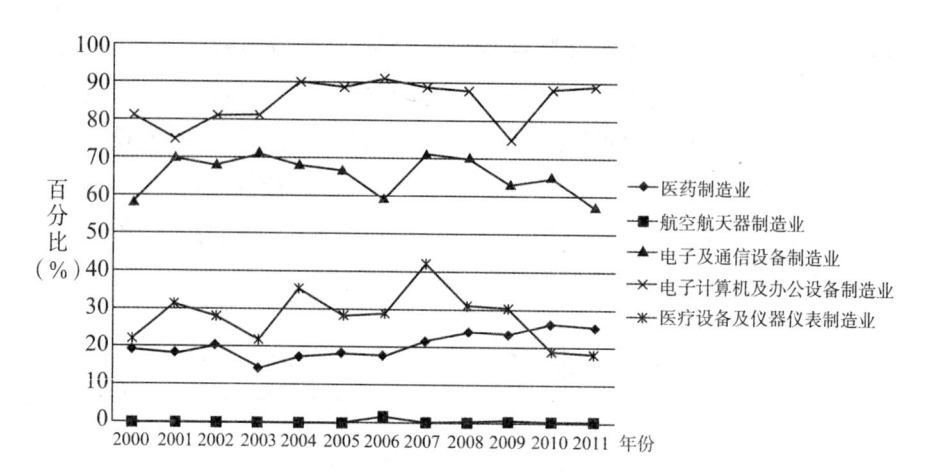

图7-4 2000—2011年中国部分高端制造业外资新产品产值控制情况

四、外资总资产控制率

总资产一般是指某一经济实体拥有或控制的、能够带来经济利益的全部资产。图7-5是根据历年《中国高技术产业统计年鉴》中的相关数据计算绘制而成的。

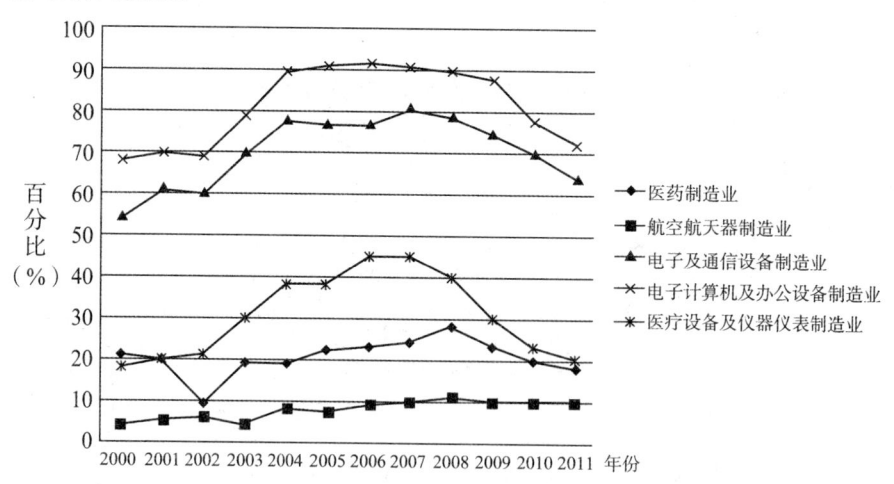

图7-5 2000—2011年中国部分高端制造业外资总资产控制情况

五、外资控制力在一些产业中的体现

如果我们进一步研究,就能够发现,在很多产业中,跨国公司对中国的控制力无论在市场控制、技术控制还是资产控制方面都是令人瞩目的。以下我们做几个分行业的分析。

1. 粮食和食品行业

我们分析中国的食用油和乳制品行业的外资资产控制率和市场控制率,得到了表7-3和表7-4的数据。

表7-3 食用植物油加工业外资资产控制力和市场控制力

指标＼年份	2009年	2010年	2011年
资产控制率	47.33%	47.46%	48.70%
市场控制率	42.29%	38.03%	47.70%

数据来源:2009、2010年数据根据《中国基本单位统计年鉴(2010、2011)》计算整理;2011年数据根据国家粮食局《粮食加工业统计资料(2012)》计算整理。

表7-4 液体乳及乳制品制造业外资资产控制力和市场控制力

指标＼年份	2009年	2010年
资产控制率	42.93%	41.25%
市场控制率	41.81%	38.31%

资料来源:根据《中国基本单位统计年鉴(2009、2010)》计算整理。

从上面的表格可以看出,食用植物油和乳制品行业外资在中国市场上占有绝对的优势地位。

2. 纺织业

《中国工业经济统计年鉴》从2001年才开始有外商投资的统计数据,这一年纺织业实收外商资本426.47亿元,之后逐年增加,到2007年增加到1 157.5亿元。2001—2007年实收资本中的外商资本名义值以每年81.09%的速度增加,而这一时期实收资本平均每年增加31.51%。作为对比,我们可以计算出国家资本、外商资本及其他资本的平均年增速,国家资本平均每年下降41.65%，其余资本平均每年上涨71.31%。中国纺织业实收资本的构成中，外商资本增长最快，而国家资本在逐渐退出纺织业。

2001年纺织业的实收资本中外商资本占27.26%，2001年到2004年外商资本的比重逐年增加，到2004年比重为34.26%，2005年略有下降。2006年和2007年纺织业每年实收资本中的外商资本比重增长相对缓慢。到2007年，外商资本占到当年实收资本的35.24%，在这个过程中国家资本所占的比重快速下降，由2001年的23.69%下降到2007年的4.93%。包括集体资本、法人资本和个人资本的其他资本所占比重高于外商资本，并且比重逐年上升，考虑到其他资本包括了多种资本结构，所以外商资本在中国纺织业每年的实收资本中占有重要的地位，并且这种地位在加强（见表7-5）。

表7-5 外商资本所占实收资本的比重

年份	国家资本比重（%）	外商资本比重（%）	其他资本比重（%）
1999	29.54	—	—
2000	26.88	—	—
2001	23.69	27.26	49.05
2002	20.75	28.46	50.79
2003	14.28	30.27	55.45
2004	9.52	34.26	56.22
2005	7.06	33.52	59.42
2006	5.43	35.17	59.40
2007	4.39	35.24	60.37

资料来源：根据《中国工业经济年鉴（2008—2009）》和《中国经济普查年鉴（2004）》数据计算得出。

3. **饮料行业**

近些年，我国饮料行业的跨国并购规模不断扩大，有些并购已经趋于垄断，例如韩国乐天七星独资收购华邦饮料公司；达能公司收购娃哈哈51%的股权，深圳益力矿泉水公司54.2%的股权和乐百氏集团93%的股权。当前的饮料市场，市场份额占前三位的几乎都是跨国巨头，而且集中化程度越来越高。据报道,若以销售额计,可口可乐的市场份额为12.4%,远超达能的8.8%,而康师傅、百事、统一等紧跟其后,远远将中国的本土企业抛在后面,若由此发展下去,跨国饮料企业对我国饮料市场的控制力将达到本土企业无法对抗的格局。2000—2007年三资饮料企业在我国的市场份额见图7-6。

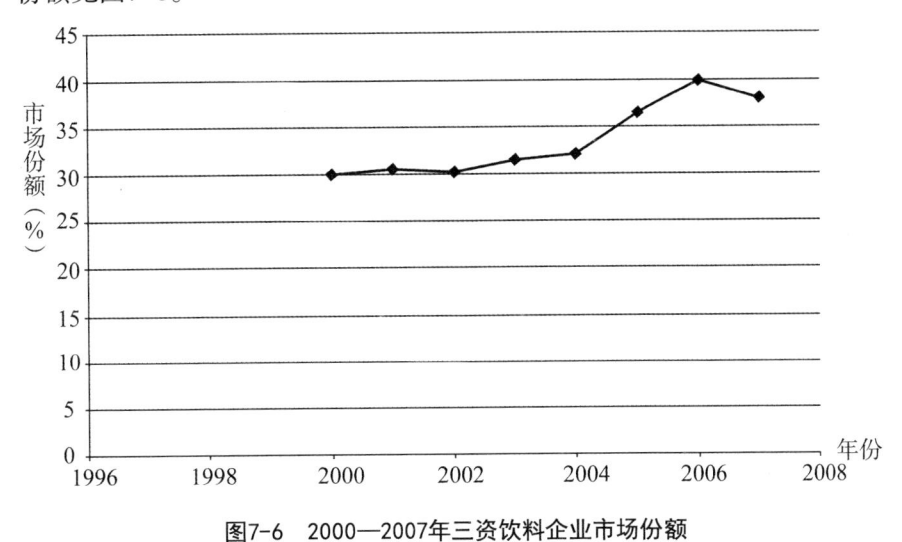

图7-6 2000—2007年三资饮料企业市场份额

资料来源:《中国统计年鉴》。

六、独占和寡头市场中外商投资企业的垄断行为

在20世纪90年代中期以前,一些外商投资企业在中国某些重要的产品市场上地位突出,一两家企业占有很高的市场份额。在这种独占和寡头市场中,外商投资企业确有垄断动机和垄断行为,典型的表现是不开发、不引进先进技术,产品更新换代慢和产品价格居高不下。在20世纪70年代末期和整个20世纪80年代,外商直接投资企业的技术水平普遍不高。到20世纪80年代末期,我国外商投资企业中,被认定为技术先进企业的仅为2%左右,技术先进企业的投资额也仅占全部外商直接投资额的5%左右。不过,此时外商投资企业以海外华人资本的中小型企业为主,不转移先进技术的主要原因,是其本身的技术水平不高。

20世纪90年代初期以来,发达国家大型跨国公司在华投资增长很快,这些跨国公司拥有最先进的技术,但是在它们来华投资的较早时期,向中国转移最先进技术的企业较少。到20世纪90年代中后期,大型跨国公司在华投资企业中,引进母公司最先进技术企业的比例仅为13%。

2014年,中国商务部公布的《在华跨国公司限制竞争行动表现及对策》中的统计资料显示:

(1)在软件行业方面:软件产品主要分为三大类,即操作系统软件、支撑软件、应用软件。其中,操作系统软件、支撑软件市场基本被国外软件垄断。比如,微软(中国)公司的桌面操作系统软件的市场占有率高达95%。

(2)在感光材料行业方面:跨国公司在中国的市场占有率高达80%以上。其中柯达公司超过50%;富士公司超过25%;其他如柯尼卡公司等占8%~9%。国内企业生产感光材料(胶卷)的只有乐凯一家,市场份额15%左右。2003年10月29日,柯达公司以450万美元现金出资和提供一套用于彩色产品生产的乳剂生产线和相关的生产技术,换取了乐凯公司转让其持有的乐凯胶片股份有限公司20%的股份,市场优势地位进一步加强。

(3)在轮胎行业方面:世界轮胎销售收入前十名的企业除德国大陆公司外,均在中国有合资或独资企业,有的还不止一家。市场竞争主要在米其林、普利司通、固特异、佳通、锦湖等跨国公司之间展开。

(4)在软包装行业方面:利乐公司(瑞典)是全球最大的软包装供应商,控制全球75%的软包装市场份额。在中国,利乐公司控制95%的无菌软包装市场,占绝对垄断地位。伊利、光明、三元等国内乳业巨头都使用利乐的无菌灌装生产线及相应的包装材料。

第四节 跨国公司垄断的影响和治理

一、对国家经济安全的影响

跨国垄断涉及的行业过多,或者垄断的行业具有战略地位,那么东道国经济就会丧失独立性,影响国家的经济安全。

这一点,可以从拉美20世纪90年代以来的新自由主义改革中得到验证。这些国家以"华盛顿共识"为依据,大力实行私有化运动,国内产业全面对外资开放,允许外资并购、控股国有企业。如在阿根廷,梅内姆政府上台以后,大力推进私有化运动,除军事领域外,阿根廷对外国投资实际已无限制,政府以国民待遇鼓励外国投资。各国投资者可以在各个领域投资,甚至连一些敏感部门,如石油、交通、通信(广播、电信、报纸、杂志)等也允许外国投资者介入,但阿根廷政府并没有专门的外资管理机构。结果在十年的私有化过程中,阿根廷经济已经被外资化甚至可以说是外国化,外资控制了包括银行体系在内的阿根廷经济命脉。在阿根廷全国十大私营银行中,七家为外资独资,两家为外资控股,外资控制了商业银行总资产的62%~68%,对外资的过分依赖导致了国家宏观调控弱化,最终导致了1998年的经济衰退和随后的金融危机。

又如在墨西哥的法律框架下,外资可以进入到经济各个部门,在经济生活活动目录所列的704项活动中,有606项对外资参与比例不做限制;37项允许在得到国家外国投资委员会批准后,不限制外资参与比例;16项只允许墨西哥人投资;10项只能由墨西哥政府经营。这样到20世纪90年代,墨西哥的计算机、通信、电子设备、整车制造及组装、电子零配件、银行等行业,支配厂商均为外资企业。国家完全放弃必要的调控保护政策。结果到1994年,墨西哥发生了震惊世界的金融危机,外汇储备锐减,股市暴跌,资本外逃,通货膨胀上升,经济严重衰退。

跨国公司是跨越国界的经济组织,追求全球利润的最大化,如果跨国公司的战略目标与东道国政府的目标不一致,那么政府关于产业结构调整的各种政策措施成效就会降低,影响本国的产业结构升级。因此,拉美的经验告诉我们,一旦一国的经济依赖于外国资本,政府的调控作用就会弱化,产业结构调整形成刚性;由于外资流动的不稳定性,经济波动就会加大;如果外资控制一些战略性行业,国家的竞争力就会下降,并且危及国有经济安全。

二、对东道国产业的影响

跨国公司经常选择一些东道国相对有基础的企业和品牌进行并购,这样可以缩短其进入新市场的时间,但是在并购后,经常将原有品牌遗弃,对东道国的产业和品牌造成不良影响。

比如，跨国公司进入中国，往往选择知名度高、具有相当实力或发展潜力的企业作为合资或并购的对象。在利用中国公司低廉劳动力、技术及渠道后，通过各种手段促使原公司放弃原有的民族品牌，改用跨国公司自有品牌投放市场。许多历史悠久的民族品牌被外资并购后冷冻起来，并且逐渐销声匿迹，有些合资企业就干脆放弃原有品牌，直接使用外资品牌。这方面的经验教训很多，如可口可乐和百事可乐在中国并购整合了"亚洲""崂山""天府""八王寺"等七家国内碳酸型饮料企业，这些品牌在合资后都消失了，最终可口可乐和百事可乐基本上垄断了中国的碳酸饮料市场；美加净牙膏原是上海牙膏厂的主打产品之一，在与联合利华合资之后，其品牌在国内难见踪迹，1994年销量达6 000万支，到2000年销量只有2 000万支；宝洁公司是美方控股的合资企业，合资前中方拥有的品牌"熊猫""浪奇"均被置之高阁，熊猫洗衣粉销量由原来最高时期的每年6万吨降到2000年的400吨；据统计，我国现有三资企业中，90%以上使用的是外方的商标。

三、对竞争的影响

正如前文所说，垄断的产业和跨国公司，有基本的动力和能力排斥或者降低竞争的程度，从而满足自身经济利益，同时损害东道国消费者的利益。

外资之间的竞争程度并不比国内外企业之间竞争程度低，外资企业只不过把竞争的场所从国际转移到中国，从总体上看，竞争格局并没有恶化。但是，由于中国对外资管理的法律法规还不完善，在发达国家法律禁止的许多限制竞争行为在我国仍然存在，如搭售和附加不合理的费用、价格歧视、掠夺性定价、拒绝交易和独家交易行为五种行为。如果是单个跨国企业垄断整个行业，那么竞争格局就会遭到破坏。因为跨国企业垄断形成的原因或是该企业垄断国际市场，或是存在严格的进入壁垒，其他竞争对手无法进入。在这种情况下，垄断者往往通过其垄断地位来限制竞争行为，获得垄断利润。正如有的学者指出，要警惕在华跨国公司限制竞争的行为，如利乐公司利用其在无菌软包装市场上的垄断地位，捆绑销售自己的机器和制作材料，设置行业壁垒等。近年，中国已经开始将反跨国企业垄断行为提上了日程。2008年9月3日，可口可乐公司旗下全资附属公司Atlantic Industries宣布计划以现金收购中国汇源果汁集团有限公司全部已发行股份及全部未行使可换股债券。2009年3月18日，商务部就可口可乐公司收购中国汇源公司案的反垄断审查做出反对裁决。根据商务部的公告，该案的审查是严格按照《反垄断法》考察此项经营者集中是否具有或者可能具有排除、限制竞争效果，考虑的因素就是第27条列出的市场份额及市场控制力、市场集中度、对市场进入和技术进步的影响、对消费者和其他有关经营者的影响、对国民经济发展的影响和对竞争的其他影响因素。全面评估后商务部认为该并购案将产生几种不利影响：可口可乐公司有能力将其在碳酸软饮料市场上的支配地位传导到果汁饮料市场，对现有果汁饮料企业产生排除、限制竞争效果，进而损害消费者的合法权益；集中将使潜在竞争对手进入果汁饮料市场的障碍明显提高；集中挤压了国内中小型果汁企业生存空间，抑制了国内企业在果汁饮料市场参与竞争和自主创新的能力，不利于中国果汁行业的持续健康发展。可口可乐收购汇源遭到商务部的审查，这也是《反垄断法》自2008年8月1日实施以来首个未获通过的案例，这也说明我国企业并购制度正在走向成熟。

第五节　用产业开放和竞争政策治理跨国垄断

一、全方位产业开放

产业开放不仅是对外资开放，也必须对本土企业（特别是民营企业）开放。在企业并购过程中，对外资、民营资本管理层要一视同仁，造就平等的竞争环境。实际上，根据张维迎和黄亚生的观点，外资的超常规模进入是因为政策限制了民营企业的发展，民营企业的非国民待遇造就了外资对中国某些行业的垄断。如零售行业，截至2004年年初，正式得到国务院批准的外资零售商仅为28家，而各地擅自跟进达300多家，零售流通领域的过度开放和国内企业遭受的"非国民待遇"使得代表现代流通业发展方向的高端领域——大型超市，外资控制面达80%以上。因此，政府在实施引资政策时，要调整内外资的待遇，不能迷信外资万能，而给本国民营资本发展设置障碍，同时要严格执行各项引资政策，防范地方政府盲目引资行为。

产业开放不仅需要全方位，在引进外资时还应制定以产业发展为导向的外资政策。以我国为例，主要包括以下几个方面：

首先，注意引资质量，合理引导外资的产业分布，鼓励外资投向农业综合开发和高新技术产业，促进我国经济的均衡发展。我国的外商投资产业指导目录将外商投资产业分为鼓励外商投资产业、限制外商投资产业和禁止外商投资产业。对战略性主导产业采取倾斜政策，实行适度保护的外资政策，以促进民族工业的发展。

其次，取得产品价值链的关键环节，提高国际分工地位。跨国公司往往掌握着合资企业的核心技术、产品销售等关键部门，处于产业链的高端环节。为全面提高产业竞争力，我国应提高在国际分工和全球价值链中的地位，获取外商投资企业产品价值链的关键环节。

最后，鼓励关键技术领域和高新技术产业的技术创新，充分利用外资企业的技术外溢效应，不断提高我国企业的技术水平。

二、竞争性资本进入和结构多样化战略

避免个别国家资本、个别跨国公司对国内一个地区、一个产业乃至重要产品的投资垄断。首先，力争直接投资来源国别的多样化，同一产业中不应当过多地从同一个国家引进资本。其次，保障直接投资来源公司的多样化，避免某个行业或某种产品只引进一家跨国公司的直接投资的局面。

在引资（特别是跨国并购）过程中，如果国内企业竞争力很弱，那么在同一产品领域，要引入多家跨国公司，至少要引入两家，形成跨国企业竞争的格局，防止出现独家垄断的情况。同时要降低产品关税，使进口产品在与国内的跨国企业竞争中有竞争力。

以我国汽车产业为例，上海人众汽车有限公司自20世纪80年代成立以后，在长达10多年的时间里，普通桑塔纳轿车在我国轿车市场上占据着垄断地位，这种当时在国际市场上已被淘汰的车型在我国汽车市场上的价格

居高不下。20世纪90年代中期以后，更多的跨国公司先后进入中国市场，在我国进行了大规模的投资。单一外资垄断格局的打破，加剧了跨国公司之间的竞争，迫使跨国公司将更先进的技术和管理经验转移到我国市场。中国汽车产业20世纪90年代以来的发展已说明，跨国企业之间的竞争在降低产品价格、提升产品技术水平方面起到重要的作用，而限制企业进入则使得已进入的外资企业有垄断利润可得。

三、加强对外资引进的管理与调控

外商投资企业在发展中东道国往往享有超国民待遇，在开放初期对吸引外资起到了积极作用，但随着跨国公司投资战略的调整，这种优惠政策的弊端越来越明显。超国民待遇进一步强化了跨国公司在东道国市场上的竞争优势，对东道国本地产业的发展产生了负面影响。跨国公司在进行对外投资时，东道国的优惠政策并不是其唯一考虑的因素，东道国国内的基础设施、市场容量、所在的区域市场都是其考虑的因素。经济全球化条件下，国内企业也要参与激烈的国际竞争，因此，需要取消外资的超国民待遇，营造公平的竞争环境。

要加强对外商重大投资行为的管理，对大型跨国公司对我国企业的兼并、控股及大型独资项目实行一定控制，制定相对严格的条件，包括行业次序、技术档次、环保要求等。

总之，在产业开放的同时采用各种竞争政策及措施，创造公平竞争格局是防范跨国垄断的重要手段。正如联合国《2000世界投资报告》中指出的那样：跨国公司对东道国经济的影响利弊皆有，政府在调控时，最重要的工具是竞争政策。

第八章　跨国公司主权行为：国家经济治理工具

第一节　跨国公司的"国籍"争论

经济全球化是20世纪90年代以来在世界经济发展中出现的重要趋势，其宗旨是通过消弭国家间的各种障碍，实现生产要素在全球范围内的加速流动和优化配置。而作为国际经济活动的重要微观主体，当今跨国公司的各种经营行为，尤其是其国际直接投资活动，无疑极大地促进了经济全球化的发展。商品的国际化、资本的国际化、生产的国际化和服务的国际化将世界各国的生产与生活紧密地联系在一起。正是由于跨国公司在经济全球化中的作用与展现出来的新特点，使学者们对其国籍归属产生了争论，一类学者认为，随着跨国公司生产经营的全球化，其国籍属性已经淡化；另一类学者则认为跨国公司不可能摆脱其所在母国公司的性质，其国籍属性依然鲜明。

一、"无国籍"论

随着跨国公司的巨型化及其运作的全球化，一些学者认为跨国公司应该被视为无国籍公司，即跨国公司似乎是没有国家属性的，是推动全球福利增长的。例如英国前工业大臣肯尼斯·克拉克早在1988年就说"公司的国籍变得越来越不重要"。日本学者大前研一指出，对于跨国公司来说，"母国已不再重要，总部所在地也不再重要。你所负责的产品和你所服务的公司的国家特性，都已经消除掉了。"我国也有学者认为，越来越多的跨国公司正在成为"国籍不明"或者"超国家"的跨国企业集团，随着经济全球化的发展,"民族企业、民族品牌等概念应尽量淡化。"总的来看,持跨国公司"无国籍"观点的学者认为跨国公司无国籍化的发展趋势主要反映在这些企业经营活动的空间分布、福利效应,以及所有者、经营者的结构变化等多个方面。

观点一:经营高度全球化造就"无国籍"

对于许多跨国公司来说,跨国化程度之高已经使之成为名副其实的"全球企业"。IBM自称是全球整合公司,宝洁自称全球化公司,东芝称自己是"地球内企业",ABB称自己是"处处为家的全球公司",安联保险从德国公司转变为"欧洲公司"。与一般跨国公司相比,全球公司不仅仅是扩大了经营地域,而且从战略、结构到理念均发生了深刻的变化。全球公司的全球化程度大大提高,其跨国指数(海外资产、海外销售和海外雇员与总资产、总销售和总雇员的比例)超过50%。2004年全球100大跨国公司中,跨国指数超过50%的有61家,超过70%的有27家,2005年分别为71家和30家。而1994年,跨国指数超过50%的只有43家,超过70%的只有16家。2005年跨国指数超过70%的大公司包括Vodavone、BP、SHELL、Total、VW、Nestle、和黄、Unilever、Philips、Mittal、Lafarge、Volvo、Thomson、Coca-Cola、Nortel等。

当一个公司超过一半的资产在海外,超过一半的收入来自海外,超过一半的雇员在海外就业时,这家公司的思维方式和经营模式与一般跨国公司相比就发生了巨大的差异,海外经营成为这家公司的重心。其战略、管理结构和理念文化必然发生重心转移。根霍尔斯坦指出,当一家公司销售额和收益中的一半以上是从国外获得的时候,它们势必要融入国外,以争取赢得当地社会的接受和避免政治上的麻烦。

这种努力的表现之一,是跨国公司管理人员的结构日益本地化和国际化。比如从20世纪90年代开始,瑞士雀巢公司的首席执行官就是德国人,10个总经理中有5个不是瑞士人。与此同时,随着金融市场的全球化和跨国并购活动的大量出现,跨国公司的股东也进一步国际化。比如,在美国非金融企业的股权中,1977年只有2%为外国投资者所有,1988年上升到9%,1995年达到15%。目前,在美国投资者持有的证券中,10%是外国企业的股票或公司债,未来10年将上升到25%。仅1989年,美、英、日、德之间跨国的股权投资就增加了20%。最后,随着跨国公司组织和资本结构的重组,以及信息技术进步为分散型研究活动带来的便利,这些企业的研发活动的国际化趋势也开始明显。

因此,伴随着这些趋势的发展,在西方一些国家,大企业的兴衰越来越和母国的经济处境失去了联系。

观点二:母公司作用淡化推动"无国籍"

早期的跨国公司具有一种科层等级鲜明的组织结构,母子公司之间的从属关系很强。母公司是整个企业系统的最高决策和管理中心,负责制定整个企业的全局性战略。母子公司的这种非对称关系赋予了母公司在企业系统中的特殊重要性,因此跨国公司的国籍常常被等同于母公司国籍。然而,随着复合一体化战略的推行,越来越多的跨国公司已经发展成为以各成员公司为结点的网络系统。在这种结构下,母公司和各分支机构分别承担着企业内部分工所设定的专门职责,因此企业系统中各成员公司具有很强的相互依赖性。它们之间呈现出一种矩阵关系,存在着多维联系,而在这种网络式的组织结构中,母公司地位和角色的特殊性已经不明显。因此,简单地以母公司国籍或总部的位置判定跨国公司国籍的方法,已经越来越不合时宜。

二、"有国籍"论

跨国公司的产生与发展离不开具体的地域范围,它们必须植根于特定的经营环境之中,接受当地的各种影响,从中形成独特的企业文化、经营理念和核心竞争力。在全球化条件下,虽然这种"嵌入"可能发生在不同的地域,然而母国的影响无疑是最显著的。在跨国公司的发展过程中,不可避免地深深打上了其母国的经济、社会和文化烙印。在对外直接投资中,它的所谓"所有权优势",在相当程度上也需要通过母国的经营环境体现出来。因此,一些学者认为无国籍公司只是一个"幻觉"。对于支持跨国公司"国籍"论的学者来说,他们的理由主要有以下几点。

理由一：母国会以各种方式支持本国跨国公司

在当今世界，国家的经济实力和国际竞争力，往往通过本国所拥有的跨国公司的数量和质量体现出来。正因为如此，各国尤其是发达国家经常运用各种政策外交手段，帮助本国公司在国际竞争中赢得优势。例如2000年时任美国总统克林顿访问越南时，随行人员有2 000人之多，包括通用电气、可口可乐和甲骨文等50多家美国跨国公司的商务代表，其中含义不言自明。

理由二：跨国公司活动必然符合母国利益

跨国公司的经营活动必须符合其母国的根本利益，否则就会受到本国政府的制裁。据报道，1991年海湾战争后，美国政府禁止本国公司向伊拉克出口技术，摩托罗拉的移动电话因而一直没有在伊拉克出现过，伊拉克的通信发展依靠的是一家法国公司。

理由三：跨国公司资源配置对母国有利

跨国公司全球化经营和配置资源总体上对其母国是有利的。事实上，跨国公司在各个东道国投资经营后的收益均在当地增资或以各种形式汇回了母国。正是通过对外直接和间接投资，跨国公司增强了实力，扩大了市场，使利润源源不断地流入母国，而资金的增加则有利于母国投资和就业的增加以及本国产业结构的升级。

第二节　跨国公司与母国政府的二维关系

无论是有国籍还是无国籍，都说明跨国公司这样的大型组织，对全球不同国家的政治、主权和利益带来的直接和重要的影响。在这个过程当中，跨国公司与作为国家政治力量代表的政府，便产生了更加密切，也更加复杂的关系。

全球化是世界经济发展的趋势。区域经济一体化的主要推动力量是具有地缘政治关系的周边国家，而世界经济一体化的主要推动力量是跨国公司。只有跨国公司才有能力跨越国家疆界到根本不接壤的国家和地区进行投资活动,从而在客观上促进了世界经济一体化的进程。

在经济全球化的历史条件下,国家力图控制跨国公司这种机构庞大、能量惊人的经济组织,而跨国公司又力图摆脱国家(包括母国和东道国)的束缚与控制进而获取更高的利润。因此,跨国公司与政府之间的关系也变得越来越微妙。

不但如此,跨国公司跨越多个国界,因此各个国家都会尽量发挥跨国公司对于一国经济发展等方面的正面效应,克服或避免负面效应。因此,跨国公司与母国、跨国公司与东道国、母国与东道国、东道国与东道国之间在利益分配上不可避免地存在着尖锐的冲突。

一、跨国公司与母国政府:互相扶持、互相利用

跨国企业与母国的关系不是简单的一维关系,不是一方依靠另一方的依附关系,而是相互作用,存在着互相扶持、互相利用的关系。

二、跨国公司提升母国国家竞争力

1. 跨国公司投资帮助母国产业结构优化

首先,产业结构的优化,必然伴随新兴产业的兴起和传统产业的逐步衰退,生产要素要从传统产业转移到新兴产业中,这其实是一个重新组合的过程。如果生产要素不能及时从传统产业中转移出来,势必使人、财、物不能转移到新兴行业中,削弱产业升级的物质和技术基础,延缓产业升级的速度。

但是,由于生产设备及人力资本的专用性和沉没成本的存在,以及一些政策和法律的原因,传统产业的退出都会遇到退出壁垒。在产业退出壁垒一时难以消除从而阻碍本国产业结构优化的情况下,通过跨国公司对外直接投资,向海外转移尚可利用的传统产业生产能力,可以使传统产业在一国市场顺利退出而不至于造成大的社会和经济上的负面影响。

最重要的是跨国公司的对外投资活动既能释放出沉淀生产要素用于支持新兴产业的发展,又能获取高于国内的海外投资收益,促进母国对新兴产业和传统产业的扶持、改造,同时使留存在国内的传统产业负担减

轻,其与高新技术嫁接又可形成技术含量较高的融合性产业。这样就对母国国内的产业存量与增量都进行了优化调整,从而极大地促进本国产业结构的升级。

其次,新兴产业的健康成长对于一国的产业优化极其重要,由于新兴产业的成长是与国内生产要素的充足供应、有效的市场需求和必要的技术依托等因素分不开的,而跨国公司的国际直接投资活动,尤其是对发达国家技术寻求型的投资,则是促进新兴产业良性成长极为有效的途径。

一方面,跨国公司技术寻求型对外直接投资,特别是对发达国家的投资,由于存在干中学和技术溢出效应,可以使得母国企业在技术、管理知识等方面能更直接、快捷地与发达国家进行交融、沟通和相互反馈,特别是在打破技术先进国对技术的垄断和封锁方面有更为现实的意义,再通过有效的传递机制迅速传递到母国内,这些技术在母国内被加以改造并扩散,极大地加快了国内产业结构调整的步伐。

另一方面,通过跨国公司对外直接投资,转移国内的部分传统产业,使一部分生产要素转移到新兴产业中,从而为母国新兴产业的发展腾出了更大的空间,新兴产业因而拥有更为丰富的物质和技术基础,有利于其自身的成长和国际竞争力的提高。此外,通过对发达国家的直接投资,还可以引进国外的消费理念和消费模式,在一定程度上会引导国内消费者对高新技术产品的需求,最终通过强烈的国内有效需求支持新兴产业的发展,而新兴产业的良性发展必然会导致母国产业结构向更优化、合理的方向发展。

再次,任何国家的经济发展,包括产业结构的调整,都会受到关键性短缺资源的制约。当在本国获取资源成本太高或者根本不可能获取,而通过进口贸易又受到国际供求关系和市场价格的影响时,跨国公司的对外直接投资生产,就成为获取这些短缺资源以克服本国自然禀赋不足,支持国内产业结构调整的重要途径。特别是当跨国公司进行资源寻求型的对外直接投资时,其在他国的投资和生产活动可以更方便地获取国内必需的资源,这就使母国内资源供应瓶颈逐渐消失,从而使国内产业逐步由厚、重、粗、大型向轻、薄、短、小型转变,国内经济的发展也因此减少了对稀缺自然资源的依赖。由于产业结构的优化调整回避了自身资源的缺陷，就能发挥其他技术、管理知识等软性资源的优势，整个国内的产业结构则能在投入资源更新变化的基础上，进一步向高级化方向发展，形成经济发展与产业结构调整互动的良性循环，最终推动母国经济的进步和竞争力的提升。

最后，从产业关联效应看，生产链长、有明显的前后向联系、辐射效应大的产业跨国拓展，能极大地促进本国产业结构的优化。这主要是因为这类产业的跨国公司向海外直接投资后，有了新的更大的竞争压力，为了生存和发展，就必然要求国内或地区内为其提供相关投入要素和配套服务的产业，以提高其自身技术和服务水平，并由此引发波及效应，从而提高国内整体产业技术水平。可以通过产业间供求关联、技术关联和竞争关联的交叉作用发挥更大的波及效应，其波及效果甚至会影响到整个产业系统的供求关系和竞争关系，导致原材料消耗水平降低、资源利用率提高，引起产业中间需求率和中间投入率的变化，促使产业间投入—产出关系变化，技术及管理水平全面提升，从而促进整个产业技术水平提高和产业升级，而这必然会导致母国竞争力提升。

2. 跨国公司提升母国技术创新能力

跨国公司的对外直接投资活动对母国技术创新能力的影响是复杂的，具体的效应取决于其特定的投资行为。如果跨国公司的对外直接投资是技术资源获取性质，则可以直接增加跨国公司的技术能力。技术变化后，跨国公司在资源配置、企业布局、组织方式等方面都会进行合理调整。

从国家整体来说，技术总量或质量发生了变化，从而进一步学习和创新的基础就较以前不同了，国内的投资方向、技术资源形态、就业结构、劳动力技能的水平和结构等都将逐渐调整，但这种调整过程的幅度和快慢取决于多方面的影响，主要因素是跨国公司直接投资获取的技术性质和跨国公司在母国的市场地位以及母国本身原有的技术基础。

具体来说，跨国公司对外直接投资对母国产业技术创新能力的影响可以通过两种方式实现。

一种是跨国公司的母国从跨国公司的跨国研发等活动中部分获得新技术并运用新技术，通过示范效应，其他国内企业认识到新技术的市场效果，逐渐以各种方式掌握相同或相类似的技术，推出同类产品，产生技术效应，从而提升国内整体产业的技术水平。

另一种则是由于国内企业采用与原先不同的生产技术，生产出了不同的产品，使得要素的使用量和使用比例不同，从产业整体看，各要素总量的相对比例也就不同了。同样，由于企业技术活动的目的在于市场应用，产品的变化也会改变产品间的相对价格，通过要素和产品市场的价格变化，母国国内市场活动都会按价格信号的指引采用最优化的方式进行，这就从市场活动的优化上刺激了母国国内的技术创新，并产生推动作用。

从跨国公司对母国技术创新路径的影响分析，其对外直接投资活动对母国的技术创新路径具有重大影响。技术创新的路径依赖问题源于技术学习的连续性、累积性和外部性，创新路径的改变通常需要根本性的变革，企业持续进行的大都是边际创新，对原有路径有一种锁定效应，而跨国公司对外直接投资可以强化母国企业的这种锁定效应，也可以作为寻求反锁定的有力工具，但就目前而言，锁定效应的强化占主导地位。

三、跨国公司是母国全球控制力的重要部分

进入20世纪90年代，柏林墙的倒塌和苏联解体，标志着第二次世界大战后持续了半个世纪的冷战局面的彻底终结，也使此前长期存在的两个平行的世界市场快速统一，经济全球化成为世界经济发展的新阶段。在经济全球化进程中，跨国公司在推动贸易自由化和金融全球化的同时，更加快了资本国际扩张的步伐，主导着生产国际化进程。作为世界生产的组织者，跨国公司将越来越多的国家和地区纳入跨国公司的全球产业布局中，并以此构筑起日渐完善的全球价值链。

表面看来，跨国公司构筑全球价值链的过程就是资本不断跨越国界追逐利润的企业的经营行为，是纯粹的市场力量在发挥作用，是纯粹的经济运行层面的问题，与政治或国家权力因素无关；但事实上，美国在20世纪70年代中期就进行了关于市场力量和国家权力相互关系的系统理论研究。1975年，罗伯特·吉尔平在其《跨国公司与美国霸权：对外直接投资的政治经济学》一书中首次将跨国公司与政治经济学相联系，由此开创了国

际政治经济学研究之先河。

吉尔平认为,当前国际关系受权力和财富双轮驱动,国家权力和跨国公司恰好是这两种力量的典型代表。在这两种力量推动下,国际经济联系进一步强化,但同时国际力量不平衡格局也日益凸显。其明确指出,跨国公司的海外扩张是美国国家实力扩张的结果,研究美国跨国公司必须考虑国家实力因素。

到20世纪80年代中期,吉尔平更加明确地指出,美国跨国公司的海外扩张只有联系第二次世界大战后建立起来的全球政治体系的来龙去脉才能得到理解。这表明吉尔平深刻地挖掘出国家权力因素在支持本国企业开拓世界市场中的作用。事实上,作为非国家行为主体,跨国公司在很大程度上改变了人类社会的生产方式和交换方式,深刻地改变了世界经济的结构和功能,改变了财富的来源和分配结构,甚至改变了国家权力的构成和运行过程。

1. 操控全球财富分配

资本主义生产方式确立后,基于国际分工的对外贸易始终是资本主义国家获取财富的重要手段之一。众所周知,国际分工是世界上各国(地区)之间的劳动分工,是社会生产力发展到一定阶段的产物,是社会分工超越国界的结果,是生产社会化向国际化发展的趋势。显然,这里分工的主体是国家(地区),分工的边界是产业(产业间分工或产业内分工)。第二次世界大战后,尤其是进入20世纪90年代后,随着信息技术革命和跨国公司的迅猛发展,国际分工不断深化,以跨国公司为主体、以生产要素为边界的价值链分工(或产品内分工)成为国际分工的主要形式。在此过程中,跨国公司不仅主宰了资本、人力和技术等生产要素的全球流动和配置,推动了经济全球化的发展,也主导了经济全球化红利的分配,即在增加世界总产出的同时,跨国公司操控了全球财富分配,从而有利于母国财富增加。

2. 主导国际分工从产品分工转化为价值链分工

传统的国际分工指产业部门之间的分工,即工业制成品生产国和初级产品生产国之间的国际分工,以及各国不同工业部门之间的分工,分工的边界是产业。20世纪90年代以来,随着信息技术革命的发展、全球范围内市场经济规则的确立和贸易壁垒的逐渐降低，要素特别是资本和技术要素的流动性大大增强。由于市场规模的扩大和交易成本的降低，价值链上的诸多环节（包括生产性活动和功能性活动）得以在全球范围内实现更加专业化的细分。于是，大型跨国公司推动了国际分工的深化和细化，国际分工就越来越表现为相同产业不同产品之间和相同产品不同工序、不同增值环节之间多个层次的分工，原来以要素禀赋为基础的国际产业间分工和产业间贸易，进一步让位于基于要素可流动的产业内贸易、垂直专业化贸易和公司内贸易。

这样，原来以国家为主体、以产品为纽带、以产业为界限的产品分工形式逐渐被一种新的分工形式所取代，即以跨国公司为主体，以对外直接投资为纽带，以价值链上劳动、资本和技术等特定要素为界限的价值链分工。

当代国际分工从产品分工向价值链分工发展，是跨国公司在全球范围内进行贸易和投资活动的必然结果。跨国公司是资本主义进入到垄断的产物，在国家垄断资本主义时期发展迅猛，进入到国际垄断资本主义时期则出现了一批巨型和超巨型的跨国企业。

实力强大的跨国公司按照其全球战略和经营策略在全世界配置资源，实现了全球生产和全球销售。跨国公司以国际直接投资为载体，依其价值链增值方向进行全球区位选择，构筑国际生产体系，极大地促进了生产力的发展。

3. 价值链分工推动母国财富积累

基于"比较优势理论"的价值链分工的实质是发达国家的跨国公司在全球范围内的资源整合，即跨国公司相关产业链不同环节的分布已经不再局限于一国甚至几国的地理范围，而是以对跨国公司有利的所有经济体为势力范围，实现研发、设计、采购、制造、组装、销售、服务等各个环节的全球配置和网络化经营与管理。跨国公司不仅要从各国生产要素（劳动力、自然资源和资本等）的质量和成本差异中降低成本进而获得利益，而且要通过培育全球范围的协同优势增强其对全球不同市场的影响力与控制力，全面提升跨国公司的竞争优势以攫取高额垄断利润，并最终转化为母国的国民财富。

基于价值链分工的"微笑曲线"认为，研发设计、原料采购、生产制造、物流运输、订单处理、批发经营、终端零售乃至售后服务和品牌管理等多个阶段构成了产业链的主要环节。其中，附加值更多体现在"微笑曲线"两端（指技术、设计环节和销售、服务环节），而依靠投入劳动要素的部分（主要是制造和组装环节）附加值最低，即参与国际分工的主体在产业链中所处的分工位置决定了附加值的大小。"微笑曲线"展示的制造业利润微薄并不是普遍现象，在全球维度会发现众多反例。发达国家所从事的高附加值产业，很大程度上并不是天然的高附加值产业，而是利润扭曲后的产物。例如，瑞士钟表制造业以及德国制造业都是利润丰厚的部门。瑞士钟表作为高新技术早已经是19世纪的事情，目前瑞士手表的主要部件来自中国和日本；德国制造业也不都是高新技术产品，主体还是以德国中小企业生产中、低等技术产品为主。

因此，利润高低并不完全取决于在产业链中所处的位置，也并不完全取决于从事初级产业或者高级产业，更重要的是取决于处于主导地位的跨国公司在产业链不同环节的利润分配。以我国台湾制造业为例，不可否认的是，台湾已经拥有了初步的核心技术，能为国际大型电子设备公司（如戴尔、惠普）提供关键零部件、产品设计、系统集成和精密加工等工作，相对于其提供服务的跨国公司拥有更高的技术水平，但利润依然微薄。可以将"微笑曲线"扩展为更为通用的解释，即全球价值链分工的组织者和控制者——跨国公司能够操纵利润在不同要素上的分配，把更多的利润转移给偏好的要素。

因此，跨国公司在控制价值链分工后对东道国支付的仅仅是要素的价格，换取了对具有比较优势的要素所产生的超额利润的分配权。跨国公司操纵要素价值链的附着利润，把要素利润保留或转移给母国以促进母国福利水平的提高。在经济全球化条件下，为资本重新安排国民福利的去向奠定了基础和条件。

四、跨国公司与母国政府形成利益共同体

吉尔平在《跨国公司与美国霸权》一书中考察了市场力量和国家权力

的关系后指出,跨国公司扩展是美国国家实力扩张的结果。他认为,美国在欧洲和全球的政治地位为美国的跨国公司向欧洲和全世界扩张奠定了基础;反过来,美国跨国公司的全球扩张也为巩固美国实力提供了资金和技术的支撑。作为国际垄断资本组织,跨国公司从诞生之日起就与国家权力如影随形。第二次世界大战后,资本主义进入国家垄断时期,国家权力和跨国公司的结合更加密切。一方面,跨国公司依靠其雄厚的资本实力支配着国家的内外政策,推动着国家权力向着有利于自己的方向运转;另一方面,跨国公司又以国家为其利益的总代表,受到国家的全力维护和支持。

1. 跨国公司带动母国国民财富水平的提升

资本是不断追逐利润的,跨国公司之所以把资本投向国外,是因为那里可以获得比国内更高的利润。UNCTAD数据显示,2011年,国际直接投资收益率在全球的平均水平为7%,其中发展中国家和转型经济体的投资收益率分别为8%和13%,高于发达国家的5%。跨国公司利用全球分工,构筑全球产业链,把越来越多的国家纳入由发达国家主导的分工体系当中,并通过操控财富分配,在带动东道国经济繁荣的同时,把主要利润转回母国,这对于改善母国国际收支状况和提高母国国民财富水平大有益处。据UNCTAD统计,2011年,总量21万亿美元的全球外国直接投资存量共创造了1.5万亿美元的利润,其中2/3被汇回母国,平均占经常项目收支的3.4%。因此,必须清楚地看到,在经济全球化时代,支撑一国民财富的除了本土企业的贡献外,跨国公司的海外利润是不可忽视的重要组成部分。

上述情况还可以用在华跨国公司通过转移定价方式转移利润的案例加以说明。2007年,中国国家统计局"利用外资与外商投资企业研究"课题组完成的一份关于外资的研究报告表明,在所谓调查的亏损外商投资企业中,约2/3为非正常亏损,这些企业每年通过转移定价避税,给我国造成的税款损失达300亿元人民币。可见,外商投资企业利用转移定价方式转移利润的现象非常严重。在中国只能获取微薄的要素报酬的情况下,不能不说我们是在牺牲自己,促进了在华投资跨国公司母国财富水平的提升。

如果不能同时保证中国财富的积累,那么,中国和西方发达国家的经济和财富差距就会进一步扩大。

2. 重塑全球经济秩序

跨国公司通过调整经营战略逐步加强了对全球经济的控制。西方跨国公司的迅速扩张,进一步增强了西方大国的实力,使世界经济力量对比进一步向美欧发达国家倾斜。2000年,英国《金融时报》按公司市值计算的全球最大的500家公司中,美国占219家,欧洲158家,日本77家;而在发展最快的信息产业和新技术领域,西方跨国公司更占据绝对垄断地位。在前150家公司中,信息与新技术公司达50家,其中有48家属于西方国家。以美国为首的西方大国,借助于跨国公司实力的膨胀在全球推行经济霸权,对构建公正合理的国际经济新秩序构成巨大的挑战。跨国公司强化了西方发达国家对世界经济主导权的控制。跨国公司实力雄厚,世界上100个最大的经济体中有51个是跨国公司,49个是主权国家。过去20年中,全球跨国公司并购交易额年均增长42%;20世纪90年代以来跨国公司的并购活动更趋频繁,巨型跨国公司不断涌现。世界上出现了多个经济航母,这都加强了跨国公司在一些主导产业中的垄断地位,进一步巩固了西方大国在世界经济中的主导权。大型跨国公司在推进全球化经营的同时,也把自身的生产经营管理规则乃至文化价值观等带到世界其他国家,从而促进了西方游戏规则的全球化,加强了美国等西方大国制定全球规则的实力基础。

3. 跨国公司为美国霸权和优势提供物质基础

美国跨国公司在全球的大发展,不仅增强了美国的经济实力,而且巩固了美国的政治和军事实力。正如吉尔平所说,在海外快速扩张的跨国公司与美元的国际地位、美国的核优势结合在一起,共同构成了第二次世界大战后美国全球霸权的基础。美国以极低的成本发行充当世界货币的美元,让外国投资者认购低收益、保值增值前景不佳的美元资产政府债券、证券产品、普通企业股权,换来的却是全球范围内的优质资产。美国对外投资目标集中于货币大幅升值的其他发达国家和经济高速增长的新兴市场,以及石油、矿产等战略资源。

跨国公司所经营的战略物资本身也对美国霸权起到支撑作用。美国石油公司对能源市场具有决定性的影响。在美国的控制下，第二次世界大战后石油一直以充分供应和低廉的价格为资本主义国家尤其是西欧和日本的再次复兴提供了引擎。同样，20世纪90年代初，美国跨国公司操纵的石油价格的大幅波动，也是造成苏联解体的直接促进因素之一。应该看到，美国跨国公司的资本实力及其对外扩张的动力格外强大，从在全球扩张的市场中获取到的超额利润远远超过其他发达国家的跨国公司，这就是美国成为超级大国的深厚的经济基础。

4. 跨国公司是母国"经济外交"的重要组成部分

冷战结束后，随着世界政治多极化、经济全球化的发展，国家与国家之间的竞争，不仅仅取决于军事力量的强弱，更重要的是体现在以经济、科技为基本内容的综合国力的竞争上。一国的国际政治地位与其经济实力和他国的经济关系密切相关。跨国公司以全球作为活动舞台，是一种与国家不同意义上的作为世界经济活动的主体而存在。最近几年，在大国高层外交活动中，各大国均凸显经贸合作。特别是，许多国家高层领导人出访时，常常带着由大公司总裁组成的庞大的工商企业家队伍，访问成果也往往以签订了多少金额的投资、贸易合同以及解决了什么经贸难题加以评价。商界皆大欢喜，政要们乐此不疲，甚至有的国家政府领导人还不讳言自己是本国"最大的推销员"。

5. 跨国公司是主权国家制定对外政策的重要因素

一个主权国家对外政策的形成过程就是国内各种利益集团通过博弈方式选择政策安排的过程，所形成的政策就是这些集团彼此讨价还价的结果，而跨国公司正在成为各种利益集团中最具影响力的一个。所以，跨国公司将在一个主权国家的对外政策形成过程中扮演着极为重要的角色。为了实现它的利润最大化目标，跨国公司一方面会通过跨国界的投资，促使东道国进一步打开其国内市场，实行市场经济，推动社会变革；另一方面，跨国公司会出于自身利益，在本国为东道国进行游说。可以说，跨国公司既是国家政策的有效执行者，也是国家政策的幕后决策者。

五、母国政府为跨国公司提供制度保障

跨国公司的国际化和跨国化趋势在不断加强，实力也在不断壮大。但是，跨国公司无论如何强大，它也不能代替国家，更不能离开本国政府提供的支持与保障。

对内，发达国家的国内市场格局并非新自由主义所宣扬的共同遵守同一规则，而是执行有利于本国企业自由竞争的规则；而对外国企业则通过非贸易壁垒、投资审查、税务法规等各种高超而巧妙的方法尽量排除。例如，德国有对大众公司的专门立法，确保大众的利益在德国高于其他外国汽车企业。在美国通用公司破产重组后亟须提供市场份额的关键时刻，美国国会发起了对当时在美国拥有最大市场份额的日本丰田汽车公司的安全性责难，迫使丰田总裁在美国国会含泪认错。而后证实，美国国会的行为实属在通用公司最需要市场的时机故意对竞争对手导演的冤案。需要注意的是，美国国会没有针对丰田公司导演的这起冤案给予纠错，而是选择了同样在美国雇用工人、生产汽车、创造GDP的外国公司。

另外，美国的"国家安全"也是打击外国竞争者的一个有力武器。2009年7月，中国企业西色国际与美国内华达州的一家金矿公司达成收购协议，出资2 650万美元，收购其51%的股份，从而获得内华达州叹息谷附近四座金矿的开采权。但12月美国外资审查委员会以这些金矿靠近美国重要军事基地，威胁美国国家安全为由，对项目进行了否决。不仅如此，中资企业罗尔斯收购美国俄勒冈州风电场也遭受类似的厄运。罗尔斯系中国三一集团关联企业，作为投资新能源的重大举措，罗尔斯拟收购俄勒冈州的四个风电场。但此举遭到美国对外资的最高审查机构——外国投资委员会（CFIUS）的当头棒喝，认为该风电场附近有美国海军武器训练设施，中资企业进入有损美国"国家安全"。美国总统奥巴马最终正是根据该机构的建议，否决了这项投资。"国家安全门"又一次阻碍了中国企业海外收购的步伐。当然，受这个"安全门"打击最大的莫过于中国的华为。2008年，华为联合贝恩资本收购3Com公司，被CFIUS叫停，理由是威胁"国家安全"；2010年，华为竞标美国斯普林特公司移动电讯设备合同，也因美

国议员提出"国家安全"原因受阻；2011年，华为收购美国三叶公司（3Leaf Systems）部分资产的交易，也是在美国一些政客的操弄下，最后只能无奈放弃。作为世界唯一超级大国，美国的"国家安全"果真如此脆弱？显然不是，很多时候，"国家安全"不过是一个幌子，美国不过是以此潜规则来削弱外来竞争，为本国的企业扫清障碍。

对外，发达国家政府为跨国公司提供的最重要的公共服务就是构筑有利于跨国公司海外扩张的全球制度安排，这是跨国公司兴盛的重要前提。20世纪80年代兴起的新自由主义，是对跨国公司最为有利的理论基础，而"华盛顿共识"的形成与推广，则是新自由主义从学术理论嬗变为国际垄断资本主义的经济范式和政治性纲领的主要标志。

20世纪80年代以后，美国等发达国家实行新自由主义，大大放宽或取消了对企业的管制，确实激发了企业经营的活力；不仅如此，发达国家主导的新自由主义在全世界的推行，更为跨国公司在国内市场饱和情况下的全球快速扩张创造了十分有利的条件。

新自由主义是对发达国家跨国公司最为有利的理论基础，推行建立在此基础上的制度安排就显而易见了。掌握着经济主导权的发达国家将对外援助、关税减让、扶植亲近政府等方式，作为换取发展中国家接受并采纳新自由主义理论的筹码；同时，"华盛顿共识"所倡导的自由化、私有化和市场化改革，恰恰是为发达国家的跨国公司向发展中国家扩张打开了大门。正如吉尔平指出，"国家，特别是大国，制定了每个企业和跨国公司必须遵循的规章，这些规章一般反映了占主导地位的国家及其公民的政治利益和经济利益。"这实质上就是"国家中心的现实主义"的核心所在，即政治框架决定了经济活动的方向和可能性。

六、跨国公司与母国政府：局部主权的挑战

当然，由于跨国公司的经济属性，当其海外经济利益在很大程度上超过其母国经济利益时，跨国公司也将认真权衡它们在母国的角色和位置。在这些时候，跨国公司和母国政府将出现某种程度的不协调，甚至对母国政府形成一个局部的挑战。

比如，母国与跨国公司在限制资本外流、增加国内就业、技术转让等问题上也存在着冲突，总起来说，虽然跨国公司与母国之间利益经常是重合的，但跨国公司和国家利益不可能总是直接相关的，比如国家经常想要限制可能用于军事的敏感技术的销售，而跨国公司可能反对双重用途技术的贸易限制，因为母国与跨国公司也是不同的行为主体，它们的利益层面可能重合，也可能会有冲突。

对于国家而言，考虑的是整体经济的发展和稳定以及增加本国福利，当跨国公司有利于这一目标时，母国政府会有各方面的扶持；在冲突发生的情况下，母国政府也会采取相应的措施和政策。对跨国公司而言也是一样，为了寻求利润，跨国公司有时也会采取一些母国政府不喜欢的行动。当跨国公司的利益与母国的国家利益发生冲突时，跨国公司必然会优先保全其自身利益。

随着跨国公司进一步实施全球战略，跨国公司与母国的目标和利益之间的分歧越来越大，对母国的经济也产生了很多负面效应，其中最明显的就是，跨国公司在全球生产布局中，先将一部分原先位于母国的生产工序转移到国外，最后，将整个生产工序移至国外，这样过量的对外直接投资，削弱了母国原有的产业基础，导致"产业空心化"。产业空心化的长期效应严重影响一个国家的经济发展，甚至影响着一个国家的经济安全和政治安全。由于竞争日益加剧，跨国公司在技术转移的过程中有时将最先进的技术也转移出去了，同时利用转移价格逃避税收等不利于母国的行为更是加剧了与母国政府的矛盾。最后，当跨国公司发展为垄断组织影响国家经济安全和政策决议时，跨国公司与母国政府势必站在了对立面。

七、影响和左右母国经济决策

跨国公司是经济全球化的主要载体，随着跨国公司不断壮大，跨国公司对母国的依赖性减小，跨国公司逐渐获得了越来越大的影响力，通过其巨大的影响，在国内不同利益主体的博弈中获得胜利，从而左右政府经济政策安排和政策取向，成为母国对外政策的幕后决策者和操纵者，限制和削弱了本国政府的经济管理职能。

八、造成母国产业空洞化

跨国公司的长期行为使本国国民经济空洞化。比如,美国因跨国公司生产基地向国外转移,减少了国内就业机会,使国内制造业趋于凋敝,导致"产业空心化"现象。高级技术外流,使美国工业失去优势,面临更大的竞争压力。跨国公司技术和资本输出更延缓了母国经济发展,减少了税收福利来源,从而削弱了母国国家的社会再分配职能。

九、削弱母国经济管辖权

跨国公司由海外子公司向母国扩大出口,引起国际收支的恶化。海外子公司帮助东道国实现进口替代,使美国出口减少而出现国际收支的逆差,等等。跨国公司长期的跨国性、全球化发展,在全球范围内配置资源,开展投资和生产经营活动,导致了国家概念的模糊。跨国公司"无国籍"现象愈发突出。只为追求利益最大化,变相的东道国本土化发展,在税收管辖权等法律境外适用问题上对母国的经济管辖权提出挑战。

第三节 跨国公司与东道国政府的关系

在跨国公司发展的早期,发展中国家认为由于跨国公司的实力强大,会跟本国内资企业争夺市场,冲击内资企业的品牌,转移的产业与本国经济发展战略要求不一致,等等,不利于本国经济的发展,因此,都采取了严格限制的措施。但是,随着跨国公司的迅速发展,越来越多的国家(特别是发展中国家)意识到,经济的发展离不开跨国公司,特别是来自发达国家的大型跨国公司。

跨国公司对东道国产生的积极效应主要表现在:

· 弥补了东道国资本、外汇的需求缺口,促进了经济发展。
· 引进技术、管理经验,促进了产业结构升级。

·引进国际竞争，激发企业活力。

·推动对外贸易发展。

·为东道国提供就业机会，培训技术工人。

正是这些正效应，导致了各国对跨国公司的态度从怀疑到欢迎，从限制到开放。但是，随着跨国公司在东道国的进一步发展，跨国公司与东道国之间也产生了一些深层次的矛盾。

（1）飞地效应。很多跨国公司的投资属于加工贸易型的"大进大出型"投资，也就是说东道国的作用只是一个加工地的作用，跨国公司和东道国唯一的联系就是利用东道国的廉价劳动力，而与国内的联系很少，对经济的拉动作用很小。

（2）反竞争效应。跨国公司在东道国形成了垄断，甚至有些行业达到了完全控制的状况。这对东道国的经济安全产生了影响。

（3）转移价格效应。跨国公司通过内部的转移价格，把资金转移到税率较低的其他国家，逃避东道国国家的征税。这些负效应又促使了东道国对跨国公司的控制。

一、对东道国政治主权的侵蚀

随着跨国公司实力的增长，跨国公司为了实现其全球战略，不惜侵蚀国家的政治主权，尤其是发展中东道国的政治主权。跨国公司对东道国政治主权的侵蚀主要体现在以下几个方面。

1. 政治干预

跨国公司为了在东道国实现其经济上的利益，或保持其既得利益，不惜采用政治干预的手段。跨国公司凭借其强大的经济实力，通过贿选、资助反政府活动和政变、制造经济混乱等手段，左右东道国的政治进程，甚至利用母国政府的经济、政治和军事压力，干涉东道国内政，甚至颠覆东道国合法政府。例如1965年，秘鲁希望调整其电话业务，国际电话电报公司便通过当时的美国国务卿迪安·拉斯克，要求美国政府为该公司利益做最高层次的干预；1953年英国石油公司在帮助推翻伊朗摩萨德政府中发挥了重要作用；20世纪90年代，一些美国石油公司对安哥拉政府同安盟游击队之间的内战起了很大作用；等等。

2. 腐蚀行径

腐蚀行径对东道国政治主权的干涉主要是跨国公司通过贿赂东道国政府官员，从而影响其决策，为跨国公司牟取不正当利益。腐蚀行径主要包括政治贿赂和商业贿赂两个方面。

政治贿赂是指跨国公司为在东道国牟取不正当利益而向东道国有关政府官员行贿。贿赂的形式有很多，有的表现为违法支付款项，例如给予回扣、政治捐款、各种捐助、礼金等，还有的采取更为隐蔽的手法，例如助学机会、腐败期权、关联交易、第三方转账、虚拟职位、聘任顾问、股权激励等。

根据透明国际《2005年度全球腐败报告》，全球因为贿赂和腐败而造成的经济损失高达32 000亿美元。近几年在中国披露的跨国公司商业贿赂案件，也是层出不穷。据调查，跨国公司在华行贿事件，近些年来一直不断上升，在所调查的50万件腐败案件中，有64%与国际贸易和外商有关。为了扩大中国市场，或者得到更多的土地和税收优惠，或者得到更多的采购机会，或者遭遇诚信危机，跨国公司便频频"公关"。近几年被披露的比较大的跨国公司贿赂案件涉及沃尔玛、花旗集团、上海嘉娜宝、宝洁等。

3. 院外活动

跨国公司的院外集团和院外活动是西方国家政治体系中的一大特色。随着跨国公司实力的壮大，跨国公司已不仅仅是一个纯粹的经济实体，而且逐渐演变为一个复杂的社会组织，甚至被称为"准国家"或"国中之国"。为了实现其政策和利益，跨国公司成立了庞大的院外活动集团。在美国，根据各种文献，有数以千计的团体代表着企业。其中较有影响的有美国制造商协会、美国商会、企业圆桌会议、全国独立企业家联合会、美国银行家协会、美国报业出版商协会、美国广告协会等全国性同业公会，这些团体设在华盛顿的1 800个总部的工作人员就多达4万人。此外，1 000家最大公司中的80%也在华盛顿派驻自己的代表。跨国公司利用这些院外活动集团影响国会的立法以及将立法付诸实施的联邦部门和常设机构的决策。目前随着跨国公司全球战略的实施，跨国公司在发展中国家也有众多的院外集团来影响所在国政府的决策。

除了利用院外活动,跨国公司对政府的影响还表现为以下三种方式:一是政治捐献,跨国公司的股东们借助于其财力,通过政治捐款,为竞选人捐赠大量竞选款项,从而左右着政府的人事和政策,进而实现其在政治上的统治,并获得更大的经济实力;二是直接参与政府,跨国公司的官员在政府中任职,或政府官员退职后到企业界中担任高层要职,通过大企业与政府之间这种高级人事交流,承包商就可方便地利用国家机器获得订货合同,从而获得高额利润;三是跨国公司通过"民间"的政策设计网络和政治压力集团,直接左右政府的政策、活动和人事安排,并干预国会立法。正如美国著名社会学家威廉·多姆霍夫所说,美国制订政策的过程始于法人企业董事会房间,终于政府,政策在政府那里得到颁布和施行。

二、对东道国的经济主权的挑战

美国哈佛大学教授米歇尔·波特说:"市场竞争实际上不是在国与国之间,而是在公司与公司之间进行。迄今为止我还不曾看到哪个国家不拥有强大的公司就能在全球经济中占先的。"而在这一场全球经济竞争的比赛中,发展中国家由于后发劣势处于不利地位,而这场竞赛的主要旗手就是发达国家的跨国公司。

美国全球经济霸主地位主要体现在通用、福特、IBM、微软等一大批超级跨国公司身上,而广大的发展中国家没有与之抗衡的航母,因而在国际经济竞争中处于劣势。美欧大国的跨国公司在全球范围的扩张使这些大国重新控制了一些发展中国家的经济命脉,部分发展中国家的民族企业在西方巨型跨国公司强大竞争压力下面临生存危机。

目前有40多个发展中国家因债务负担沉重而面临困境,东南亚金融危机后美国和欧洲的跨国公司对东南亚经济的控制力已然上升。近几年来,美欧动用2 000多亿美元并购了泰国、韩国、印尼等东南亚国家的许多企业,将这些企业置于他们的直接控制之下;法国跨国公司用140亿美元并购了非洲多国企业股份,使法国重新控制了中西非多国经济。

近年来,西方跨国公司更试图控制发展中国家的一些关键产业,如金融、通信、能源等战略性行业,以掌控发展中国家的经济命脉。西方大国利用跨国公司这个工具谋求全球利益,使发展中国家面临分化、西化以及边缘化的危险。西方发达国家正在利用经济全球化的机会重新洗牌,并试图利用跨国公司重新制定全球经济新规则,谋求在21世纪初加强对世界经济的控制,以便使西方共同掌控的国际经济游戏规则固定化。

总的来说,跨国公司对东道国经济主权的挑战主要表现在以下几个方面。

1. 削弱东道国经济独立自主权

跨国公司利用其在海外的大规模直接投资活动和雄厚的实力基础,通过垄断东道国的某些产品和市场,在层层利益的驱使下,通过限制竞争、垄断市场、压制相关行业发展的行为,对东道国保护本国市场竞争的能力造成限制。跨国公司为了获取最大利益,就会利用自己现有的最大的经济实力去影响东道国,控制东道国的一些重要经济部门,垄断某些产品和市场,在很大程度上影响甚至左右东道国的经济活动和经济政策的制定与调整,使其让步以适应自己的需要,从而削弱了东道国的经济独立自主权。

2. 削弱东道国对投资和经济活动的监督管理权

各个东道国的主权国家,特别是发展中国家,不但需要跨国公司的技术,还需要跨国公司的资金。跨国公司对技术转移严格而有效的控制,往往使得技术落后的发展中东道国处于被动的依赖地位,形成经济依附性发展,跨国公司利用这些优势使用规避税收、干扰政府财政政策执行的手段,并凭借强大的经济力量对抗政府对跨国公司经济活动的规制,妨碍东道国对本国经济秩序的管理。这就削弱了东道国对跨国公司投资和经济活动的监督管理权。一些规模巨大,实力雄厚的跨国公司,凭借其雄厚的资金和垄断东道国某些经济关键部门的特殊地位,排挤和打击东道国的民族工商业,在利益最大化的驱使下,有时公然无视东道国的法律,不择手段地榨取最大限度的利润。

3. 削弱东道国对境内自然资源永久开发使用的主权

东道国需要跨国公司的资金与技术来带动自己发展,为吸收外资发展本国经济,改善投资环境,许多东道国尤其是发展中国家让出部分国土和资源,供跨国公司开采和使用,例如双方共享自然资源、领土等。并且,发达国家借助跨国公司的发展,大规模地将资源密集型、污染严重的产业转移到了发展中国家,带来了严重的环境压力。例如日本就先后将其劳动密集型、资源密集型的产业转移到了亚洲的一些国家和地区,而这些国家和地区又随着产业结构的升级将污染严重的产业,如石油化工、钢铁、纺织、机械制造等转移到了东盟和我国。目前,发达国家已经将它们污染型产业的90%以上转移到了发展中国家,给东道国造成了严重的大气污染、水污染,带来大量的工业废料和垃圾,并加重了环境治理的难度。因此,东道国付出了高额的代价:环境污染,大量不可再生资源被掠夺般肆无忌惮地开采利用以及产业结构严重扭曲等。这就削弱了国家对境内自然资源永久开发使用的主权。

4. 削弱东道国独立参与国际经济事务的平等权

全球化日益紧密,跨国公司的政治行为必须在全球化大环境下才得以实现,在这样的环境下,跨国公司促进了国家与国家,公司与公司之间的合作。随后,由各国认可的以国家为主体的多边和双边协议,区域和全球化组织的运行,都是以成员国共同承担某些义务和享有某些利益为前提的。这种合作关系在全球化进程中构成了它们相互依赖的关系。罗伯特·基欧汉与约瑟夫·奈在《权力与相互依赖》中提出:"相互依赖关系将总包含着代价,因为相互依赖限制主权。"因此,既然不是"自己一个人"而是国际组织,它的行使也就使成员国的经济主权受到一定限制,虽然东道国具有对国际经济性事务的参与权和平等权,但跨国公司通过促进国家与国家之间合作这种政治行为的干扰,使得东道国在这种国际组织中,制定经济政策、宏观调控等经济主权方面的绝对权力受到限制。

第四节 中国企业"走出去"与中国话语权

纵观世界上各经济强国崛起的历史,不难发现,每个经济强国的崛起,无一不与经济的"走出去"有关。与这种"走出去"相伴随的,毫无例外的是大量的资本输出。英国是19世纪的世界经济强国,也是当时世界上的第一大资本输出国;美国取代英国成为世界经济强国之首后,一直以来就是头号资本输出大国;日本、德国也是依靠大量的资本输出,带动经济的成长,成为不可忽视的经济强国。他山之石,可以攻玉。其他国家成为经济强国背后的逻辑,昭示着中国在经济发展到一定阶段时,必须走上资本输出之路。

中国政府在2001年确定"走出去"战略以来,一大批中国企业开始了海外投资进程,涉及的领域除了矿产等资源领域,也逐渐扩展至建筑、房地产、交通运输、旅游、保险等行业。事实上,依当前中国的整体经济实力,也具备了进行大规模资本输出的条件。

中国是世界第二大经济体、第一外汇储备大国、第一货物贸易大国、第一制造业大国,为推动中国成为资本输出大国提供了便利条件。2014年,中国实现全行业对外直接投资1 160亿美元,加上中国企业在国(境)外利润再投资和通过第三地的投资,实际对外投资规模在1 400亿美元左右,超出中国利用外资约200亿美元。

至此,中国成为资本净输出国。而中国成为资本净输出国,既是经济发展到一定阶段使然,更是迈向经济强国的必经之路。这意味着,从今以后,中国在吸引外来投资的同时,也积极地进行对外投资,利用资本输出培育新的经济增长点,用好国内与国外两种资源,实现从经济大国走向经济强国的嬗变(2004—2013年中国利用外资和对外投资金额见表8-1)。

表8-1　2004—2013年中国利用外资和对外投资额对比

年度	中国利用外资金额(亿美元)	中国对外投资金额(亿美元)
2013	1 175.86	1 078.4
2012	1 117.16	772.20
2011	1 160.11	746.50
2010	1 057.35	680.00
2009	900.33	565.3
2008	923.95	521.5
2007	826.58	224.69

续表

年度	中国利用外资金额（亿美元）	中国对外投资金额（亿美元）
2006	694.68	211.6
2005	531.27	122.61
2004	606.3	54.98

数据来源：中华人民共和国商务部网站，http://www.mofcom.gov.cn/。

截至2011年年底，中国企业"走出去"所涉及的国家和地区已达到177个，遍布全球，主要分布在亚洲和拉美地区。尤其是亚洲，已成为中国企业"走出去"发展的最佳目的地。

"走出去"的企业涉及的领域不断扩大，已覆盖国民经济所有行业。已经从过去集中的行业——贸易行业，扩展到交通运输仓储邮政业、农业、林业、牧业、渔业、采矿业、制造业、建筑业、信息传输软件业和金融业等多个行业。

金融危机使中国企业更加迫切地需要改变目前国家替代企业投资的模式，以避免对外投资主体和投资对象过于集中所产生的困境。金融危机使许多国家的企业陷入困境，等待破产或者被并购。各国为刺激复苏，均在加大基础设施投资力度，而中国在基础设施投资和建设领域具有较强的国际竞争力。中国企业已积累大量资本，在世界其他国家投资萎缩和资本极度缺乏的情况下，中国资本变得更有价值。金融危机使国外企业更重视中国市场以及与中国企业的合作，为中国企业并购国外相关企业，或成为国外企业的战略投资者提供了更多机会。

第五节　影响中国企业海外发展的制约因素

一、国际层面制约因素

制约中国企业海外影响力发展的国际层面因素主要包括以下几个方面。

1. 国际"经济民族主义"思潮对中国企业海外发展的影响

随着经济全球化负面影响的凸显,西方发达国家泛起的"经济民族主义"思潮,已经成为影响世界政治和经济发展的一个重要的消极因素。这股思潮在这些国家的政府、劳工组织和舆论界联手操纵和推动下,呈现出逐步蔓延和扩展之势。中国国有企业的"国家队"的身份经常引发一些东道国担忧,特别是西方国家对中国国有公司的警惕和偏见。国际金融市场动荡加剧,美元不断贬值,美国次贷危机导致信贷紧缩,加之金融市场投资盛行,这些均使中国企业海外融资和经营面临更大的不确定性。一些国家的政客会把跨国并购这一纯粹的经济行为上升为威胁国家安全、政治渗透等高度,以阻止中国企业海外并购的顺利实现。

2. 东道国国内局势动荡的政治风险和政策风险

中国企业海外投资很大一部分投向亚非拉等第三世界国家,这些国家大多民族矛盾错综复杂、宗教冲突不断、战争频繁、政局不稳、恐怖主义盛行、政策不透明、官员腐败、社会治安混乱,因而造成政策缺乏连贯性,或者难以认真付诸实施,如新政府上台后,往往对上届政府同外国政府及对外公司签署的合同不认账,甚至单方面终止,即便承认,也多方刁难;这些国家的法律、财税制度也变化无常,往往让外资企业摸不着头脑,无法适应;一些民族政党敌视外来资本等。这些都会给投资者带来种种不便和困难。中国企业在一些国家的投资遇到了诸如此类困难和问题,稍有不慎,就有可能造成重大的损失。导致企业经营困难甚至造成中国企业海外投资失败,而无法履行相应的社会责任和义务,进而影响中国企业的海外形象。

3. 部分国家对中国企业海外迅速发展的疑虑和担忧

有些国家对于中国企业走出国门,在国际市场上迅速发展,存在相当大的疑虑和担忧,在一定程度上进行抵制和打压。国际跨国公司采取以知识产权为基础的"技术—专利—标准"战略,以及策略性技术联盟,使中国企业走出国门受到排挤和抵制。中国不论是在无偿援助还是经济开发方面都尚未形成属于自身的价值观。以美国为首的西方国家长期对社会主义国家的歧视,表现在对企业、消费者的双重标准,不承认市场经济国家地位,标准提高等。美国对中国商品设限由来已久,每年都要炮制一些反倾销案。

二、政府层面制约因素

政府层面的支持和服务,是中国企业"走出去"的有力依托,"以援助促合作""资源换项目",有效帮助中国企业在项目竞标中争取有利地位。中国政府推出的遍布世界的"孔子学院"对于世界认识中国起到了一定的促进作用,对中国企业的海外发展具有积极作用,然而中国政府在推进中国企业"走出去"过程中还面临如下问题。

1. 与主流价值观的差异

对外宣传不到位。企业海外影响力的大小除了与企业自身因素有关之外,还与企业所代表的国家的经济实力、国家官方价值观等密切关联。虽然中国成为世界第二经济实体,但中国官方价值观与全球主流价值观之间存在冲突,最终表现为:中国在国际舞台上,外交邦交很多,但盟友很少,在一些国际问题上,中国经常处于孤立地位。"中国模式论"所宣扬的由政府主导的、民族主义支撑的外交路径、国家权力结构和社会治理方式,与西方宣扬的所谓自由、民主、法治的普世价值存在一定的矛盾。由于历史原因,中国的对外援助长期处于不公开状态,透明度较差,这容易引起国际社会对中国援助工作的疑心,更不易于得到国外公众对中国援外工作的理解和支持,中国在对外援助方面投入了大量资金,做了大量工作,但由于宣传不到位,导致国际社会了解很少,甚至不了解,没有很好地发挥帮助中国企业树立海外良好形象的作用。

2. 对外投资法律不健全

缺乏完善的企业对外投资法律体系。中国目前尚没有一部较为完善的对外投资法,还没有形成完整的对外投资法律体系,致使管理中无法可依、无章可循的现象时有发生。另外,中国缺乏完善的中国企业对外投资法律保护体系。如跨国并购往往面对经营风险、交易风险等各种风险,使得跨国投资有着很大的不确定性,面临巨大风险。为了保证本国投资者的利益,发达国家大都建立了相应的风险保障机制,但是中国在建立海外投资保障方面还处于试验阶段。

3. 金融支持环境不足

中国企业海外投资缺乏政府提供的金融支持,保险政策支持不够;政府服务功能尚待提高;地方政府的不良干预作用仍然存在。目前,资金不足是影响海外并购、投资的一大问题。企业通过银行贷款实现的投资并不多,特别是能源型的大型并购,利用国家银行贷款至关重要,但普遍情况是国内贷款较多,海外贷款不够积极。在西方发达国家,企业跨国并购时主要利用国内外的资本证券市场,通过发行股票、债券、以股换股、信用贷款等融资手段筹集并购资金;在中国企业的跨国并购中,虽然出现了一些新的融资手段,但是其占比重很小,金融信贷约束很多,现金收购仍然是主要的手段,并购活动的融资手段仍有待拓展。

三、企业层面制约因素

提升中国企业海外影响力,企业发展本身是关键。中国企业在"走出去"过程中存在经验较少、整体实力不强、企业比较分散、要素比较分散等问题,企业资本和服务"走出去"较少,对外直接投资项目以原材料、传统加工制造业居多,企业间缺乏合作和帮助,海外投资项目存活率较低,遭遇不公平对待的情形屡见不鲜。具体来说,企业在海外发展过程中,影响企业海外影响力的因素主要有以下几个方面。

1. 企业忽略东道国发展需要导致海外形象不佳

中国企业海外形象不佳主要表现在:国际市场对中国企业认知度不高,存在成见;中国企业缺乏有国际影响力的国际品牌;中国企业海外媒体负面新闻影响。

2. 企业缺乏系统、完整的海外发展战略规划

企业海外发展经营战略规划是一个复杂的策略系统,在国家倡导及以中国力量建设具有国际影响力的大型企业的背景下,很多企业不顾自身发展状况和东道国环境,单纯为扩张而扩张,表现出跨国经营的盲目性;某些企业将海外扩张的目的仅仅定位于出口创汇,表现出跨国经营的狭隘性;有些企业妄图利用国际市场的波动进行短期博彩式经营,表现出跨国

经营的投机性。这些不成熟的企业行为正是缺乏系统战略规划的表现，而缺乏系统完整战略规划的企业也必然会在国际竞争中遭到淘汰。

3. 企业国际型人才缺乏

企业管理机制跟不上中国企业海外发展，没有形成完整的国际化经营意识，缺乏国际化企业的运营构架，境外机构管理制度不健全，人才支撑远远不足。

4. 企业实力和规模不足，投资结构尚有待完善

从市场资源、技术资源以及企业能力三个角度衡量企业的资源要素，中国走出去企业并不具备明显的资源优势，中国企业在海外在规模、技术、品牌、管理等方面的核心竞争力上处于劣势，核心技术的缺乏制约了中国企业的海外发展。企业间分散化经营，无法在资本、技术、市场、信息以及生产等资源上实现共享与互补，内部过度竞争。另外，中国整体科技水平并不高，对外投资技术含量比较低，中国企业海外发展过分偏重初级产品产业，主要以资源开发和初级加工制造业为主，缺乏技术密集型产业和高层次服务业的投资。

四、中国企业获取国际话语权的困境

企业国际话语权产生的一个重要背景是全球市场的形成和全球化的发展，西方跨国公司首先参与和推动了这一进程，并且凭借其先进的技术、多样化的产品、雄厚的资金、有经验的管理人才、遍布全球的分支机构等优势占领了世界市场的大部分份额，处于绝对优势地位。更为重要的是，这些跨国公司的背后往往有着在世界范围内有较强话语权的西方国家作为支撑，因此，这导致了国际话语权的分配极度不均衡，西方企业为代表的跨国企业拥有明显的强势地位，甚至于拥有话语霸权。

而西方跨国企业的话语霸权直接影响着中国企业"走出去"的战略决策。近些年，中国企业在海外并购的种种失败，加深了我们对于国际话语权的理解。一方面是因为中国企业在国际话语权的现实处境和权力运用上的确困境重重，另一方面则是受整个国家实力崛起所催生的渴望话语权这种大环境的影响。那么如何提高企业的话语权以至于提升国家的话语

权，这便是中国企业和政府急需解决的难题。

虽然中国企业在政府政策的支持下，积极"走出去"，加速了对海外的扩张，在世界经济体系中的地位不断加强，但是，中国企业却并未获得与之相对应的话语权。在产业链、自主品牌、国际标准以及规则的制定等方面，我国企业仍旧存在很多的不足。

五、对全球产业链的控制程度不够

当代全球产业链演变的重要特征是：研发与销售环节的话语权越来越集中于发达国家的跨国公司，这也是全球产业链的核心环节，附加值和利润配额在整个产业链中居于最高；在研发与销售环节高度集权的同时，生产环节则越来越分散于世界各地的发展中国家。这种趋势造成的后果是，发达国家垄断着核心技术、战略资源、全球销售渠道和管理经验等产业链中不可代替的因素，赚取了高额的利润，同时在整个产业发展上拥有着绝对话语权；生产环节愈加分散使得发展中国家的劳动力和原材料资源优势不断受到削弱与威胁，对整个产业的话语权也受到限制。

中国是个制造大国，产业上整体处于国际分工和全球产业链条的低端，话语权十分受限。长期以来，我国在产业链上主要表现为劳动力密集型产品的加工、组装环节。众所周知，这种传统的价值定位是建立在劳动力成本比较优势基础之上的。但是这种优势很不稳定，一旦其他国家和地区更具有劳动力的低成本优势，中国目前在全球生产网络中的地位就会动摇。例如，近年来不少跨国公司由于中国劳动力成本上升将产业基地向东南亚转移，"中国制造"面临新兴经济体"挤"和欧美发达经济体"压"的双重压力。更令人忧虑的是，产业链的单一地位使得产业同质化竞争加剧，企业相互之间不仅没有形成合力，还存在着激烈的恶性竞争。例如金融危机时期，中国装备制造业在涌向海外的过程中，有的企业由于手中订单严重缩水，为求自保以低于成本价进行恶性竞争，使中国装备业在海外市场争夺中自相残杀。另外，我国企业自主创新能力普遍不足，大多数是模仿性的二次创新，缺少原创精神和具有自主知识产权的品牌产品。以新能源企业为例，现阶段我国新能源产业主要依靠技术引进，但以技术转让方式获得的不可能是最先进的核心技术,而这些企业很多都规模较小,创新动力不足,研发能力较弱,它们只是对引进的技术简单地加以应用,利用国内廉价的劳动力和土地资源及较低的环保要求,以低价来抢占市场。

六、企业自主品牌能力建设不足

品牌是给企业带来溢价、产生增值的一种无形资产,它的载体是用以和其他竞争者的产品或劳务相区分的名称、术语、象征、记号或者设计及其组合,增值的源泉来自消费者心智中形成的关于其载体的印象。在国际市场中,一个企业要想在本行业中取得话语权,关键是拥有自主品牌。品牌不但拥有市场话语权、定价权,还有市场主导权,是争夺国际国内市场的锐利武器。如果不是品牌效应,苹果不可能风靡全球,三星不可能攻城略地。纵观这些世界级企业成功的路径,拥有自主品牌是最为核心的竞争要素。

与世界发达国家的知名品牌相比,我国企业的自主品牌无论是在规模上,还是在影响力上,都存在着很大的距离。一方面表现为缺乏自主品牌建设的意识和动力。由于自主品牌在国际上的建设需要一个长期的过程,且必须投入大量的成本进行科技研发、产品宣传等,所以许多企业不愿意在这方面大费周章,宁愿成为国外品牌的OEM(Original Equipment Manufacture,代工生产)制造商。另一方面,自主品牌建设的路径不正确。自主品牌建设的路径通常包括五个方面:理念建设、产品建设、服务建设、营销建设和管理建设,而中国企业大多品牌空心化严重,缺乏品牌的核心价值观。产品在质量、档次、服务层面不能与同类产品拉开差距,相较于行业领导品牌的产品存在较大落差。由于缺乏科学的品牌管理策略和方法,许多企业以广告宣传和明星代言为核心思路创建品牌,尽管付出高额的广告费用和代价,创建自有品牌的道路却依然艰难。

七、国际标准话语权缺失

国际标准是指国际标准化组织(ISO)、国际电工委员会(IEC)和国际电信联盟(ITU)制定的标准,以及国际标准化组织确认并公布的其他国际组织制定的标准。"标准话语权"可以简单地理解为对标准制定权的掌握,企业在标准制定过程中是否有话语权,话语力量是否有足够的分量,这些都直接关系到每个参与企业的利益。若企业掌握了标准话语权,使企业标准成为产业的主导标准,成为法定的技术标准,必将获得技术的竞争优势。西方跨国公司在国际标准的定义方面拥有绝对的话语权。以ISO为例,截至2013年年底,TC/SC共有744个,多为发达国家占据,按秘书处多少排列依次为德国、美国、日本、法国、英国,具体数量分别为133、117、70、69、68个,几乎占到总数的2/3。

近年来,我国企业也逐渐认识到标准竞争的重要性,并开始在国内和国际领域参与到标准竞争中,但由于自身实力和技术水平的限制,在多数领域的标准竞争中鲜有作为。一些国家和企业每每利用标准对中国企业设立各种壁垒。我国大多数出口企业都遭遇过国外的技术壁垒,很多出口产品以不达标准为由被拒,每年承受着巨大损失。三流的企业做产品,二流的企业做品牌,一流的企业做标准。我国企业如果想在国际竞争中赢得主动权和优势地位,必须提高对国际标准的制定和修改能力。

八、国际贸易规则的制定和参与不足

国际规则是世界各国在国际事务互动中制定并共同遵循的行为规范,其本质是国际关系中权利与义务均衡的结果。国际规则在国际社会中发挥着重要功能,可以降低交易成本、稳定预期和减少不确定性。经济全球化的过程中国际规则必不可少,其中WTO规则影响最为广泛。WTO对国际贸易的规范主要表现在实体规则和程序规则上,实体规则涵盖货物贸易、服务贸易、农产品、与贸易相关的知识产权保护等领域,而程序规则主要包括贸易政策审议机制和争端解决机制。

中国加入WTO已长达14年之久,十几年来我国企业一方面享受着入世所带来的机遇,另一方面也遭遇了越来越多的贸易摩擦,我国企业在参与国际贸易规则方面的弱势也显露无遗。首先是缺乏专门研究WTO规则和案例的人才,以至于企业对WTO规则所知甚少。其次是在WTO相关谈判中,我国企业不能主动地向政府表达其利益诉求,企业与政府之间缺乏良好互动。最后是在贸易纠纷中企业缺乏主动投诉或应诉的意愿与能力,怕输怕难怕花钱,以至于只有干等结果,市场竞争的空间越来越小。

九、提升中国企业的国际话语权

加入WTO以来,我国逐渐以更加积极的姿态参与到国际经济事务中,发挥负责任大国作用,共同应对全球性经济挑战。伴随着国家的脚步,越来越多的中国企业走出国门,参与到国际市场的鏖战之中。然而,国际话语权缺失使得企业步履维艰,在国际竞争中事倍功半,成为我国企业提高竞争优势的短板。随着话语权意识的高涨,如何提升中国企业的国际话语权,被越来越多地加以讨论。毋庸置疑,发展产业链话语权、加强自主品牌话语权、掌握行业标准话语权、建构规则话语权将是最佳的路径选择。

第一,企业间形成合力,依靠技术进步和产业升级,重构产业链格局,发展产业链话语权。在短期内,我国的代工企业特别是加工型中小企业,可以通过并购或重组,优势互补,相互扶持,成立分工明确、规模较大的生产集团,既能避免同质企业间的恶性竞争,又能在全球生产网络内获得一定程度的垄断优势,提高在国际市场上的议价能力。中期目标是实现技术创新,由劳动密集型产业转向技术密集型产业,改变在产业链中的单一地位。长期目标是发展战略性新兴产业,掌握新兴行业的制高点,发展全产业链话语权。

第二,提升和学习自主品牌建设的意识与路径,促进企业的可持续发展。一方面是转变观念,不能自甘于做代工企业,赚取微薄利润,必须有长远的战略眼光,树立自主品牌意识,以品牌带动营销和市场。另一方面积极参加国际行业协会,主动承担国际会议的举办,向知名企业学习自主品牌建设的路径,不能盲目地打广告战。战略上了解自身资源、特点和能力,以制定出合适的品牌发展目标;战术上根据市场需求有针对性地加强企业技术创新和研发力度,提升自身的产品和服务质量,通过合作、并购等方式拓宽营销渠道,增强市场竞争力。

第三,借鉴国外先进的标准运作模式,企业组建技术标准联盟,采用开放的工作原则和运行机制,体现分工协作的整体优势,从而赢得企业的国际标准话语权。经济全球化使得标准走向了国际市场的竞争前沿,在全球统一的大市场、大流通的背景下,国际间的经济竞争、企业间的产品竞争在很大程度上表现为标准之争。我国企业要想在标准竞争中脱颖而出,一方面必须加强企业联合,组建战略联盟,这将成为我国技术标准战略的一种新型共赢竞争模式;另一方面必须增强技术研发能力,增加国际专利和知识产权,巩固技术创新成果,同时提高技术标准的开放度,提升和扩大企业的标准影响力。

第四,理解、遵守、掌握和运用现有的国际规则,建构规则话语权。首先是与相关法律咨询机构进行合作,大力培养熟知WTO规则及案例的高等人才。其次是在企业内部设立法律事务部,在自身权益遭受侵害或遭遇到反倾销诉讼调查时,一定要主动投诉和应诉,相关企业间在资金、人力上相互支持,为企业的长期发展铺好道路。最后是做好与政府的沟通工作,将自身利益诉求及时地反映给相关部门,以便在国际谈判中有更大的回旋空间。

参考文献

[1] 冼国明,崔喜君. 外商直接投资、国内不完全金融市场与民营企业的融资约束——基于企业面板数据的经验分析[J]. 世界经济研究,2010(04):54-59,88-89.

[2] 方友林,冼国明. 市场准入交换与发展中国家的金融服务贸易自由化[J]. 数量经济技术经济研究,2004(02):83-88.

[3] UNCTAD. World Development Report 2006: FDI from Developing and Transition Economies: Implications for Development[R]. Geneva and New York: UN, 2006.

[4] 克里斯托弗·巴特利特,休曼特拉·戈歇尔,朱利安·伯金绍. 跨国管理:理论、案例分析与阅读材料[M]. 北京:中国财政经济出版社,2007.

[5] 王勇,杜德斌. 自主创新战略下的中国跨国公司崛起[J]. 国际经济合作,2007(1):22-27.

[6] 董有德. 跨国公司史研究的历史与现状[J]. 东南学术,2004(5):73-77.

[7] 王仁荣. 跨国公司跨境并购法律问题研究[D]. 复旦大学,2012.

[8] 杨清. 中国跨国公司成长研究[D]. 南京:南京航空航天大学,2006.

[9] 薛求知. 当代跨国公司新理论[M]. 上海:复旦大学出版社,2007.

[10] 卢进勇. 跨国公司理论与实务[M]. 北京:高等教育出版社,2013.

[11] DUNNING J H, LUNDAN S M. Multinational Enterprises and the Global Economy [M]. Edward Elgar Publishing, 2008.

[12] JONES G. Transnational Corporations—A Historical Perspective [M]. London: Routledge, 1993.

[13] LC BRESSER-PEREIRA. The East India Company: The Company that Ruled the Waves [J]. The Economist, 2011-12-17: 126-129.

[14] 国家统计局.中国统计年鉴[N/OL].国家统计局, http://www.stats.gov.cn/tjsj/ndsj/.

[15] KOGUT B. Designing Global Strategies: Profiting from Operating Flexibility [J]. International Executive, 1986, 28 (1): 15-17.

[16] BOUWMEESTER, MCA OOSTERHAVEN, JAN. International Material Resource Dependency in an International Input-output Framework [J]. The IIOA Conference, 2010 (06): 20-25.

[17] BOWMAN C, AMBROSINI V. Value Creation Versus Value Capture: Towards a Coherent Definition of Value in Strategy [J]. British Journal of Management, 2000, 11 (1): 1-15.

[18] DEAN J M, FUNG K C, WANG Z. How Vertically Specialized is Chinese Trade? [J]. Ssrn Electronic Journal, 2009 (1): 71-94.

[19] ELMS D. K, LOW P. Global Value Chains in a Changing World [R]. World Trade Organization, 2013.

[20] GEREFFI G. Development Models and Industrial Upgrading in China and Mexico [J]. European Sociological Review, 2009, 25 (1): 37-51.

[21] HOGAN CHEN, MATTHEW KONDRATOWICZ, KEI-MU YI. Vertical Specialization and Three Facts about U.S. International Trade [J]. North American Journal of Economics & Finance, 2005, 16 (1): 35-59.

[22] CHEN H Y, CHANG Y M. Trade Verticality and Structural Change in Industries: The Cases of Taiwan and South Korea [J]. Open Economies Review, 2006, 17 (3): 321-340.

[23] HUMMELS DAVID, ISHII JUN, YU KEIMU. The Nature and Growth of Vertical Specialization in World Trade [J]. Journal of International Economics, 2001, 54 (1): 75-96.

[24] R. KAPLINSKY. Globalisation and Unequalisation: What Can Be

Learned from Value Chain Analysis? [J]. Journal of Development Studies, 2000, 37(2): 117-146.

[25] YI KEIMU. Can Vertical Specialization Explain the Growth of World Trade? [J]. Journal of Political Economy, 2003, 111(1): 52-102.

[26] YASHIRO N, DE BACKER K. Global Value Chains in a Post-crisis World: A Development Perspective [J]. World Bank Publications, 2010, 150(1): 367-369.

[27] BALDWIN R, LOPEZ-GONZALEZ J. Supply-chain Trade: A Portrait of Global Patterns and Several Testable Hypotheses [J]. World Economy, 2013, 18(2): 141-142.

[28] RIAD N, ERRICO L. Changing Patterns of Global Trade [J]. International Monetary Fund, 2012.

[29] UNCTAD. World Development Report 1993: Transnational Corporations and Integrated International Production [R]. Geneva and New York: UN, 1993.

[30] UNCTAD. World Development Report 1997: The State in a Changing World [R]. Geneva and New York: UN, 1997.

[31] UNCTAD. World Development Report 2001: Promoting Linkages [R]. Geneva and New York: UN, 2001.

[32] UNCTAD. World Development Report 2007: Transnational Corporations, Extractive Industries and Development [R]. Geneva and New York: UN, 2007.

[33]波特. 国家竞争优势[M]. 北京: 中信出版社, 2007.

[34]陈柳钦. 有关全球价值链理论的研究综述[J]. 重庆工商大学学报(社会科学版), 2009(06): 55-65.

[35]迟晓英, 宣国良. 价值链研究发展综述[J]. 外国经济与管理, 2000(01): 25-30.

[36]崔华. 争夺全球价值链——跨国公司区位选址对西部企业的启

示[J].特区经济,2005(7):220-221.

[37]丁勇.提升中国参与全球价值链分工地位探讨[J].现代财经(天津财经大学学报),2010(08):13-19.

[38]范云芳.全球价值链分工的特征及其对中国的启示[J].长安大学学报(社会科学版),2008(03):59-62,68.

[39]高越,高峰.垂直专业化分工及我国的分工地位[J].国际贸易问题,2005(03):16-20.

[40]贺曲夫,刘友金.中西部地区承接东部地区产业转移的问题与对策研究[J].知识经济,2011(16):147-148.

[41]黄水灵,邵同尧.我国汽车业全球价值链的低环嵌入与链节提升——基于吉利集团构建全球价值链为例[J].对外经贸实务,2011(05):25-28.

[42]贾俐俐.全球价值链分工下中国产业国际竞争力研究[D].中共中央党校,2008.

[43]孔琳,杨全文.中国制造业厂商在全球价值链分工中的地位及成因分析[J].理论界,2010(03):41-42.

[44]李春伟.全球价值链与产业升级[J].新商务周刊,2013(16):16-18.

[45]刘月.全球价值链分工对中国制造业的启示[J].市场透视,2009(18):15-17.

[46]刘志彪,张杰.从融入全球价值链到构建国家价值链:中国产业升级的战略思考[J].学术月刊,2009(09):59-68.

[47]马红旗.我国制造业垂直专业化生产与全球价值链升级的关系研究[D].重庆大学,2010.

[48]邱立成,成泽宇.论跨国公司的国际一体化生产[J].南开学报,1998(06):38-43.

[49]邱立成.国际竞争中的跨国公司战略联盟[J].国际贸易问题,1997(09):26-31.

[50]任金玲.价值链国际分工与我国加工产业发展问题研究[J].北方经济,2011(03):62-63.

[51]唐东波.贸易开放、垂直专业化分工与产业升级[J].世界经济,2013(04):47-68.

[52]唐海燕,张会清.产品内国际分工与发展中国家的价值链提升[J].经济研究,2009(09):81-93.

[53]唐瑶.跨国公司全球价值链模式与我国企业创新战略路径选择[D].苏州大学,2010.

[54]唐玉华,揭丽.浅谈全球制造业转移背景下的中国制造业发展[J].特区经济,2013(11):162-163.

[55]王桤伦.全球经济一体化中的国际生产组织研究[D].浙江大学,2007.

[56]王恕立,张云.国际产业转移的影响因素——基于东部三大经济圈实证研究[J].当代经济,2011(04):82-83.

[57]王小松,陈思郁.中国参与国际分工问题探究——基于GVC分工的视角[J].中国商贸,2012(20):188-189,191.

[58]王晓红.当前国际分工的新变化与发展趋势[J].中国社会科学院研究生院学报,2008(04):131-135.

[59]王迎新,刘学智.国际分工下的产业价值链:一个综述[J].商业研究,2014(07):16-25.

[60]王迎新.论海外直接投资与贸易的关系[J].财贸经济,2003(01):80-85,97.

[61]王迎新.加工贸易转型升级势在必行[N].经济参考报,2013-09-23.

[62]吴建新,刘德学.全球价值链治理研究综述[J].国际经贸探索,2007(08):9-14.

[63]许晓冬.中国参与国际分工转移的现状及战略选择[J].对外经贸实务,2011(10):28-31.

[64]亚当·斯密:国民财富的性质和原因的研究·下卷[M].北京:商务印书馆,1996:8-10.

[65]杨丹辉.全球竞争格局变化与中国产业转型升级——基于新型国际分工的视角[J].国际贸易,2011(11):12-18.

[66]于津平,邓娟.垂直专业化、出口技术含量与全球价值链分工地位[J].世界经济与政治论坛,2014(02):44-62.

[67]张昌兵,常英.当代跨国公司发展六大新动向[J].世界经济情况,1997.

[68]张二震,韩剑.产业结构升级视角下"走出去"的产业选择——以江苏为例[J].唯实,2013(02):18-23.

[69]张辉.全球价值链下地方产业集群转型和升级[M].北京:经济科学出版社,2006.

[70]张辉.全球价值链理论与我国产业发展研究[J].中国工业经济,2004(5):38-46.

[71]张珉,卓越.全球价值链治理、升级与本土企业的绩效——基于中国制造业企业的问卷调查与实证分析[J].产业经济研究,2010(01):31-38.

[72]张少军,刘志彪.互动全球价值链和国内价值链[N].中国社会科学报,2013-04-03.

[73]赵海婷,彭燕.后危机时代全球价值链视角下我国中小企业产业集群升级研究[J].企业经济,2011(12):28-30.

[74]赵张耀,汪斌.网络型国际产业转移模式研究[J].中国工业经济,2005(10):14-21.

[75]本刊编辑部.国际生产和发展的非股权经营模式——解读《2011年世界投资报告》[J].国际经济合作,2011(08):4-10.

[76]马春光.《2011年世界投资报告》给我国餐饮连锁企业的启示与反思[J].企业经济,2011(11):5-9.

[77]王建华.跨国公司海外R&D投资的内在动因与区位选择[J].

中国科技论坛, 2004(4): 136-139.

[78] 郭苗. 跨国公司非股权安排研究——基于东道国的角度[D]. 对外经济贸易大学, 2012.

[79] 田贵明. 跨国公司与中国经济安全[J]. 当代世界, 2008(7): 48-54.

[80] 徐锋. 论跨国公司在控制权不完整条件下对中外合资企业实质性控制的非股权优势[J]. 科技进步与对策, 2006(03): 84-86.

[81] 张卫国, 陈学梅, 陈宇. 关于非股权战略联盟边界问题的探讨[J]. 科技进步与对策, 2006(04): 136-138.

[82] 孙楚仁, 沈玉良. 非股权离岸服务贸易产生的原因分析[J]. 世界经济研究, 2008(06): 55-62, 88.

[83] 姚唐, 秦海林, 席文, 等. 跨国服务企业对华知识转移模式研究[J]. 管理学报, 2014(01): 107-115.

[84] 刘增学. 证券公司非股权激励约束模式设计[J]. 金融理论与实践, 2014(02): 81-84.

[85] 闵远松, 张艳萍, 周忠军. 跨国公司的非股权参与方式与我国企业重组方式的创新[J]. 经济问题探索, 1999(11): 30-32.

[86] DUNNING J H. Towards an Eclectic Theory of International Production: Some Empirical Tests[J]. Journal of International Business Studies, 1980, 11(1): 9-31.

[87] JONES G G. Multinational Strategies and Developing Countries in Historical Perspective[J]. Harvard Business School Entrepreneurial Management Working Paper, 2010 (10-076).

[88] The Free-standing Company in the World Economy, 1830—1996[M]. Oxford: Oxford University Press, 1998.

[89] HENNART J F. Down with MNE-centric Theories! Market Entry and Expansion as the Bundling of MNE and Local Assets[J]. Journal of International Business Studies, 2009, 40(9): 1432-1454.

[90] UNCTAD C. World Investment Report 2011: Non-Equity Modes of International Production and Development[R]. Geneva and New York: UN, 2011.

[91] UNCTAD. World Investment Report 2009: Transnational Corporations, Agricultural Production and Development[R]. Geneva and New York: UN, 2009.

[92] BENGTSSON L, HAARTMAN R V, DABHILKAR M. Low-Cost Versus Innovation: Contrasting Outsourcing and Integration Strategies in Manufacturing[J]. Creativity and Innovation Management, 2009, 18(1): 35-47.

[93] BENITO G R G, GRIPSRUD G. The Expansion of Foreign Direct Investments: Discrete Rational Location Choices or a Cultural Learning Process?[J]. Journal of International Business Studies, 1992(3): 461-476.

[94] CHETTY S, BLANKENBURG HOLM D. Internationalisation of Small to Medium-sized Manufacturing Firms: A Network Approach[J]. International Business Review, 2000, 9(1): 77-93.

[95] JOHANSON J, VAHLNE J. The Uppsala Internationalization Process Model Revisited: From Liability of Foreignness to Liability of Outsidership[J]. Journal of International Business Studies, 2009, 40(9): 1411-1431.

[96] LI L, DALGIC T. Internationalization Process of Small and Medium-sized Enterprises: Toward a Hybrid Model of Experiential Learning and Planning[J]. Management International Review, 2004.

[97] OVIATT B M, MCDOUGALL P P. Toward a Theory of International New Ventures[J]. General Information, 1994, 36(1): 45-64.

[98] 巴克利. 跨国公司的未来[M]. 北京: 中国金融出版社, 2005.

[99] TSENG C, YU C J, SEETOO D H W. The Relationships Between

Types of Network Organization and Adoption of Management Mechanisms: An Empirical Study of Knowledge Transactions of MNC's Subsidiaries in Taiwan[J]. International Business Review, 2002(11): 211-230.

[100]陈卓云. 浅析"联想"的国际化战略[J]. 改革与开放, 2009(3).

[101]付春, 陈秀梅. 国际战略联盟与中国企业国际竞争力[J]. 经济问题探索, 2004(6): 25-27.

[102]韩岫岚. 企业国际战略联盟的形成与发展[J]. 中国工业经济, 2000(4): 13-18.

[103]黄建康, 李群, 孙文远. 跨国公司在华子公司战略角色的演进与对策[J]. 现代经济探讨, 2009(8): 44-47.

[104]吴勇志, 张玲. 新国际分工、全球价值链整合与中国企业国际化经营模式——以联想集团为例[J]. 现代经济探讨, 2013(12): 25-28.

[105]伊迪斯, 彭罗斯. 企业成长理论[M]. 上海: 上海人民出版社, 2007.

[106]原磊, 邱霞. 中国国际化的回顾与展望[J]. 宏观经济演进, 2009(9).

[107]原磊. 国际金融危机下中国企业并购行为研究[J]. 宏观经济研究, 2010: 22-29.

[108]张毅, 李洋. 浅谈联想集团公司的国际化战略[J]. 现代商贸工业, 2007, 19(2): 5-6.

[109]张毅, 刘志学. 跨国公司在华投资战略演进路径分析[J]. 管理世界, 2008(11): 180-181.

[110]赵景华, 胡乃武, 任荣. 跨国公司在华子公司不同时期战略的比较研究[J]. 经济管理, 2007(12): 62-67.

[111]赵世磊. 中国跨国公司竞争力模型探析[J]. 贵州社会科学, 2011(2): 85-89.

[112]朱巧玲, 董莉军. 西方对外直接投资理论的演进及评述[J]. 中

南财经政法大学学报, 2011(5): 26-32.

[113] BARTLETT C A, GHOSHAL S. Changing the Role of Top Management: Beyond Systems to People[J]. Long Range Planning, 1995, 28(3): 126-126.

[114] JOHN M. STOPFORD, LOUIS T. Wells, Strategy and Structure of the Multinational Enterprise[M]. New York: Basic Books, 1972.

[115] LYLES M A. Understanding China in Transition[J]. General Information, 2008, 51(6): 457-461.

[116] 艾尔弗雷德·D. 钱德勒. 战略与结构[M]. 云南: 云南人民出版社, 2002.

[117] 杜晓君. 跨国公司国际生产模式: 内部化、外部化与趋势[J]. 国际贸易问题, 2005(8): 68-73.

[118] 方琳. 后危机时代跨国公司战略变革特征及对策研究[J]. 经济与管理评论, 2011, 27(2): 68-72.

[119] 关涛, 薛求知. 跨国公司"结构追随战略"研究脉络梳理与基于知识基础论的框架重构[J]. 外国经济与管理, 2012(2).

[120] 黄妮. 跨国公司组织结构变革与发展趋势研究[J]. 现代商贸工业, 2009, 21(18): 96-97.

[121] 刘丰收. 环境变动与跨国公司组织结构变迁[J]. 首都经济贸易大学学报, 2003, 5(5): 75-78.

[122] 刘永强, 赵曙明. 跨国公司组织文化与人力资源管理协同研究: 知识创新视角[J]. 中国工业经济, 2005(6): 90-97.

[123] 盛震波, 刘海云. 跨国公司网络组织[J]. 管理科学, 2001, 14(5): 14-17.

[124] 王立新. 跨国公司组织结构模式变化及其对我国企业的启示[J]. 中山大学学报(社会科学版), 2002, 42(6): 84-90.

[125] 薛求知, 李亚新. 子公司在跨国公司知识创新及流动体系中的角色[J]. 研究与发展管理, 2007, 19(3): 1-8.

[126] 姚建峰. 跨国公司组织结构的变革与发展[J]. 经济问题探索, 2005(2): 41-43.

[127] 葛顺奇. 跨国公司技术战略与发展中国家技术模式选择[M]. 北京: 中国经济出版社, 2002.

[128] 冼国明, 葛顺奇. 跨国公司R&D的国际化战略[J]. 世界经济, 2000(10): 3-11.

[129] 跨国公司在全球化与可持续发展中的作用. [EB/OL]. http://www.sdinfo.net.cn.

[130] DALTON D. H, SERAPIO M. G. U.S. Research Facilities of Foreign Companies[M]. Washington DC: US Department of Commerce, Technology Administration, Japan Technology Program, 1993.

[131] DALTON D. H, SERAPIO, M. G. Globalizing Industrial Research and Development[M]. Washington DC: U.S. Department of Commerence, Technology Administration Office of Technology Policy, 1999.

[132] FREEMAN C, J. HAGEDOORN. Catching up or Falling behind: Patterns in International Interfirm Technology Partnering[J]. World Development, 1994, 22(5): 771-780.

[133] PEARCE R. The Internationalisation of Research and Development by Multinational Enterprises[M]. London: Macmillan Press Ltd., 1989.

[134] ZEDTWITZ M V, GASSMANN O. Market Versus Technology Drive in R&D Internationalization: Four Different Patterns of Managing Research and Development[J]. Research Policy, 2002, 31(4): 569-588.

[135] OECD. Internationalisation of Industrial R&D: Patterns and Trends[R]. Paris: Paper Presented at the OECD, Statistical Working Party, 1998.

[136] 王焕祥. IBM的研发战略及其趋势[EB/OL]. http://tech.sina.com.cn.

[137] 令狐磊、朱坤、黄煌池. 欧洲国家气质榜[EB/OL]. http://past.people.com.cn.

[138] 中国对外经济合作指南. 英国的引资政策与环境. [EB/OL]. http://Fec.mofcom.gov.cn.

[139] 联合国贸发会议. 2005世界投资报告——跨国公司和研发国际化[M].北京: 中国财政经济出版社, 2006.

[140] BUCKLEY PETER J, Mark C. CASSON. Analyzing Foreign Market Entry Strategies: Extending the Internalization Approach[J]. Journal of International Business Studies, 1998(29): 539-561.

[141] BO S, REED G. Direct Investments and the Multinational Enterprise[M]// International Economics. Macmillan Education UK, 1994.

[142] DRIFFIELD N, MUNDAY M.Industrial Performance, Agglomeration, and Foreign Manufacturing Investment in the UK[J].Journal of International Business Studies, 2000, 31(1): 21-37.

[143] EDWARD M. GRAHAM. Market Stucture and the Multinational Enterprise: A Game-theoretic Approach[J]. Journal of International Business Studies, 1998, 29(1): 67-83.

[144] GRAHAM E.M. Exchange of Threat between Multinational Firms as an Infinitely Repeated Noncooperative Game[J]. International Trade Journal, 1990(4): 259-277.

[145] Graham E M. The(Not Wholly Satisfactory)State of the Theory of Foreign Direct Investment and the Multinational Enterprise[M]. Physica-Verlag HD, 1997.

[146] HIRSCHEY Mark. Market Power and Foreign Involvement by U.S. Multinationals[J]. The Review of Economics and Statistics, 1982(64): 343-346.

[147] NIGEL DRIFFIELD. Inward Investment and Host Country Market Structure: The Case of the U.K.[J]. Review of Industrial Organization, 2001(18): 363-378.

[148] STEPHEN HYMER. The Efficiency(Contradictions)of

Multinational Corporations[J]. The American Economic Review, 1970, 60(2): 441-448.

[149]卜伟,谢敏华,蔡慧芬.基于产业控制力分析的我国装备制造业产业安全问题研究[J].中央财经大学学报,2011(03): 62-66,91.

[150]卜伟.我国产业外资控制与对策研究[J].管理世界,2011(05): 180-181.

[151]卜伟.战略产业外资控制对自主创新的影响[N].光明日报,2011-06-10.

[152]曹秋菊.外商直接投资与中国产业安全问题探讨[J].江苏商论,2010(2): 135-136.

[153]柴志贤.跨国公司直接投资的垄断效应及其对策研究[D].浙江大学,2001.

[154]陈飞翔.市场结构与引进外商直接投资[J].财贸经济,2002(2): 69-75.

[155]方明.对跨国公司在市场竞争中实施限制竞争行为的表现及规制[J].江苏商论,2004(11): 136-137.

[156]韩溢.国际反垄断探析[D].河北师范大学,2003.

[157]何智蕴,周晓东,方宜.大型跨国公司在华投资基本情况及对我国经济影响分析[J].华东经济管理,2004(04): 68-71.

[158]华德亚,刘晓惠.跨国公司在华并购与我国的反垄断控制[J].经济问题探索,2004(05): 8-10.

[159]纪宝成,刘元春.对我国产业安全若干问题的看法[J].经济理论与经济管理,2006(9): 6-11.

[160]江小涓.跨国投资、市场结构与外商投资企业的竞争行为[J].经济研究,2002(9): 31-38.

[161]姜海林,杨青.谁在主导经济全球化[J].经济问题探索,2002(11): 84-88.

[162]金明路,柴志贤.跨国公司垄断行为及防范对策[J].浙江学

刊, 2002(02): 193-196.

[163]金明路. 跨国公司限制竞争行为及其监控对策[J]. 工商行政管理, 2003(23): 18-20.

[164]景玉琴. 警惕外资威胁我国产业安全[J]. 天津社会科学, 2006(1): 81-84.

[165]赖光耀. 我国外商直接投资的企业组织形式变化及其对策[J]. 国际经济, 2010(2): 148-150.

[166]李孟刚. 中国产业外资控制报告(2011—2012)[M]. 北京: 社会科学文献出版社, 2012: 124.

[167]李太勇. 跨国公司投资对我国市场结构的影响[J]. 中国工业经济, 1999(11): 55-59.

[168]李伟. 跨国公司进入对中国产业组织的影响[J]. 经济问题, 2005(1): 16-17.

[169]刘丽园. 我国企业并购制度正在走向成熟——从商务部禁止可口可乐收购汇源说起[J]. 兰州学刊, 2009(5): 138-141.

[170]刘新民. 提高我国自主创新能力的对策建议[J]. 宏观经济研究, 2005(7): 27-38.

[171]马海. 跨国公司直接投资对中国市场的垄断效应[D]. 河北大学, 2004.

[172]齐兰. 经济全球化对我国主要行业市场结构的影响及其对策[J]. 经济与管理研究, 2005(1): 12-18

[173]邱立成, 洪涌. 跨国公司与东道国市场竞争——基于古诺模型的静态博弈分析[J]. 当代财经, 2003(11): 95-99.

[174]商淑莹. 外资并购的深层次动因及影响分析[J]. 中国经贸导刊, 2011(17): 77-79.

[175]宋晶. 对跨国公司垄断及限制竞争问题的理性思考[J]. 中国工商管理研究, 2004(10): 53-56.

[176]王洛林, 江小涓, 卢圣亮. 跨国公司投资对中国产业结构、技术

进步和经济国际化的影响[J].中国工业经济,2000(5):5-10.

[177]王清.FDI的进入方式对我国汽车行业的影响探析[J].问题探讨,2011(11):158-160.

[178]王松青.竞争与垄断[M].上海:上海社会科学院出版社,1997:59-79.

[179]王先林.跨国公司利用优势地位限制竞争行为的法律规制[J].工商行政管理,2003(23):15-17.

[180]王允贵.跨国公司的垄断优势及其对东道国的产业控制[J].管理世界,1998(2):114-120.

[181]王中华.利用外资过程中的风险防范[J].北京工商大学学报,2004(1):45-49.

[182]吴水龙,陆音,王少东.基于外商投资者角度的FDI动因分析[J].商场现代化,2006(1):140.

[183]杨丹辉.跨国公司进入对中国市场结构变动的影响[J].经济理论与经济管理,2004(3):11-17.

[184]杨蕙馨,栾光旭.加入WTO后外商直接投资对我国产业组织的影响[J].山东大学学报,2002(6):35-39.

[185]易小佳.跨国公司投资对我国市场结构效应研究[D].湖南大学,2006.

[186]尹华,刘琴琴.FDI对我国电子信息产品制造业国际竞争力影响研究[J].中南林业科技大学学报(社会科学版),2011(1):52-55.

[187]于蕃.开放三十年来外商在华直接投资的区位结构演变及动因分析[J].世界经济研究,2008(6):19-23.

[188]张锐.反垄断:中国政府VS跨国公司[J].中国外资,2005(01):40-43.

[189]赵书博,胡江云.中国纺织业产业安全形势分析[J].国际经济合作,2009(6):16-25.

[190]赵树文,王嘉伟.跨国公司垄断(限制竞争)行为及反垄断法规

制分析[J].政治与法律,2007(1):21-25.

[191]赵振全,王天骄.我国汽车产业FDI与自主创新能力提升的实证研究[J].工业技术经济,2011(4):3-6.

[192]周燕.跨国公司进入及其垄断效应分析.世界经济与政治论坛,2003(3):12-16.

[193]周晔,郭春丽.我国高端制造业发展研究[J].开发研究,2012(1):27-31.

[194] COUGHLIN C]ETUS, TERZA JOSEPH, AROMDEE VACHIR. State Characteristics and the Location of Foreign Direct Investment within the U.S. [J]. Review of Economics and Statistics, 1991(73): 675-683.

[195] HIOES J, ALTERED STATE. Taxes and the Location of Foreign Direct Investment In America [J]. American Economic Review, 1996(5): 86.

[196] J. H. DUNNING. International Production and Multinational Enterprises [M]. Allen&Unwin Ltd, 1981.

[197] J. H. DUNNING. Determinants of Foreign Direct Investment: Globalization-induced Changes and the Role of Policies [J]. 2004.

[198] K. KOJIMA. Direct Foreign Investment [M]. Croon Helm, 1978.

[199] BUCKLEY P, CASSON M. The Future of the Multinational Enterprise [M]. Macmillan Press, 1976.

[200] ROLFE R, RICKS D, POINTER M. Determinants of FDI Incentive Preferences of MNEs [J]. Journal of International Business Studies, 1993, 24(2): 335-355.

[201] HYMER S. The International Operations of National Firms: A Study of Direct Foreign Investment [M]. The MIT Press, 1960.

[202] KOIZUMI T, KOPECKY K. Foreign Direct Investment, Technology Transfer and Domestic Employment Effects [J]. Journal of International Economics, 1980, 10(1): 1-20.

[203] TAYLOR C. The Impact of Host Country Government Policy on U.S. Multinational Investment Decisions[J]. The World Economy, 2000, 23(5): 635-647.

[204] UNCTAD. World Development Report 2000: Cross-Border Mergers and Acquisitions and Development United Nations[R], Geneva and New York: UN, 2000.

[205] UNCTAD. World Development Report 1996: Investment, Trade and International Policy Arrangements[R]. Geneva and New York: UN, 1996.

[206] 白丹. 基于跨国公司投资战略视角的我国外资政策调整分析[D].中央财经大学, 2010.

[207] 陈建明.对外商直接投资企业实行国民待遇政策的思考[J].华东经济管理, 2001(4): 122-123.

[208] 陈婧. 中国企业"走出去"战略理论研究综述[J]. 东方企业文化, 2014(21): 216.

[209] 陈轶男, 管乐东. 自由的产物并不自由——试析跨国投资与国家政策之间的利益关系[J]. 当代经济, 2006(05): 72-73.

[210] 董有德. 经济全球化过程中的跨国公司与政府[J]. 海派经济学, 2005(3): 101-109.

[211] 范晓波. 中国企业走出去的风险与对策[J]. 经营管理者, 2014(14): 194.

[212] 冯雷, 夏先良. 中国"走出去"方式创新研究[M]. 北京: 社会科学文献出版社, 2011.

[213] 郭志刚, 赵隆生, 唐元. 关于中国企业如何"走出去"的研究[J]. 才智, 2014(12): 8.

[214] 江小涓. 国内结构调整与全球产业重组对我国"走出去"战略的影响[J]. 宏观经济研究, 2001(06): 19-23.

[215] 江心英. 国际直接投资的区位选择与政策调整[M].北京: 科学

出版社，2009.

[216] 蓝庆新，夏占友. 中国企业"走出去"[M]. 北京：对外经济贸易大学出版社，2007.

[217] 乐为. 税收政策对国际直接投资决策的影响[M]. 北京：光明日报出版社，2008.

[218] 李琮. 当代国际垄断[M]. 北京：经济管理出版社，2007.

[219] 李京晓. 中国企业对外直接投资的母国宏观经济效应研究[D]. 南开大学，2013.

[220] 李妍，刘禹衡. 国际投资新趋势下中国企业"走出去"[J]. 商情，2014(28)：31-31.

[221] 刘海云. 跨国公司经营优势变迁[M]. 北京：中国发展出版社，2001.

[222] 刘建新. 影响外商直接投资政策效果的原因分析及对策[J]. 商业时代，2010(27)：41-42.

[223] 刘文华. 跨国公司在华投资策略转变与我国外资政策调整[J]. 云南财贸学院学报（社会科学版），2003，18(4)：12-13.

[224] 刘旭东. 全球化背景下跨国公司的权力及其影响[J]. 江淮论坛，2009(02)：68-72，44.

[225] 陆忠伟. 世纪之交的国际经济形势与经济安全[J]. 现代国际关系，1999(06)：2-7，48.

[226] 吕立山. 中国企业"走出去"的游戏规则[M]. 北京：法律出版社，2011.

[227] 濮蕊. 东道国外资政策与跨国公司战略的博弈分析[D]. 北京工业大学，2006.

[228] 温治明. 当前我国利用外资存在的问题及对策[J]. 求实，2004(10)：54-56.

[229] 冼国明，葛顺奇. 跨国公司FDI与东道国外资政策演变[J]. 南开经济研究，2002(01)：3-8.

[230]肖庆柱,覃家君.我国企业国际竞争力的评价分析与对策探讨[J].科技进步与对策,1999(2):12-14.

[231]叶广宇,姚化伟,黄怡芳.中国跨国公司海外经营的母国支持分析[J].改革与战略,2009,25(2):46-47.

[232]易纲.中国企业走出去的机遇、风险与政策支持[J].中国市场,2012(37):31-37.

[233]詹玲,魏浩.跨国公司与各国政府关系分析[J].理论月刊,2004:75-76.

[234]张梦仙.中国企业在国际话语权博弈中的困境和出路[J].商情,2014(29):119-120.

[235]赵英.西方国家政府与跨国公司的行为比较——从国家间综合博弈角度进行的分析[J].中国工业经济,2000(7):73-77.

[236]郑朝晖,裴雪慧,胡宏,等.中国企业"走出去"的现状与对策[J].科技资讯,2008(18):144-145.

[237]钟伟.无国籍公司的幻觉 国家无能论的神话[J].国际贸易问题,2001(8):9-13.

[238]毛蕴诗.跨国公司战略竞争与国际直接投资[M].广州:中山大学出版社,1997.

[239]迈诺尔夫·迪尔克斯,阿里安娜·贝图安·安托尔,约翰·蔡尔德,等.组织学习与知识创新[M].上海:上海人民出版社,2001.

[240]包铭心,陈小悦,菲利普·M·罗森茨韦格.国际管理教程与案例[M].北京:机械工业出版社,1999.

[241]康荣平.大型跨国公司战略新趋势[M].北京:经济科学出版社,2001.

[242]原毅军.跨国公司管理[M].大连:大连理工大学出版社,1999.

[243]罗进.跨国公司战略[M].上海:复旦大学出版社,2001.

[244]曼纽尔·卡斯特.网络社会的崛起[M].夏铸九,王志弘,译.北京:社会科学文献出版社,2001.

[245]梁能.跨国经营概论[M].上海:上海人民出版社,1995.

[246]戴维·J.科利斯,等.公司战略[M].北京:中国人民大学出版社、哈佛商学院出版社,2001.

[247]ROBER M GRANT.现代公司战略[M].胡海峰,译.北京:光明日报出版社,2001.

[248]施振荣.联网组织——知识经济的经营之道[M].北京:生活·读书·新知三联书店,2000.

[249]刘海云.跨国公司组织理论研究的新进展[J].国际商务(对外经济贸易大学学报),2001(01):1-4.

[250]王丰,汪勇,陶宽.网络组织的模式[J].经济管理,2000(6):19-20.

[251]滕维藻,冼国明.90年代跨国公司的经营战略及影响[J].南开学报,1999(5):50-57.

[252]李晓春.70年代以来组织结构理论的发展趋势[J].中国工业经济,1998(10):67-71.

[253]阎海峰,王端旭.现代组织理论与组织创新[M].北京:人民邮电出版社,2003.

[254]CHEN HOMIN, CHEN TAIN-JY. Network Linkages and Location Choice in Foreign Direct Investment[J]. Journal of International Business Studies, 1998(29): 445-468.

[255]DUNNING J H. Multinational Enterprises and the Global Economy[M]. America: Addison Wesley, 1995.

[256]EGELHOFF W. Strategy and Structure in Multinational Corporation: A Revision of Stopford and Wells Model[J]. Strategic Management Journal, 1998(9): 1-14.